上图 / 1966年，刘永才哈尔滨军事工程学院毕业照

下图 / 刘永才重回母校哈尔滨军事工程学院旧址留影

上图 / 刘永才在三部任副主任时的工作照

下图 / 型号总师刘永才在办公室工作

上图 / 刘永才（右一）与航天系统领导、专家探望钱学森

下图 / 刘永才（左）与庄逢甘（右）在一起

上图 / 巡航导弹全状态首发成功

下图 / 刘永才（右）带领试验队员凯旋归来

上图 / 刘永才在香港学术会议上作报告

下图 / 刘永才（左三）参加中国宇航学会无人飞行器分会飞行器任务规划专业委员会成立大会暨首届年会

上图 / 刘永才（前排右五）和他带领下的国家级创新团队
下图 / 巡航功臣老友相聚

上图 / 刘永才与夫人宋毅伉俪情深
下图 / 幸福的祖孙三代

上图 / 刘永才摄影作品 —— 荔波小七孔
中图 / 刘永才摄影作品 —— 云雾张家界
下图 / 刘永才摄影作品 —— 武夷山九曲溪

刘永才院士传记

Academician Liu Yongcai's Biography

《中国航天院士传记丛书》总编委会 组织编写

方效 著

中国宇航出版社

·北京·

图书在版编目(CIP)数据

刘永才院士传记 / 方效著 ;《中国航天院士传记丛书》总编委会组织编写. --北京 : 中国宇航出版社, 2018.2

(中国航天院士传记丛书)

ISBN 978-7-5159-1423-7

Ⅰ. ①刘… Ⅱ. ①方… ②中… Ⅲ. ①刘永才－传记 Ⅳ. ①K826.16

中国版本图书馆 CIP 数据核字(2017)第 309168 号

责任编辑　黄　莘
责任校对　王　妍　　　　**装帧设计**　宇星文化

出版发行　中国宇航出版社

社　址　北京市阜成路 8 号　**邮　编**　100830
(010)60286808　(010)68768548

网　址　www.caphbook.com

经　销　新华书店

发行部　(010)60286888　(010)68371900
(010)60286887　(010)60286804(传真)

零售店　读者服务部
(010)68371105

承　印　三河市君旺印务有限公司

版　次　2018 年 2 月第 1 版
2018 年 2 月第 1 次印刷

规　格　787×960

开　本　1/16

印　张　21.75　**彩　插**　8 面

字　数　296 千字

书　号　ISBN 978-7-5159-1423-7

定　价　68.00 元

本书如有印装质量问题，可与发行部联系调换

《中国航天院士传记丛书》
总编委会名单

《刘永才院士传记》编审委员会名单

编审委员会

编审委员会办公室

序 一
Preface I

中国航天事业自1956年创建以来，已经走过50多年的发展历程。在党中央、国务院、中央军委的亲切关怀和英明领导下，中国航天人团结一心、顽强拼搏、勇于创新、无私奉献，不仅取得了以“两弹一星”、载人航天工程和月球探测工程为代表的辉煌成就，孕育形成了航天传统精神、“两弹一星”精神和载人航天精神，也造就了一支技术精湛、作风优良的航天人才队伍。

航天系统的中国科学院院士和中国工程院院士就是这支队伍的杰出代表。中国航天科技集团公司和中国航天科工集团公司先后有50多位科学家和航天工程专家当选为两院院士。其中，有7位院士获得过“两弹一星”功勋奖章，2位院士获得过国家最高科学技术奖。他们不仅是航天成就的主要创造者，也是航天精神的重要孕育者和忠实践行者。

中国航天事业是在新中国成立不久，工业实力、科技实力、综合国力都很薄弱，帝国主义严密封锁，苏联撕毁协定、撤走专家的情况下发展起来的。以航天院士为代表的中国航天人，自力更生，艰苦奋斗，奋发图强，顽强拼搏，在一穷二白的基础上，独立自主地创建起了中国的航天事业。

航天型号研制是复杂的系统工程，涉及很多领域，需要众人参与，必须大力协同、集智攻关才能完成。以航天院士为代表的中国航天人，在航天工程研制实践中，齐心协力，密切配合，实现了一次又一次技术突破，铸造了一项又一项辉煌成就。他们为祖国的航天事业作出了巨大贡献，却淡泊名利，不计得失，将个人利益置之度外。

航天事业属于尖端技术领域，难度大、风险高、技术复杂，在发展历程中碰到过很多难题，经历过各种坎坷，甚至遭受过重大失利。以航天院士为代表的中国航天人，在困难和失败面前不动摇、不退缩，树立百折不挠、锲而不舍、脚踏实地、严谨务实的工作作风，不断攻坚克难、勇攀高峰，取得了一个又一个胜利，树立了一座又一座丰碑。

今天，在由航天大国向航天强国迈进的征程中，航天院士的科学思想、创新意识、坚定信念和爱国情怀是全体航天人宝贵的精神财富。中国航天科技集团公司和中国航天科工集团公司决定出版《中国航天院士传记丛书》，不仅是为了宣传航天院士的科研成就，总结航天院士的成长规律，更是为了传承航天院士的宝贵精神，使之生生不息、薪火相传，为“续航天梦、筑强军梦、圆中国梦”的伟大实践提供精神动力和思想源泉。

2014年1月

序　二
Preface Ⅱ

中国航天事业创建半个多世纪以来，培养和塑造了一大批功勋卓著、德高望重的中国科学院院士和中国工程院院士。他们具有坚定的理想信念和强烈的爱国情怀，理论功底深厚，技术水平高超，善于引领科学发展和技术创新，在中国航天事业发展的关键时期发挥了重要作用，为中国航天事业取得辉煌成就、孕育航天精神作出了突出贡献。

为了全面、系统地总结航天院士的成长规律，把航天院士的科学思想和创新方法记录下来、传承下去，为中国航天事业积累精神财富，为航天强国建设提供有益借鉴，中国航天科技集团公司和中国航天科工集团公司研究决定，组织编写一套《中国航天院士传记丛书》（以下简称《丛书》）。

党的十八大描绘了坚持中国特色社会主义道路、全面建成小康社会、实现中华民族伟大复兴的宏伟蓝图，同时也为加强国防和军队现代化建设、推进我国由航天大国向航天强国迈进指明了方向。在中国航天事业“续航天梦、筑强军梦、圆中国梦”的新形势下，出版这套《丛书》，具有重大的现实意义和深远的历史意义。

记载航天历史。航天院士是中国航天事业的宝贵财富，他们的成长历程反映了航天事业的发展轨迹。这套《丛书》不仅是航天院士个人的传记，也从不同侧面记载了中国航天从技术到管理、从思想到精神的真实历史。

弘扬航天文化。宣传航天院士，就是站在科学的高度，向社会各界全面宣传航天事业，弘扬航天文化，使其成为中华民族文化宝库的重要组成部分，增强中华民族的自信心、自豪感和凝聚力，提升国家的软实力。

传承航天精神。航天精神是包括航天院士在内的几代航天人，在中国航天事业发展历程中，不断积累、提炼、传承而逐渐形成的，是民族精神、时代精神与航天实践相结合的产物，是中国航天事业之魂。《丛书》全面反映了航天院士的学术成就、科学作风和思想品格，有助于航天精神薪火相传。

培育航天人才。中国航天事业已经完成了新老交替，一代航天新人正在茁壮成长。《丛书》是泽被后世的人才工程，对于培育航天人才、发展航天事业、铸造新的辉煌将产生积极的促进作用。

总之，《丛书》是一套具有航天特色的爱国主义教材，是不可多得的精神食粮。相信这套《丛书》的出版发行，必将吸引更多的年轻人热爱航天、投身航天、奉献航天，以饱满的热情和昂扬的斗志再攀高峰，使中国航天事业后继有人，蓬勃发展，续写辉煌。

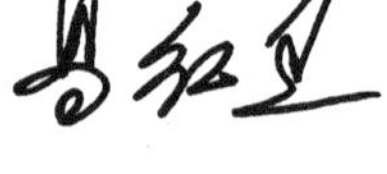

2014 年 1 月

目　录
Contents

引 子

自1991年1月，美军在海湾战争中首次使用战斧巡航导弹，对伊拉克军队的雷达站、指挥部、导弹阵地等目标，进行一轮又一轮精确打击以来，巡航导弹就成为彰显一个国家整体军事威力与科技发展水平的“明星”武器。以巡航导弹为代表的一系列远程精确制导武器以及相关战略、战术效能展现，“摧毁”了第二次世界大战以来僵化固有的传统战争理念，改变了传统的区域作战模式。

2015年10月7日，俄罗斯官方宣布：俄罗斯里海舰队向远在1500千米之外的叙利亚“伊斯兰国”恐怖组织11个目标，发射了26发3M14型巡航导弹，取得了非常好的命中率，精度误差不超过3米。巡航导弹摧毁了包括与“伊斯兰国”和“叙利亚胜利阵线”有关的恐怖分子的弹药库和训练营。

俄总参谋部作战管理总局局长卡尔塔波洛夫上将在发布会上说：我们的侦察发现了一些重要的、应该被立即摧毁的武装分子设施。我们决定用远程巡航导弹摧毁它们。

几天之内，3M14巡航导弹撕破浓浓夜幕，冉冉升空的视频画面，再次震撼了这个平静而又骚动的世界。这款于2009年春在亚洲防务展上首次亮相的巡航导弹，此前只是利用军舰和潜艇进行了试验和训练发射。

这是俄罗斯首次在实战中使用巡航导弹。俄罗斯《观点报》赞之为：“最新型巡航导弹首次实战具有历史性意义。”

11月17 ~ 19日，俄罗斯动用图 -160、图 -95MS战略轰炸机对叙利亚境内的“伊斯兰国”目标继续发射了62发X-101及X-555空射巡航导弹，打击了包括恐怖分子燃料库、制造爆炸装置工厂、指挥点和总部在内的21个目标，取得全部命中的战绩。12月8日，俄罗斯从位于地中海的基洛级“顿河畔罗斯托夫”号潜艇上再次向叙利亚境内的“伊斯兰国”发射了13发3M14巡航导弹，命中了预定目标。3M14 及 X-101、X-555 巡航导弹，将作为从 1000 多千米以外距离大规模使用高精准武器的战例，被载入俄罗斯战史。俄罗斯出动武器库中几乎全套的高科技导弹武器装备，途中根据卫星导航系统和地形匹配系统进行飞行线路调整，一系列巡航导弹编队过境攻击，在表明国际信任与合作水平达到新高度的同时，也引发了全世界的普遍关注。俄罗斯系列巡航导弹再次成为世界各国瞩目的焦点，其主动攻击行为标志着俄罗斯军事姿态的转变，更向世界展现出来自莫斯科方面的军事实力投射。

英国专家称："发展这种远程作战能力，是俄罗斯的长期野心。"

德国《南信使报》评论说："俄罗斯在叙利亚的军事行动正进入新阶段。显示大国力量，还反衬出西方的无计划性。"

美国军方表示：俄罗斯的巡航导弹十分精准，作战半径大，其远程飞机如今不离开俄罗斯领空，就能用核弹头打击美、加两国的目标，对美国国防构成重大挑战。"因此我们无法消灭弓箭手，而只能捕捉其射出的箭。"

世人在震撼超级军事大国竞秀武力的同时，当然不会忘记 2009 年 10 月 1 日中国国庆 60 周年阅兵时首次公诸于世、具有自主知识产权的陆基巡航导弹，

国庆60周年巡航导弹方阵首次通过天安门广场接受检阅

以及在2015年9月3日纪念中国人民抗日战争暨世界反法西斯战争胜利70周年阅兵式上，再次亮相天安门广场的系列发展型巡航导弹。

中华民族百年屈辱史充分阐明了这样一个真理：国泰民安的繁荣昌盛，国富民强的百年梦想，只有依靠长剑利器忠诚捍卫，才能将梦想变为现实。

大国重器，熠熠长剑，被中国中央电视台赞誉为："我军精打要害、克敌制胜的重要法宝。"

荣获国家科学技术进步奖特等奖、被称为"国之重器"巡航导弹的研制成功，标志着我国成为继美、俄之后具备自主研制、生产和装备巡航导弹能力，拥有远程精确打击手段的国家。巡航导弹的研发过程，有力地推动了我国现代化飞航导弹武器装备体系从小到大、从大到优的跨越发展。我国多平台系列发展巡航导弹形成战斗力，对世界军事格局演变具有显著影响，对国防现代化建设具有重要意义。中国巡航导弹仿自国外的荒诞臆测遐想，不攻自破！

2013年1月18日，国家科学技术奖励大会在人民大会堂隆重召开。中国飞航导弹技术研究院暨中国航天科工集团第三研究院"巡航导弹先进突防技术创新团队"作为企业界唯一代表，成为首批3个国家级创新团队之一。创新团队在巡航导弹先进突防总体技术等8个方面，取得了具有世界先进水平的创新成果，部分成果国际领先。

巡航导弹先进突防技术创新团队以航天三院为组织单位，导弹突防总体与制导控制系统、任务规划系统、地形匹配系统等分系统互为支撑，形成了专业技术覆盖面广、技术带动力强、优势互补、强强联合的科学研究国家队。

创新团队在巡航导弹发展过程中，提出了从面向性能设计到面向效能设计的全新理念，实现了我国飞航导弹突防能力的新突破；把错综复杂的因素层层分解，准确定位薄弱环节，创造性地提出"一次成功"技术保障分析法；在国内首创飞行器任务规划专业；提升了原始创新质量在国防科技工业领域的广泛应用推广水平。

在多年的巡航导弹研制历程中，航天三院形成了金字塔型的科技创新体系架构和学科互补，以及结构合理的创新人才体系，以培育能力基因为导向，为青年人成长提供舞台。研制队伍集智克难，敢为一流，打破了新技术不超30%的型号研制惯例，使用70%以上的新技术，为我国研制成功第一型实现远距离飞行、精确制导的巡航导弹作出了卓越贡献，培养出了1名中国工程院院士、5名国家重点型号总设计师、16名副总设计师、2名“973”首席专家、5名总装备部专业组组长/副组长和多位专家。

长剑炫舞，弹痕漫天。随着刘永长与他主持下的巡航导弹研制团队逐渐解密，中国巡航导弹研制过程渐出水面。

2015年8月6日，刘永才在接受中国人民解放军总装备部访谈时，再次回顾了中国第一型巡航导弹披荆斩棘的发展过程，同时表示：

“我一般不接受采访，可是业内的采访推辞不掉。采访的时候我常说，你们别老是宣传我，我就是在岗位上担任总师的职务，往往表彰、奖励都落到我一个人头上，我说这很不公平。在第一线辛辛苦苦干那么长时间的同志就没这个机

刘永才（前排右五）和他带领下的国家级创新团队

中国陆基巡航导弹发射出箱瞬间组图

会，我感觉更应该奖励这些人，没有这些人，这个型号是搞不成的。这是我在研制历程中一直延续到现在，总是在心里有感触的一件大事。”

研制巡航导弹，为国铸长剑，是航天三院几代科研人员共同的梦想，也是国防科技工作者们共同的心愿。

新中国国防科技事业的奠基人之一，“两弹一星”暨原子弹、导弹、人造卫星工程的领导者和具体组织者张爱萍，对巡航导弹的研制立项工作，一直萦挂于怀。

20 世纪 90 年代中期，中共中央总书记、中央军委主席江泽民，在接见航天部门有关负责人时谈到：爱萍同志写了信，我批过，这种导弹我们一定要搞，就是当了裤子，也要搞。

担当重任，不负使命。巡航导弹研制十几年间历经千辛万苦、千山万水，对刘永才和他带领下的年轻技术研发团队，甚至对整个飞航导弹研究院来说，与其说是命运与机遇的碰撞，不如说是巨大压力下一场置死地而后生的涅槃。

中国航天科工集团公司科技委的一位同志在评价这一充满磨难的过程时感叹道：刘总在这期间吃了很多苦，甚至还流过很多泪。

一点一滴做起来，一步一步走出来的刘永才，在总结自己职业生涯时说：“每个人的经历都没有什么很大的不同，只不过是在这个经历的过程中，每个人所采取的态度和观念是不一样的。我的态度是，只要把这个工作交给我，我就要尽全力认认真真干好，为国家完成好。”

刘永才

刘永才院士传记

Academician Liu Yongcai's Biography

第一章 光明行

幼年时的刘永才历经磨难，自立自强，被保送至中国人民解放军军事工程学院导弹工程系学习，从此与导弹结缘一生。

与新中国自己培养造就的许多国防科技专家一样，刘永才的家庭出身既非钟鸣鼎食之家，也非书香门第，而只是简单意义上的商人，还带个“小”字，意即身无长技，靠做点小买卖勉强糊口的城市贫民。

成长在一个真正实现了人人平等、百废俱兴的大国筑基时代，刘永才是幸运的。

1. 闯关东

1931 年 9 月 18 日，日本发动“九一八”事变。1932 年 3 月 9 日，日本扶植清朝末代皇帝爱新觉罗·溥仪建立“满洲帝国”。伪满洲国宣布定都长春，将长春改名“新京”，同年 8 月，改名“新京特别市”，隶属伪满洲国国务院。

1943 年 1 月 26 日（1942 年腊月二十一），刘永才诞生在“新京”的一个小商人家庭。在他出生时，这个位于南关区东六条马路一条小胡同中的小门小户，已是 5 口之家了。刘永才上有两个姐姐，两年多后，家里又添了一个弟弟。实际上，在刘永才上面，除这两个姐姐外，还有两个男孩、两个女孩，但都夭折了，8 个孩子，只活下来一半。

刘永才的父亲名叫刘俊峰，母亲姓宋。按旧时惯例，妇从夫姓。因而，当宋氏嫁到刘家之后，她的乳名便很少有人提及，登记在册的名字就一直是“刘宋氏”。

刘俊峰的具体生辰日期，现已很难详查出来，只知道他属马。在20世纪70年代的外调材料上有人回忆说，如果刘俊峰活到1970年，应该是77岁。依此减去东北民间惯例多计的虚龄1岁，从万年历推之，刘俊峰当生于1894年。

兵荒马乱的年月，能活着，并能活下去，就是最大的所求。不管对流离失所的农民，还是对整日为糊口而奔波的城市贫民来说，时间这种均衡流动的刻度，在生存面前已显得不那么重要了。

刘俊峰20多岁便离开老家河北省肃宁县北石宝村，往东北闯关东。会易经八卦、多少识文断字的他到达长春后，就在北市场胡同路东的一片屋檐下白手起家，开了一个小铺子，摆摊买卖旧货，基本经营项目是：古货旧物、二手家具。

而今隶属河北省沧州市的肃宁县地处华北平原中北部，位于冀中腹地，是国家级商品粮基地、河北省核心产粮大县，经济发展迅速，享有“中国裘皮之都”的美誉。不过历史上的肃宁县可就没有今天这般光鲜了。

回顾历史变迁，从明、清到民国时期，河间府下辖的河间、阜城、肃宁、大城、任丘等县级行政区，自然灾害频发，社会生活动荡。自然灾害频发的原因，来自于其境内多河流的地理环境。

肃宁县处于永定河、子牙河、潴龙河、滹沱河等冀中平原几条有名漫流河的中间位置，北有旱季淤积阻塞、雨季遇洪则溃的白洋淀，10年之间，汪洋一片或是赤地千里的冰火两分年景，往往就要占到七八成。

据《河间县志》记载，当时大的自然灾害主要有：

民国18年（1929年）从春到7月，全县未下透雨，庄稼枯死大半。7月16日下午3时，河间县境内西北部，天气骤阴，雷电交加，大雨倾盆，继而冰雹至，晚庄稼俱被砸平，各种梨枣亦被毁坏。

民国20年（1931年）8月18日，安平县境滹沱河河堤溃决，河间等县被淹。

民国28年（1939年）7月，子牙河河水暴涨，日本侵略军扒开西堤，同时古洋河、小白河也都决口。大片农田被淹，颗粒无收。

民国30年（1941年）秋，滹沱河决口，河间、肃宁等县受灾严重。

民国32年（1943年）春，大旱，河间饿死很多人。

……

自然生态决定人文生态。肃宁县地处京畿文化圈内，民风淳良，传统文化积淀深厚，而同时又是水旱灾害频发、十年九荒之地，因而在中国历史上，肃宁县产生过的几位对国家大势走向有影响的政治人物，亦是忠奸善恶，判若两分。明熹宗时期的司礼秉笔太监魏忠贤，排除异己，专断国政，被称为“九千九百岁”，以致“只知有忠贤，而不知有皇上”，最终被崇祯帝追罪，自缢身亡。中国历史上最后一个状元刘春霖，祖籍肃宁，家道贫寒，世代为农。其父先后在济南、保定府衙当差，其母在知府家中做女仆。刘春霖幼年时因生活困难，被送回老家肃宁县，托靠哥嫂抚养，入私塾开蒙，寒窗苦读，终于被慈禧太后朱笔钦点，以具有典型象征意义的末科状元身份，得以载入中华史册，其流出的一纸工楷状元卷，成为书法珍品。

值得一提的是，刘春霖祖上肃宁县北石宝村，与刘俊峰不但同村而且同姓，两家是否为同支一脉，不得而知。

饿殍遍野、民不聊生的河间府，正是华北平原庶民百姓闯关东最为高发集中的地区之一。要奔往千里之外的白山黑水间求生，除了要冒疾病雨雪、漂过渤海湾等自然风险之外，还要领受兵匪劫掠、蹲监坐狱的政治风险，因而称之为“闯”。

前溯历史，河间府一带老百姓闯关东自清朝中后期就已经开始了。奉军大帅张作霖祖籍即是直隶河间府大城县（肃宁曾短期内划归大城县治），清道光初年，其曾祖张永贵带着家眷被迫逃往关外谋生。

20世纪30年代开往东北的移民火车

冀中地区最大规模的群体往山海关外迁徙，发生在清末民初，即 19 世纪前 20 年间，也就是刘俊峰只身闯关东的那个时期。

毫无疑问，刘俊峰是当年难民潮中的一员。

其时东北地区地广人稀，拥有煤炭、铁矿石、森林、耕地等大量丰饶原始的自然资源，真正是“棒打狍子瓢舀鱼，野鸡飞进饭锅里”。加之伪满洲国成立之后，从日本输入了大量的资金和技术，因而在短时期内，竟昙花一现般地成为了当时亚洲数得上的富庶之地。电视剧《闯关东》中有这样一个情节：朱开山一家在山东生计难为，可到了东北之后第一年，年夜饭桌就摆上了热气腾腾的白面饺子，吃上了山珍飞禽。

正当壮年的刘俊峰到达长春之后，虽然只是操持着收卖旧货的小本生意，但经济状况很快得到了一定程度的改善。据当年的老人们回忆，刘俊峰的铺子就是在市场的屋檐下搪个床子，收卖废铜锈铁以及旧家具之类的过手物什，偶尔还收些青瓷、古物。起初他的小铺子没有什么字号，名片是自己印的，为的是出门访友、给人拜年用。

刘俊峰为人忠厚老实，行事谨小慎微，从不与人矛盾口角，据说走路时常常低头瞧地，因为怕踩死了蚂蚁。贫穷所以大度，有时认为价钱合适，能赚个仨瓜俩枣，就把屋檐下的半个摊子打个包，直接在市场上撮堆卖掉了。卖主看他为人厚道，往往全给他包圆。市场上不少人挺喜欢这个操着河北口音、浓眉大眼、高个宽身板的汉子，还时常与他开玩笑。刘俊峰没事时就研读《易经》，除了从中参悟道法自然、与人为善的行事法则外，还不时给人起卦占卜，但文化程度有限。货物里偶尔夹杂些古书、字画，他亦无法辨认，便不时请人给他“掌眼”。

肃宁县北石宝村老家还有年迈的母亲，守着十几亩薄地挨过艰难，身为家中长子的刘俊峰常常两边跑。有一年，老大不小的他带了一个比他小 18 岁的小媳妇宋氏回到新京，老夫少妻其乐融融，就此在当地扎下根来。

2. 围困

1945 年抗战胜利，伪满洲国黄了摊子，国民政府接管新京并复名“长春”。短暂的和平安定时期，刘家的日子慢慢红火起来。

跟随溥仪往长春去了不少前朝遗老遗少，这些人不仅在政治上破了产，而且在经济上也败了家。“旧时王谢堂前燕，飞入寻常百姓家”，此时的长春可以称之为“聚宝盆”，宫中货成了大路货，刘俊峰的生意自然不错，屋檐下的一个小铺，经过原始累积，渐渐发展成为了一间“公司”：

商号名称：天兴发

经理姓名：刘宋氏

固定资金：300 万元

流动资金：400 万元

地址：长春市东马路 3 号

职员：1 人

店员：无[1]

---

①《长春市工商业名录》578 页“古物贩卖类”，长春市人民政府编印，1949 年。

天兴发的注册资本是旧年间的东北币，大体相当于 1955 年新中国实行币制改革之后的 300 块钱。按当今说法，“公司”除了刘宋氏这位经理之外，名录上的那个职员，想必就是“董事长”刘俊峰了。

1947 年年底至农历春节前夕，刘家发生了一桩历史性大事：刘俊峰与从肃宁来投奔他的宋福林一起，两家竟然合买了半栋小洋楼。这栋毗邻马路边的二层楼房，位于南关区东六条马路，距刘永才出生的那片平房不远。

以今天的眼光看，旧时代能买得起小洋楼的人家，一定是财大气粗，非富即贵，可当年的实际情况却是，在兵荒马乱的动荡之中，小洋楼远远没有吃饭保命重要。就是这栋将来成为刘俊峰身后留给孤儿寡母主要生活来源之一的小洋楼，却恰恰成了最终要他性命的药引。

此时国、共两军在东北地区激战正酣。生逢不折不扣的乱世，瓦牖随时可能化为齑粉，刘俊峰存的那点古董，哪还有人要。据老人们回忆:“当时除了粮食，什么都不值钱，一张大饼可以换一件大皮袄”。

总想让妻儿过上好日子的刘俊峰拿出家里存的大部分粮食，加上贬值幅度以天计算的金圆券，折合成 300 块大洋，买下了因为抽大烟破了产，一位开铁器行刘姓人家半栋楼的四分之一。另外四分之一栋呢，自然是宋福林买下了。此后相当长的一段时间内，刘、宋两家就成了一墙之隔的乡亲加邻居。

还有另外那半栋楼呢，老街坊说是卖给了长记鞋店，价钱是八两黄金。

万万想不到，当两家人欢天喜地住上洋楼才短短不到半年，平民受创深重的长春围困战开始了……长春围困战从 1948 年 5 月 23 日，人民解放军对防守长春之国民党军形成合围开始，到 10 月 21 日凌晨 4 时，守军第一兵团司令郑洞国向蒋介石发出诀别电报，胡乱朝天开一通枪后，兵团总部举白旗投降，解放军进驻长春为止时结束，历时 150 多天。期间，军事围困和经济封锁，令地面运输完全中断，空投补给难以为继，城内粮食、蔬菜、燃料处于极度缺乏状态，居民成批出城逃难，部分人饿死在城内，另外大部分人饿死在城墙与阵地之间的甄别地带。

刘俊峰辛苦半生积攒下来的那点钱和粮食，全换成了不当吃、不当喝的小洋楼了。砖瓦石块可不能用来活命，因而长春围困战开始后不久，他就因没钱买粮食，严重营养不良，得了民间俗称的“大肚子”病。

“在围城的时候，我去他家，他家吃的是胡萝卜缨子，用平锅烙胡萝卜缨子饼子吃。”[①]

由于重大决策失误，刘家的情况陡然从小康，陷入到岌岌可危的境地。16 岁的刘永才，对那段战火笼罩下痛彻肝肠的日子，有着字字滴泪的记忆：

“长春被困，当时生活很困难，一点粮食都吃不着，成天光吃麸皮子、糠、酒糟、粗子和一些野菜，生活很难糊口。在那年父亲也染病在身，到第二年因家中无钱买药治病，父亲的病也逐渐恶化。后来经几位亲戚朋友凑了一点钱，把父亲送到五马路的一家医院里去医治，但因父亲病情太重，进医院三天不到就去世了，这样家中生活的重担也就只能靠母亲一人担负起来。在第二年，也

① 外调材料“刘俊峰的情况”赵献臣，1970 年 9 月 2 日。

就是1950年，因家中生活困苦，已无力再经营这个买卖，于是‘天兴发’就倒闭了。以后，母亲就卖些菜、香瓜来维持家中生活。”①

尚未成年的刘永才的记忆，显然出现了差错。根据旁证材料，刘俊峰应该是在长春围困时期，即1948年5月到10月间去世的，源于饥饿。

“长春围困时货物便宜，粮食缺乏。刘俊峰不顾买粮食，把钱用来买货物，当时他腿肿的老粗，拄着棍子还出去买货物，我劝他买些粮食，他说，解放后就发财了。结果，解放前就死了。”②

刘俊峰得的是浮肿病，这是由于人体营养一时极其缺乏，血细胞大量死亡，占血液总量70%的水分透过血管，渗入皮下，引发了全身肿胀。

“盛世藏古董，乱世买黄金”。刘俊峰对妻儿爱得过了头，身后留下孤儿寡母艰难度日，令人感伤！

军旅作家张正隆在其纪实文学作品《雪白血红》中给出了数据：长春围困战前，城中居民约为50万人左右，而战后只剩下17万人。

刘永才对那一座兵临城下、哀嚎遍地的孤城，至今还留有深刻的印象：

“酒糟、麸皮、糠都吃过，豆饼子算是好东西。国民党兵挖地三尺挨家搜粮食，谁藏粮食就拉出去枪毙。一天我家正好在用糠和野菜烙饼子，国民党兵从窗户看见了就没进来，因为他们知道，这家吃的就是这种东西，绝不会有粮食。国民党空投粮食，刚开始带降落伞，很多飘到城外去了，后来就不带降落伞，200斤的大麻袋，落在街上直接就摔碎了，老百姓就抢。我们房后有一家，正在吃饭时，炕桌上忽然落下一个大米袋子，有人给砸死了。等解放军一进城，就给大家发粮食，很多人吃馒头喝水胀死了。我们先吃的是小米粥和棒子面粥，我当时是个小孩，吃得也不少。”

① “自传”刘永才，东北师范大学附属中学高三六班17号，1959年8月24日。

② “证明材料”宋福林，1970年9月25日。

城市围困，是两次世界大战期间的经典战法，是攻方在战力不具有压倒性优势局面下为避免己方伤亡过大，以较小代价夺取坚固城市的最后选择。在第二次世界大战期间，德军于 1941 年 7 月兵临列宁格勒城下，9 月由进攻转为围困，处在严寒、饥饿双重困境压迫下的列宁格勒条件极为恶劣，至第二年 7 月战役结束，43 万平民死于战争。

其实，不管何种形式的战争，受害最深的是平民，伤亡最重的也是平民。

今天猜测，刘俊峰得的民间所谓“大肚子病”，还可能与刘家多发的胃病存在一定的关系。刘永才的女儿，被偶遇的几位蓝眼珠、大鼻子外国人一致评价为“标准东方美人”的刘彦认为：她家的胃病是遗传性的，因为从小她也经常闹胃痛。这或许是家族遗传的隐性疾病，在刘永才事业上升的关键期，在他型号研制任务最要紧时候的几次发作，同样差点要了他的命。经历了 1981 年第一次大手术之后，刘永才仅剩下的三分之一残胃，成为他和家人乃至同事们在很长一段时间内，最为担心的身体隐患。

“那些年一病就大出血！”刘永才的夫人宋毅每提起他的胃，脸上就会浮现出一团愁云。

虽然家里孩子同样也不少，但隔壁宋福林家当时的情形稍微好一点。与刘俊峰的行当正相反，越到兵荒马乱的年月，交通工具越有用。宋福林在街边开着一个自行车修理铺，估计围困期间的生意反倒还不错。

“打小，我姥姥就特喜欢我爸。”刘彦说。

刘俊峰去世时，刘永才只有五六岁。眼见这个眉清目秀、聪颖乖巧的孩子饿得连爬一层楼梯的劲儿都没有了，有几次，隔壁宋福林的媳妇悄悄地把小永才叫到自己家里，全家每人匀上个一碗半碗，让这可怜的小男孩吃上一顿，不至于饿死。在那段已经有“人吃人”惨状发生的苦难时期，即便有钱，也没地方买粮食去。因此宋家请吃“大餐”的，也仅限于刘永才一个孩子。

“为老刘家留一条根。”宋福林的媳妇除了深明大义、可亲可敬之外，还智勇双全。

围困期间，国民党兵经常挨家挨户搜粮食。有一天搜到宋家，家里仅存的一小袋粮食要是给搜出来，只有“死”这一种结果——或是被抓走枪毙，或是全家饿死。瞬间生死，急切之间，宋福林媳妇几下把粮食包在包袱皮里，扔到炕上，自己搂着孩子坐在上面，任由红了眼的大兵在屋里掘地三尺，硬是一动不动，终于熬过命悬一线的生死时刻，也算是置之死地而后生，一段大义凛然的民间传奇。

3. 蒙童

不到两年的时间里，幼年期的刘永才就集中经历了战争、丧父、家道衰落等重大变故。这一系列不幸及其以后所引发的贫困，对他人生意志的形成，起到了决定性作用。

“经过了那些个困苦，我以后好像就没有什么东西吃不下去，包括经济困难的时候，吃什么都不讲究，承受能力特别强，自立能力也特别强。”

战争结束，和平降临，作为临近社会主义苏联一座新兴的重要工业基地，长春又恢复了她本该具有的活力与祥和。

1950 年前后，刘永才在市工人文化宫食堂做管理员的大姐出嫁了，丈夫是一名水暖工。刘家在有了第一个女儿之后，后面的三四个孩子连续夭折，因而大姐的年纪，要比刘永才大上十几岁。

刘俊峰辛苦一生，最终留下了一堆不当吃不当喝，他认为值钱，实际上卖不出去的旧货和四分之一栋楼房。这座二层楼房的样式，在今天电视屏幕上的许多年代剧里还可以看见。长长的一幢口字形独栋建筑，中间有个大门洞，合围在内是安全的院子，院子里面随时可以有晾晒的衣服、掰柴样子、嬉闹的孩子。属于刘家的上下两层面积，加在一起也不过一百平方米左右，刘宋氏带着没出嫁的二女儿和二个儿子，一家四口住在二层艰难度日。

而今，长春市的面貌已经发生了近乎沧海桑田般的变化，刘家当年的那栋小洋楼，早已被城市改造的现代化机械工具清扫干净了。在人口往复迁徙更甚的今天，在城市化加速发展的现代社会里，即便是在很多乡村，寻根之旅恐怕也多已化为故地重游、慰藉幽思的一声“乡愁“了。

1949 年 9 月 1 日，刘永才走进长春市长通路小学，伴随新生的共和国政权一路成长。

夏秋季节，每到星期天，天刚蒙蒙亮，一辆小手推车推出门洞，沿着柏油马路吱扭扭地走。妈妈推着车，车前头坐着悠搭着两腿的小永才，娘俩到城外的批发市场趸来些梨、桃、香瓜、甜杆等农副产品，回来后就在楼下的马路边摆个占道摊位。这时候常常是刘永才在一旁玩儿，妈妈忙碌地照顾着生意。

放学后的刘永才有时还去宋福林的自行车修理铺里转悠，递钳子、找扳子，也能搭上一把手。

修自行车是一门相对简单的技术活儿，其中算得上比较高深的一道手艺叫“拿龙”。所谓拿龙，简单地说，就是自行车骑上之后不走直线，晃晃悠悠地像耍龙，这就要把这条“龙”拿住。引发“龙”运动的原因，不外轮圈本身瓢，或是前后两个车轱辘不在一条直线上，需要师傅精细调整。

如遇轮圈瓢了，就要用一种特制的扳手，调整连接轮圈和车轴二十几根辐条顶端的长螺母，使每根辐条的张紧度一致，铁皮轮圈受力均匀，滚动起来自然就走直线了。要使老式自行车这么多根辐条受力均匀，一靠手感，二靠观察，最主要的还是要靠师傅的经验。如果玩挑战赛，自行车不小心撞到汽车，轮圈拧成了麻花，怎么办？有经验的修车师傅举起大榔头，乒乓舞肆几下就能强迫复原，这叫平圈。还可能自行车“耍龙”的原因是前后轮不在一条直线上，那“拿”起来就简单多了。调整轮轴两端的限位螺栓，数好了，左右两边拧上同样的圈数，再装回到车架子上，保准八九不离十。

除了修理自行车，宋福林年轻时还拜师学会了一门电焊手艺。全国社会主义改造运动开展后，宋福林集老板、伙计一肩挑的修车铺不让再开了，1958 年他凭着一技之长进了锅炉厂，正式成为了工人阶级的一分子。这位受人尊敬的电焊技师，最后在八级工的岗位上平安退休。可见“千金在手，不如一技傍身”的老人言确实不虚。

航天部门响应中央国家机关号召，每年的 3 月 5 日，组织职工放下手里的活，带上几副桌椅板凳，出大院在街边摆上一溜摊，开展学雷锋活动。20 世纪七八十年代，自行车还是主要的交通工具，工程师刘永才为民服务的拿手活，便是给自行车“拿龙”。

因为有了这些实务技能潜移默化的启蒙，再经过以实践为重要培养手段的军事工程学院培养，以后刘永才常以“动手能力特别强”自矜。他下车间与工人们一起干活，自己装配收音机，直至现在，遇到家里的音响断线、视听设备需要连接时，这位“大家”就变成了“杂家”，不但积极主动而且乐此不疲。

在刘永才儿时的玩伴中，有一个小女孩名叫“兰芬”。她是宋福林 7 个孩子中的老大，名义上比刘永才小 1 岁，可按生日算，农历腊月二十一出生的刘永才该是 1943 年生人，因而两人的实际年纪只相差 2 个月。

1967 年，宋兰芬只身坐火车来到北京云岗，从此与青梅竹马的刘永才比翼终生。

4. 自立自强

靠刘宋氏一人摆摊卖水果，维持一家四口人的生计，不用想也是相当地艰难。先不说吃饭穿衣，仅三个孩子同时上学的学费，就是家中很大的一笔集中性支出。

"每次开学交学费，我和弟弟都要哭一场，因为别人有，我们没有。"

妈妈含辛茹苦，可还要拿着小纸条找她要钱，心里真不好受，再看到别的同学用着新文具，高高兴兴地坐在教室里，泪水未干的小兄弟俩心里一定更难受。

学校知道了刘家的难处，给刘永才减免了整个小学段的学费。是党和政府的关爱，使得兄弟俩一路磕磕绊绊，走在求学的路上。

眼看生活实在难以为继，刘宋氏只好选择了打工一条路。1950 年，她到大德麻纺厂做了一名纺线工，每月十几块钱的工资，成了这个四口之家几乎全部的生活来源。实在揭不开锅的时候，刘宋氏只能瞅机会把丈夫留下来的一些旧货变卖，聊以度日。刘宋氏上班的麻纺厂位于长春市南关外，距家住的东六条马路很远。刘宋氏一大早出门坐公共汽车到厂子里干活挣钱，下班便急匆匆地往家赶，披星戴月，总是牵肠挂肚的日子一直持续了三四年。刘永才现在还清楚地记得，妈妈每天很晚才下班回来，小兄弟俩实在禁不住饿，他便蹬在锅台上，笨手笨脚给弟弟做酱油炒饭的情景。这个八九岁的小男孩，已经开始谋求自立了。

1953 年大德麻纺厂倒闭，家里仅有的固定收入来源断了。也算是天无绝人之路，此时，福民麻纺厂的经理找上门来，商量着要租刘家的房子。按刘家当时的窘境，协议很快就达成了。6 间房子里的 4 间租给了福民麻纺厂作为厂房，月租30块钱，附加条件是刘宋氏进入麻纺厂，继续当她的纺线工。工钱虽说还是十几块，但上下班总可以不出院子了，境况还是有所改善。

“当时每月名义上一共收入（包括工资和房租）五十来元，但麻纺厂收入不好，房钱一直欠着，工人的工资有时也都欠着，所以当时我家的实际收入只有二十来元，有时还不到二十元。”①

1954年，刘永才进入长春一中读初一，后转入长春三中。由于家庭经济困难，开学伊始的上半学期，长春一中给刘永才三等助学金，可到了下半学期，国家助学比例缩小了，刘永才就主动不再领取助学金了。也不知道这个过早经受苦难，因而自立要强的孩子，在放弃助学金前跟家里商量过没有。

世事发展总是跌宕起伏，变化莫测的。对于城市中的平民之家来说，只能是身不由己，随波逐流。1957年9月，刘永才进入第二工业局附属职工子弟补习班读高中，期间，福民麻纺厂经理因肺病过世，欠刘家赖以为生的房租便从此一了了之。平素两家面子上的关系还过得去，人家新死了人，总不能上门讨旧债，欲哭无泪的刘家人是有苦说不出。

“回顾我那一段家庭生活比较贫困，条件差一点，对自己来说是个磨炼，锻炼了自立的能力。要

① “自传”刘永才，东北师范大学附属中学高三六班17号，1959年8月24日。

是爸妈一直守着你，自立能力就比较差一点。”

由于是补习性质的学校，除了开文化课，补习班还增设了一些有关职业技能方面的培训，开展勤工俭学。学校组织学生们到农村参加春播秋收，到食品厂帮着摇元宵：“走进摇笸箩的车间，闻到元宵馅的味道，真香啊！”

1958 年，社会主义经济建设在全国如火如荼地展开，广大人民群众以极大的热情，投入到新中国的建设中。随着公有制经济主导地位的确立，全国合作化运动相继开始，私有经济活动不可避免地消亡。私营性质的福民麻纺厂被合并到长春市公私合营麻纺织厂，刘宋氏的工作也随之被转到新厂。虽然还继续做她的纺线工，工资也还是十几块钱，家里的 4 间房还是被公私合营麻纺厂继续租着，租金还是 30 块钱，但由于是政府开的工厂，房租有了保证，家庭月收入可以稳定在 40 多块钱。

刘永才的二姐刘兰香在高中一年级上，被招入长春市初级师范学校学习，毕业后将被分配到解放军第一军医大学（即现在的吉林大学白求恩医学部）附属幼儿园，成为一名幼儿教师。初级师范学校相当于现在的幼儿师范学校，包吃包住，而且还不要学费，即使家境困难，也能顺利地读下来。

刘兰香历任教师、副园长、园长，先后被评为长春市“三八”红旗手，吉林省妇女标兵、省劳动模范，全国少年儿童先进工作者，1993 年在白求恩医科大学幼儿园园长的岗位退休。

刘永才一家人的生活开始稳步向好。刘永才的生活道路亦将以“大跃进”运动开展为标志，进入他人生连续几个至关重要的转折期。

5. 转折

1958 年 4 月，刘永才进入属于速成性质的，东北师范大学办的附属简易中学上高中。

这个朝气蓬勃的小伙子，在德智体美各方面，已经开始展现出令人瞩目的全面发展潜质。他好打乒乓球，是学校自行车运动队队员，足球也常踢，同时还参加了“吉林省歌舞团附设业余歌舞团”合唱队。作为学校里的文体“明星”，这个帅气的小伙子人缘自然不错。

8年后，等刘永才大学毕业，分配到飞航导弹研究院，一支反胶乒乓球拍子，很快在丰台区云岗一带小有名气。下班之后，这些单身汉们不时仨俩相约，到石景山区与首钢、北重等单位的半专业高手们过招。

刘永才多年的老同事、老邻居周志宗这么描述1966年年初刚刚进入单位、风华正茂的这位年轻人：“他挺活跃的，会唱歌、会朗诵，一看就不是一般水平，挺专业的。平时单位组织联欢会都要找他出节目。”

刘彦眉飞色舞地夸耀：“爸爸他们当时录制的节目，还在吉林省广播电台播放过。”

1958年9月，上面下来一纸文件，将师专附中、东北师范大学简易中学都并入东北师范大学附属中学。一夜之间，简易中学两个班的学生都集体“晋级”成为师大附中的学生。刘永才所在的那个班被编为师大附中高二（6）班，他的学号是17。

东北师范大学附属中学的前身，可上溯到20世纪40年代的长春三中（此三中不是刘永才曾经就读过的那个三中）和松北五省联合中学。与长春这座城市一样，师大附中的历史虽不是很长，但由于曾经历了“国破山河在”的特殊历史时期，短时间内便聚积起一批优秀的师资力量，形成了浓厚的文化氛围。更令旁人羡慕的是，师大附中还有当时稀缺的、规模可观的图书馆。

新学校，新环境，新境界，对于一个16岁的孩子来说，恰逢其时。

1959年7月，二姐刘兰香的大女儿出生了。在女儿、女婿的要求下，刘宋氏从麻纺厂辞了职，搬到二女儿家，给她带孩子。据说，刘俊峰临终前曾嘱咐过刘宋氏，让她以后靠二女儿养老，因为这丫头有福相，还命硬。刘永才兄弟俩也随母亲一起搬到二姐家住。

祖孙三代6口人挤在牡丹街的一所平房里，靠姐姐和姐夫两个人，每月110块钱的工资收入度日，姐夫每年还要往他自己的老家汇几次钱。全家的经济状况虽说没有太大的改观，但基本上算是脱离了在贫困线上下飘摇的日子。

二姐和二姐夫，虽然文化程度一般，但毕竟都在大学里工作，属于社会较高层次，见过大世面。耳闻目染，给了刘永才一定程度的熏陶。

“姐夫当时在吉林医科大学党委组织部办公室任党委助理员，曾参加中国人民志愿军赴往朝鲜。他对我的影响是很大的，经常教导我在校要努力学习，要求进步，好早日加入共青团。平时他给我讲一些政治理论。总之对我的帮助是很大的。”①

年轻的刘永才从父亲那里继承了文静的性格，从母亲那里遗传了一双弯弯的大眼睛，微微下翘的嘴角，常能使人领会到一丝沉稳的倔强与温良。靠实力取得的部分奖学金和师大附中给予的适当减免，刘永才在从未有过的轻松环境

① “自传”刘永才，东北师范大学附属中学高三（六）班17号，1959年8月24日。

里造就成长，学习成绩很快名列前茅。当时，他和班里另一个成绩同样突出的学生，曾被学校考虑选拔插入正式班。

知识层面迅速拔高，眼界愈加开阔，自立自强，刘永才为自己所憧憬的人生目标、为自己的未来而奋发努力着。

这个峻俏壮实、白白净净的小伙子，是名副其实的“三好学生”和优秀共青团员，还是一位副班长。他代表学校参加长春市青少年公路自行车赛，取得团体第三名，获得了国家少年等级运动员的荣誉。

每个人的中学时期，都是他性格养成、方法论形成、人生观塑造的重要时期。青春的第一堂课有很多，其中大部分将对他的潜意识起到巨大而深刻的影响作用，决定他今后自觉的人生态度和事业轨迹。

在那个时代，新中国第一代领导人毛泽东的《矛盾论》和《实践论》这一套相互独立又相互联系，统称“两论”的哲学著作，是全国上下奉为圭臬的统一哲学和行事指南。刘永才反复学习这两篇哲学论著，搜求报纸、刊物上的相关理论文章，从此开启了自己“知”与“行”的探索。

为了节省费用，刘永才用的二姐给的32开笔记本，经常从中间整整齐齐地一裁两份，在小了一半的幅面上，密密麻麻写满了隽秀的浅蓝色钢笔字。每上完一章，或是学完一个单元的课程，他都会认真地归纳整理出课程的要点和脉络，画出框图，再用公式或知识点把各个框图连接贯穿起来，这样孤立的方框就连接成了涵盖各个知识面的网络。

刘永才还喜欢上了读课外书，如苏联奥斯托洛夫斯基的《钢铁是怎样炼成的》、曲波的《林海雪原》、周立波的《暴风骤雨》、冯德英的《苦菜花》等，他尤其喜欢读些探索、冒险类的科幻作品，以及能引发逻辑思考的侦探小说。儒勒·凡尔纳的《神秘岛》《八十天环游地球》《海底两万里》，还有《福尔摩斯探案集》，他都看过。

这些优秀的文学作品，为刘永才未来将要从事的职业，插上了一双隐形的翅膀。

1960 年，刘永才升入高三，进入高考备考阶段。和这个年代所有的年轻人一样，在紧张学习的同时，他对自己今后的职业理想有着自我规划设计。

擅长归纳与推理，刘永才在理科方向上成绩突出，尤其是需要逻辑思维、抽象思维能力很强的数学科目，老师常常会出一些综合题，需要学生把几何、三角函数、代数知识融会贯通才能完成，如果哪一方面欠缺，便做不出来。而综合题恰恰是刘永才最喜欢做的，而且是他在考试中最能拿分的部分。

对自身兴趣爱好和家庭经济条件进行了一番考量之后，刘永才将未来的职业目标锁定在做一名光荣的人民教师上，一心要投考师范类高等院校，专业当然是数学系。理由很简单，他特别喜欢一个人安安静静地坐下来，在纸上演算推导，理想院校是北京师范大学、华东师范大学或者近在咫尺的东北师范大学。

在他的志愿考虑中另外还有个加分项，就是师范类高校不收学费。

可是这种在今天看来理所当然的自我规划，如火一般的幸福向往，却在家

高中时的刘永才

里遇到了泼泼冰水。

刘永才的母亲，甚至二姐、二姐夫，都不同意这个信心满满的小伙子报考大学，最主要的原因还是家里穷。

这孩子是共青团员，是名校里的优秀学生，毕业之后招工进厂做一名工人，以后再慢慢向上发展，应该不是难事。师范大学虽然不收学费，但生活费总还是要自理，多一双手挣钱与少一张嘴吃饭，是一进一出的关系，自然大不一样。况且尽早挣钱养家，对他这个长子来说，也是应尽应份的义务嘛。

但此时视野已达高远的刘永才，早摆脱了普通城市平民多有的那种，以生存为基本目标的价值取舍，他跟家里倔上了劲：不管你有千言万语，即便说破了大天，我还就是要上我的大学！家里的内部争执很激烈，心高气傲的刘永才发狠地说："如果你们都不供我上大学，我找大姐供我。"

当然，现在我们知道，刘永才最终没有进入师范大学，也就没法实现他"当一名数学老师"，教书育人的崇高理想。有一种史学观点认为，历史是不能为现在人所预测，也是不能为后人所臆想的，几乎所有重大转折变化，都是某次偶然事件引发的结果。这种"机遇"观点不无道理。

6. 导弹工程系

1952 年，中国人民解放军军事工程学院开始筹建，陈赓大将被任命为首任院长兼政委。1953 年 4 月 25 日，规划基建破土动工，9 月 1 日举行第一期开学典礼。因学校校址在哈尔滨，所以又简称哈军工。1953 年 8 月 26 日，毛泽东为即将成立的哈军工题写了一篇《训词》：

"今天我们迫切需要的，就是要培育大批能够掌握和驾驭技术的人。"

建校之初的哈军工，人才培养目标是常规武器的维护和使用。1955 年，初具规模的哈军工设有五个系和一个预科：一系空军工程系、二系炮兵工程系、三系海军工程系、四系装甲兵工程系、五系工程兵工程系。

1959 年中央军委决定将学院的培养目标改为：研究、设计、制造方面的军事工程师，实施尖端专业集中、常规专业分散的方针。

办学目标的提升，直接促成了导弹工程系的建立。

哈军工，凝聚了那个时代所有关于中国军事现代化的梦想。

为了落实毛泽东“我们也要有那个东西”的战略部署，1959 年 1 月 23 日，国防部第五研究院院长钱学森第二次访问哈军工。钱学森此次来哈军工的目的，正是为了解正在筹建中的导弹工程系，并着重就导弹工程系成立后，国防部第五研究院所需的专业人才培养方向，和哈军工领导交换意见。

钱学森对哈军工政委谢有法和副院长刘居英说：“目前五院是一翼，你们哈军工的七科也是一翼，有这两翼，中国的导弹一定会很快飞起来的。”

1959 年 2 月 15 日，中央军委批准军事工程学院以空军工程系第七科为基础，加上炮兵工程系的火箭专业，正式成立导弹工程系，对外称“电机系”，代号为七系。系下设弹体设计、发动机、飞行力学、飞行控制、原子 5 个专科（专业）。

国家总理周恩来对哈军工成立导弹工程系一直十分关心。1959 年 12 月 23 日，周恩来在哈尔滨主持东北三省协作会议期间，对谢有法、刘居英说：“我一直想来看看你们学院。”

上午 8 时半，周恩来在欧阳钦、余秋里等人的陪同下，冒着漫天大雪来到哈军工。简短交谈之后，他对谢有法说：“我们抓紧时间，先看看你们的导弹吧。”

进入导弹陈列厂房，当液压起重设备把平卧的苏制 P-2 型导弹慢慢竖起时，周恩来抬头凝视着这枚二十多米高的液体弹道导弹，鼓励导弹系的同志们说：“你们从事的是一项很光荣的工作。发展我国自己的导弹科学技术事业，要借鉴外国的经验，但更重要的是走自力更生的道路，希望你们努力啊……”

哈军工导弹工程系从 1959 年 9 月开始，招收第一批学员。

2005 年 2 月，凤凰卫视主持人陈晓楠采访了哈军工第二任院长刘居英，刘居英谈道：

“开始的时候我们是招军内的干部，后来军内不够用了，所以到了 1960 年的时候，就决定从地方大学里优先保送录取。正赶上那个时候是大跃进，大跃进各方面都要工程师，各军兵种那更不用说了，这个说我得建 100 艘军舰，那个说我要建 10000 辆坦克，那工程师就多了。可就有一所军事工程学院啊！所以，1960 年在广州开会的时候，罗瑞卿总长说，你们需要多少人？一统计，需要 37 万，三年之内需要 37 万名军事工程师！军事工程学院一年要产 13 万人，我哪来那么多？母鸡下蛋也得喂呀！不成啊！后来逼得说，这两年你奔 10000 人干。这样招人，等级下降了。”

从共和国迄今 60 多年的国防科技事业发展历程来看，似乎刘居英院长在多年前所说的，关于哈军工 60 级、61 级扩招，带有结论性的评语下得为时过早。

以飞航导弹研究院为例，从 20 世纪 60 年代开始发展的海鹰二号，70 年代的海鹰三号、鹰击一号，到 80 年代被称为“来自东方的威胁”的鹰击八号，直到“杀手锏”巡航导弹，再到这些型号后续衍生出来的系列化、多弹种飞航导弹武器系统，可以说在每一个型号或弹种的行政、技术两条指挥线上，无论总体还是动力、制导、雷达等分系统研制、生产岗位，都少不了哈军工毕业生的身影。

“我们在哈军工接受的教育根深蒂固。”鹰击八号控制系统总设计师、61 级学员宋有山说，“国家培养了你，你一辈子就只能干这一行——干导弹，不管再苦再累。”

这一堪称小众的群体，是中国国防现代化发展过程中无可置疑的顶梁柱，根基坚若磐石。一批批哈军工教员及学子，在新中国的流金岁月中写下了浓墨重彩的一笔！

据 2013 年 9 月 23 日凤凰卫视“腾飞中国”报道：“从 1953 年正式立校到 1966 年建制撤销，哈军工虽然只培养了 13 届学生，但是校友中的中科院和中国工程院的院士达到 40 余人，超过 200 人被授予将官的军衔……随着时间的推移、时代的变迁，如今很多哈军工毕业生活跃于政商两届，甚至不少国家领导人也都是哈军工的校友，他们都是当今影响中国走向的栋梁之才。”

被载入世界军事历史十大军校之列的哈军工，她传授给学员们的，不仅仅只是尖端科学技术知识，更是一种文化，一种献身国防科技事业“活着干，死了算”的理念。

对当年的哈军工扩招，从更广泛的意义上说，或许给出这样的结论恐怕更为合理：当年不是招多了，而是招少了。

1960 年夏天，哈军工招生 2909 名。

7. 保送

1960 年 7 月，哈军工导弹工程系有翼导弹设计专业第二批招收的新学员名单中，有一个普普通通的名字——刘永才。这个 17 岁的新生由吉林省委保送，来自长春市，籍贯河北省肃宁县北石宝村。

“根据该生在校表现一贯思想进步，学习优秀，劳动积极肯干，工作认真负责，是（注：读书、劳动、思想）三丰收学生，家属和社会关系均无问题，故同意选送军事院校学习。”①

“同意保送。”②

“三好学生，家史清白，社会关系也较好，定一类。”③

刘永才当年怎么也不会想到，师大附中宝贵的保送名额，竟落在他这样一个家庭出身、社会背景都极其普通，从简易中学合并进来的“收编生”头上。

1960年三四月间的一天，班主任找到刘永才，通知他参加体检。在那个年代，医疗条件差，体检是一件稀罕事，只有升学或参加工作的时候才需要。不前不后的时间，离高考、招工都还早，这确实有点奇怪。等刘永才和学校里的一群男女同学到达医院时，忽而全都喜出望外，原来是哈军工来挑人了！就是说，如果有谁被挑中，就能进入人人向往的中国最高学府。

进入与清华大学、北京大学齐名的最顶尖的高等军事学院学尖端工程，以后搞尖端武器，对这些高中毕业生们来说，更有一种神圣感、神秘感，令

① “保送学员登记表”吉林师大附属中学，1960年7月16日。

② “保送学员登记表”长春市公安局，1960年7月18日。

③ “保送学员登记表”联属招生工作组复查意见，1960年7月21日。

人激动不已。

东北师大附中六〇届高中毕业生中有20名学生参加体检，连老师们都不知道体检一旦合格，是否就意味着被哈军工录取了，也不知道接下来还有什么考核程序。体检之后的二三个月时间里，关于此事就再没了任何消息。包括刘永才在内参加体检的每个学生，都在向往中一边复习，一边惶惶不安地等待着，还只能耐心等待着……

尽管是在东北，但大暑前后几天也是热浪滚滚，7月20日这天，全国统一高考开试。在考场外，不少同学惊慕地看到，刘永才与带考老师一起为大家忙前忙后，帮考生们看书包、送冰棍、送绿豆汤，显出与别的同学不一样的神清气爽。

消息很快传开了，这个未满18周岁的小伙子，是东北师范大学附属中学1960年保送进哈军工的唯一一名应届毕业生。

原来前一天上午课间操时间，刘永才得到班主任通知，说他已经被保送军事工程学院，不用参加明天的高考了。

“因为那次体检，有些同学在后来的准备高考阶段，情绪上产生了波动，影响了成绩的发挥。”真是一家欢乐几家愁。

被保送进哈军工，穿上军装，对刘永才来说，不仅是一种莫大的荣誉，还自然而然解决了他的另一个棘手难题。军校学生是供给制，不仅不收学费、饭费，相反还发津贴费，甚至连一年四季的里外换洗衣服也全都包。

三天高考时间，刘永才只能为同学们服务两天，22日，吉林省委保送进哈军工的男女新生即按要求，全部集中到长春火车站附近的一个铁路招待所。这一天，就是档案上记载的刘永才入学并入伍的时间。接学员的军人对这些幸运的年轻人进行了短期培训。几天之后，身穿崭新军装、没有佩戴符号标志，这一支朝气蓬勃的队伍就列队整齐，踏上了北上开往哈尔滨的火车。

刘永才进校时的哈军工，已经取消了一年的军事预科制度，但3个月的入伍教育还是必须的。在进入系（科）之前，新学员们首先在新生队接受必要的军事训练，也叫入伍教育。刘永才被分配到新生九队，即导弹工程系的新学员队。

入伍教育是普通青年成为一名革命军人的基础。除一般的队列训练外，还包括枪械如手枪、半自动步枪、冲锋枪、班用机枪的拆卸装和使用，战术上怎么当班长、排长，如何组织排进攻。越野拉练、夜间紧急集合也是必不可少的。但这些小知识分子们与普通战士的军事训练还是有所区别：射击训练使用的是空包弹，弹头是空的，扣扳机响枪，可是没有弹头飞出枪管；演练排进攻过程中用的虽然也是木把手榴弹，可弹头是纸壳的，爆炸声挺大，也一样不会伤到人。

由学生转变到军人过程中的趣事很多。新生八队是女生队，在组织排进攻时，八队先“冲入敌阵”，后面跟着的九队学员们，在路上捡了很多没拉环的手榴弹；实弹射击，有女生不敢打，教员告诉是空包弹，可没想扣下扳机，真有子弹飞出去，顿时被吓得嗷嗷叫。野营拉练时，每个学员班，都要指定一名个子比较高的同学任班用机枪手，高大壮实的刘永才自然是不二人选。

10月27日，新学员们结束了入伍教育，正式下到系里。刘永才在导弹工程系开始了他长达五年半，脱胎换骨式的“熔铸”过程。

8. 起步

导弹（guided missile）是一种无人驾驶的有控飞行武器。由此简单定义可见，导弹具有三个显著的特点：导弹是一种飞行器；导弹是无人驾驶的和有控的，必须具备某种形式的飞行自动控制系统或控制装置，以便保证按照所要求的姿态和弹道飞行，直至命中目标；导弹是一种作战武器，应当对所要攻击的目标具有一定的破坏或毁伤能力。这种破坏或者毁伤能力可能来自导弹携带的某种类型的战斗部、剩余的燃料和自身的动能，或者仅依靠导弹自身的动能。①

有翼式导弹（winged missile），简称有翼导弹，是由翼面升力、发动机推力及导弹重力决定弹道，在大气层内飞行的导弹。②

有翼导弹相对弹道导弹而言的。两类导弹最初的区分是：传统的弹道导弹飞行到预定高度和位置后，弹体与弹头分离，弹头靠惯性飞行，执行攻击目标的任务。因为攻击目标固定不动，因而导弹的飞行弹道也是固定的，故称为弹道导弹。弹道导弹一般包括地对地导弹、潜对地导弹等。

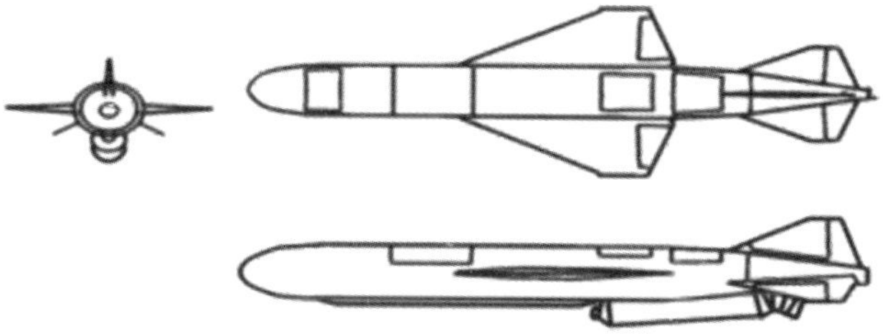

П－15（544）舰对舰导弹三面图

① 关世义：《关于导弹的定义》，战术导弹技术 .2008，6：01-03.

② 《导弹技术词典（导弹系统）》，宇航出版社，1991 年。

有翼导弹作为一个整体，直接攻击目标，通常是攻击可移动的军事目标，如飞机、舰船、车辆等。有翼导弹靠空气舵调整姿态，弹上翼面在为导弹飞行提供升力的同时，也起到稳定飞行的作用。常见的岸对舰导弹、空对面导弹、空空格斗导弹、地对空导弹等战术级别的导弹，绝大多数属于有翼导弹。它的发射方式包括空射、陆射、潜射、舰射等。

由于有翼导弹相对传统弹道导弹来说，飞行距离较短，体积较小，因而可以方便地实现系列化，多平台发射。

值得指出的是，随着军事科技的发展，弹道导弹与有翼导弹的概念相比当初已经发生了较大变化。“有翼导弹”这种称呼，现已逐渐被飞航导弹、巡航导弹（远程的飞航导弹）所取代。随着射程加大、精度提高、弹头多样化，巡航导弹的作用分类也已不仅仅限于战术级别。而现代弹道导弹的弹头，在与弹体分离之后，也能在一定范围内进行自我调整，用于攻击移动速度较慢的目标，如大型水面舰艇。

由于保密需要，哈军工七系对外称“电机系”。有翼导弹设计专业代号“二专业”。一专业是弹道导弹设计专业。导弹工程系还包括控制、发动机、无线电等与导弹设计相关的多个专业门类。在这个保密等级极高的系中，还有更加神秘的原子专业。

作为未来的导弹总体设计师，哈军工要求学员的数学和力学基础知识十分扎实。学院开设了大量的相关基础课程，如高等数学、工程数学、物理学、电工学、机械原理及零件等。专业基础课程包括弹性力学、材料力学、空气动力学、火箭发动机、导弹概论等。如果基础打得不牢固，从三年级开始的专业课学习就会比较吃力，自动控制原理、有翼导弹设计原理、有翼导弹弹体设计、有翼导弹飞行原理、有翼导弹射击原理等课程，都需要学员进行大量的抽象推演和复杂计算。巧的是，计算和推理正是刘永才的强项，也是他的兴趣所在。大学期间的刘永才一直担任数学课代表。

利用归纳法，刘永才对每一门课学完之后的归纳和整理更加完整、细密。他自觉实践着华罗庚所说的，读一本书“先从厚到薄，再从薄到厚”的循环往

刘永才的“有翼导弹设计原理”课程笔记

复过程，并乐在其中。每学完一门课或者一个单元，他还是按照高中养成的习惯，自己进行整理融会，画出他自己总结的由顶向下、触类旁通的网络关系图。虽然没有经过高考选拔，但是因为底子好，加之学习刻苦，刘永才的各科平均成绩始终处于中上水平。

依靠老教师、老干部"两老办院"的哈军工，受到国家的高度重视，在教学理念和教学手段上，堪称当时世界一流。电子计算机、无线电电子学、集成电路等一系列前沿应用学科课程，将把这些未来的院士、将军、研究员们引领在科技发展与装备制造业进步的制高点上，进而推向与世界同步的宽广平台。

为了更好地适应军事现代化建设需要，培养学员们运用所学理论解决实际问题的能力，学院还开设了大量的实验课，让学员们理论联系实际，自己动手操作。

当时从苏联最早引进的两套 P-1 中程地地弹道导弹，一套运到北京供国防部五院仿制，另一套就留在哈军工供教学科研之用。早期引进的 542 型岸对舰导弹、543 型地空导弹和 544 型舰对舰导弹，数量也很少，每种也就是二三发，其中至少有 1 发留给哈军工。

"1956 年 11 月 30 日苏军总司令部通知聂荣臻、陈赓，两发 P-1 导弹及其配套设备即将运往中国，同时有 13 名专家抵达。12 月，任新民接受了一项紧急任务，由其带队乘专列前往满洲里接收苏联援助的 P-1 液体近程弹道导弹（苏联仿制德国的 V-2 导弹）及其辅助装备……12 月 29 日，中苏双方在北京举行了两发 P-1 导弹交接验收及签字仪式，任新民作为中方代表在交接协议上签了字。"①

由于意识形态上的尖锐分歧，中苏关系破裂。1960 年 8 月 15 日，苏联撤走了在哈军工工作的所有专家，但此时，中国已经获得了几个品种的导弹样品

① 谭邦治：《任新民院士传记》，中国宇航出版社，2014 年 1 月第 1 版。

及其相关的技术文件。这一时期，仿制 P-2 型地地中程导弹的工作也已接近完成。在哈军工高大的实验厂房里，摆放着 542 导弹、544 导弹的实物和经过拆解编号的导弹各部分组成及零部件。理论与实物相结合，学员们要上手拆卸、组装、实际测绘。

控制专业讲到“陀螺”，学员们被要求自己动手打开一个 542 导弹的自动驾驶仪，取出里面的陀螺及配套电路，进行组合和测试；讲到“膜盒式高度表”，当时世界上最先进的高度表就在实验室里供解剖拆装分析，个别学员甚至还被允许到学院的附属工厂里，按照自己的设想，在工人的帮助下做一个新的器件出来。

总体专业也是这样。学习的型号是 543 地空导弹，但珍贵的、数量有限的导弹也在国防部五院供仿制，学员们的大部分时间是围绕解剖了的导弹，研究导弹安排布局，对各部分舱段测绘计算，进行分析验证。

进入到专业课学习阶段，学员们用的教材，很多是相关导弹的技术条件和使

刘永才在军事工程学院学习期间

用说明书。这些当时密级很高、弥足珍贵的技术文件，是由与学员同样刻苦、同样努力的教员们抓紧一切时间，将大量的俄文技术资料翻译之后，编撰而成的。

有些课程教学采用“六二”制。即集中每天2小时上理论课、6小时到车间劳动，使理论与生产实际更加密切地联系在一起。在工厂劳动时，学员们在老师傅的指导下，采取“两班制”，分别当车钳铣刨工，轮流上机床动手操作，甚至参与加工正规的订货零件，考核要求达到“二级技工”水平。1965年上半年，刘永才在沈阳一一二厂即后来的一三九厂地空导弹总装车间，进行毕业实习。实习内容主要是学习、参与红旗型号地空导弹生产实践。这批学员原定的学制是6年，应该于1966年夏天毕业，但是国家专为研制生产导弹设立的第七机械工业部成立了，急需大批专业技术人才。经国防科委批准，60级学员取消毕业设计，于1966年1月提前半年毕业。

哈军工的学科教育全面、完整、系统，收集、整理、运用各种参考资料的能力要求很高。在真刀真枪的实践打磨中，学员们锻炼了跨专业思考，全面培养了分析问题、解决问题的能力，为将来成长为一名合格的设计师夯实了根基。

实践能力、综合能力、创新能力、规划能力，是哈军工赋予她的毕业生们终生受用不尽的财富。

9. 认识与实践

《矛盾论》《实践论》是马克思主义中国化的产物。

《实践论》与《矛盾论》的理论内容首先作为毛泽东同志在延安抗日军政大学演讲大纲中的理论观点，以油印本的形式于1937年面世。新中国成立以后，相应的理论观点被整理为两篇论著，分别于1950年12月29日和1952年4月1日以《实践论》和《矛盾论》为题正式发表在《人民日报》上，随后收录于《毛泽东选集》第一卷。创作《实践论》与《矛盾论》的毛泽东，他所代表的并不是个人，而是处于特定时代的特定民族。①

在军事工程学院，刘永才基于马克思辩证唯物主义基础之上，对矛盾与实践对立统一的辩证关系的认识更加深刻，思想境界进一步提升，形成了自己的方法论。这将在他以后长期领导型号研发过程中，对局部或者整体的把握，起到潜移默化的推动作用。

在《实践论》中，毛泽东把实践和认识（即行和知）作为认识的基本矛盾来考察，进一步发挥了马克思主义实践的唯物主义和马克思主义关于实践第一性的观点，进一步把辩证法应用于认识论，发展了马克思主义认识论的辩证法思想，在认识论中坚持了彻底的唯物主义立场，使马克思主义认识论与历史唯物主义关于群众创造历史的观点紧密结合起来，把认识论中“实践—认识—实践”的公式与“从群众中来，到群众中去”的公式有机地结合起来。②

《矛盾论》则从内部矛盾与外部矛盾的结合上，从同一性与斗争性相互连接、共同作用所产生的合力上，从主要矛盾与次要矛盾对事物发展的主次不同的作用上，多层次多方面地阐明了矛盾推动事物发展的机理，形成了较完备的矛盾

① 陈世珍：《实践论》与《矛盾论》的当代价值。
② 刘林元：《矛盾论》与马克思主义矛盾动力理论体系的形成。

动力理论体系，对唯物辩证法理论的发展和深化，作出了重要的贡献。[①]

与《大众哲学》不同，“两论”是为已经投身到革命队伍中来的，即将走上领导岗位的青年干部们写作的，立足于中华民族集体利益、集体诉求的视野，阐述马克思主义哲学认识中国现实社会错综复杂矛盾的视角和方法及其理论指导意义。[②]

“该同志能经常坚持毛主席著作学习，并努力用于实践，以主席思想解决思想和工作中出现的问题，如在学习上用毛主席的思想指导自己的思想，指导自己作好期末复习及分析解决疑难问题。”[③]

除了学校组织的集中学习之外，平时节俭的刘永才还自己跑到书店，买来中国青年出版社出版，李琦写的《〈实践论〉解释》《〈矛盾论〉浅说》认真研读。《矛盾论》《实践论》这两本论著以后很长一段时期在刘永才的书架上占据一席之地。“两论”中蕴含的辩证法及其方法论，将一直贯穿于刘永才职业生涯始终。如：理论的基础是实践，又转过来为实践服务；真理的标准只能是社会实践；通过实践发现真理，又通过实践证实真理和发展真理；理性认识依赖于感性认识，感性认识有待于发展到理性认识；从感性认识发展到理性认识，又从理性认识指导实践，改造主观世界和客观世界；认识来源于实践，实践、认识、再实践、再认识，循环往复，以至无穷。矛盾具有普遍性和特殊性，矛盾存在于一切事物发展过程中，发展过程中存在着自始至终的矛盾运动；事物发展变化外因是条件，内因是根据，外因通过内因起作用；要善于抓主要矛盾和矛盾的主要方面，主要矛盾和次要矛盾、矛盾的主要方面和次要方面在一定条件下会互相转化，要对具体事务做具体分析这些核心内容。

---

① 马玲、张群：谈《矛盾论》对唯物辩证法的深化与发展。

② 陈世珍：《实践论》与《矛盾论》的当代价值。

③ “军事工程学院学员毕业鉴定”，1966 年 1 月 12 日。

可以肯定地说，当年刘永才在学习毛主席著作中的积极表现不是应景的表象，而是自发的、充满热情的知觉，自觉从感知上升到全面领会深化层面。“两论”中所蕴含的中国共产党人哲学思想，正是他所寻找的，渴求的。

“两论”的基本内容，后来被中国共产党第二代领导集体的核心邓小平总结归纳为：解放思想，实事求是，一切从实际出发，坚持按客观规律办事。

革命的理论指导革命的实践。中国巡航导弹长达十多年的研制历程，具体体现了实事求是，群众路线和独立自主。

这一项集中了全国上百家科研院所、几十所高等院校、多个民营机构，十分庞大的系统工程，不包括前期准备阶段，从批复立项到圆满完成，时间之紧，进度之急，压力之大，可想而知。特别是它颠覆了传统新型号研制新技术不能超过 30% 的规律，新技术采用量达到 70% 以上。从实质上说，是一场名副其实的高新技术大会战，洪波激荡而又波澜不惊。

作为型号总师、技术总负责人，在巡航导弹研制进入到最困难的阶段，新事物的螺旋式发展、矛盾与实践的递进式转化、相辅相生的二元辩证关系，对刘永才本人和他的团队来说，其意义无疑是能动而深远的。

1965 年年初，清思想、清政治、清组织、清经济的“四清运动”在全国展开。同年 8 月，根据要求，哈军工在校学员组成第二批四清工作队，刘永才被分派到黑龙江省巴彦县松花江公社兴隆大队参加政治运动。

兴隆大队是一个比较落后的生产队。刘永才住在村中的五保户家里，与当地农民一起同生活、同吃、同住、同劳动、同学习。烟呛、炕冷、每天挑水不说，他还给鳏寡孤独的老人们穿衣服、倒屎尿盆子。遇生产队开会，他总是提前到会场生炉子、烧炕，白天参加集体劳动，晚上和民兵一起站岗放哨，路上还顺便捡了一千多斤粪。除了当好分派给他的材料员工作之外，刘永才还负责当地青年、民兵的宣传组织工作。先前储备的思想优势、文娱优势得到了发挥和施展，他成了工作队中的一名活跃分子。他敢于提出问题，发表意见，谈自己的看法，因为表现优秀，还受委派出门独立进行了两次外调。

“工作责任心强，能钻研问题，全面掌握情况，能联系群众，和他们同吃、同住、同劳动。组织青年学习毛主席著作，教唱革命歌曲30多首，组织青年开展文娱活动，使青年思想有了很大进步，群众非常满意。”①

刘永才对共产党、新生活的热爱是真挚的，发自内心：“我上学都是国家培养的。长大工作以后总抱着个心思，就是国家把你给培养起来的，你就得给国家做事。在个人成长过程中，能吃苦耐劳，不挑肥拣瘦，从心眼里就是想着要报答国家。”

当时，哈军工要借机选择在政治运动中表现好、群众基础不错的学员，发展“火线入党”。与刘永才一起到兴隆大队的同班同学王云求，就成了这个同窗好友的入党介绍人。1965年12月14日，刘永才光荣地加入了中国共产党。

经过5年时间的相处，刘永才与比他大2岁多的湖南同学王云求，已经成为无话不谈的好朋友，课上课下经常“交心”，放假回家也保持通信。王云求毕业后分配到南昌三二〇厂设计室，1980年8月

---

① “社会主义教育运动工作队员鉴定表”，1965年12月31日。

调入南京某研究所，先后从事技术和行政管理工作。时光荏苒，两个老同学之间，至今还经常联系。

刚进入哈军工，学员们按战士待遇，每月津贴 7 元，等到第五个年头，就可以拿到一个月 24 块钱，相当于部队班长一级的津贴了。自小家庭环境艰苦的刘永才，自然比较节俭，临毕业时，竟然用平时攒下来的津贴费，给弟弟刘永和买了一辆“白山”牌自行车，这在那年代可算是一大件家产。

10. 亲事和家事

1960 年年初，就在刘永才还在为到底能不能圆他的数学教师梦的时候，刚上高中二年级的宋兰芬就已经被长春市体委直接从学校里给挑走了。后来，当刘永才在军事工程学院里整天跟航天器打交道，等待自己研制的导弹，能早日飞上蓝天的时候，却不知这个漂亮健美的姑娘，已经在天上转了多少圈下来。

女子跳伞而今被称为“美女极限运动”，宋兰芬就是吉林省第一代女子专业

1961年，宋兰芬留影

吉林省第一代女子跳伞运动员宋兰芬

跳伞队员。遥想当年伞花绽放，一身飞行服，真正叫飒爽英姿。

刘永才每逢放假回家，总要到老宅去看宋福林一家，只可惜宋兰芬18岁时，妈妈就去世了。宋福林眼见当年那个总给叫到家中吃“大餐”，眉清目秀的小男孩，果然不负苦心，已经长成身高1.76米、文质彬彬与英武之气合二为一的名校大学生，以后前途不可限量，真是喜欢得合不拢嘴。刘家二女婿看在眼里，谋在心里，两边撮合，沟通的结果果然不出所料，两家人没有不同意的，都认为这是一门天作地合的好亲事，真就像是传说中的比翼双飞。最重要的是看着刘永才长大的，知根知底，对小伙子的人品，心里有谱。

等刘永才大学三年级那年放假回家，再到宋家去时，就被“指婚”了，用刘永才自己的话说叫“挑明”。

1962年下半年，因国家经济困难，跳伞运动暂停，宋兰芬转入长春市体委秘书科，成为了一名干事。1966年“文化大革命”开始，女子跳伞运动就完全停止了。

也在这个时候，刘永才给宋兰芬改了个响亮的名字——宋毅。

哈军工执行极为严格的保密制度。新学员入学、教员由地方院校分配来校工作，首先受到的教育就是保密教育。

特殊的环境必定伴随着特殊的纪律约束，在这样的绝密级单位，个人并不完全属于自己，而是属于国家。每个人都不得向父母、亲戚、朋友、同学谈及自己当前的工作情况；在公共场所，对不认识的人绝对不能接触、不能搭腔；不准向国内外学术刊物投稿，要有甘做一辈子无名英雄的准备。像谈恋爱、找对象这种人生大事，更要先向组织汇报，待外调、审查一番之后，由组织决定你“继续”或是“终止”，绝不会存在“两可”的中间状况。

当时刘永才班里有位学员，向组织请示：家乡有个要好的女孩子，请求组织批准继续交往。可学校经过外调，认为那女孩子的家庭成分不好，于是，科里、学员队，上下一齐给这个男生做工作，非要让他与那个女孩子分开，而且一定要分开。最终的结果当然是制度取胜了。

尽管哈军工有著名的两不准规定：在校学员不准结婚、男女学员之间不准恋爱。但是经过组织推荐，层层选拔，科里、队上全是些翩翩少年、窈窕淑女，自然不可完全避免地有两情相悦的情况发生。

殊不知，当年哈军工还有一项更为严苛的不成文规矩：只要是男女学员在校期间恋爱的，毕业分配时，一定不给你俩人分到一起。在毕业之后的日子里，不知有多少小两口为调到一起，费尽了周折，熬白了头发，甚至有人还因此被

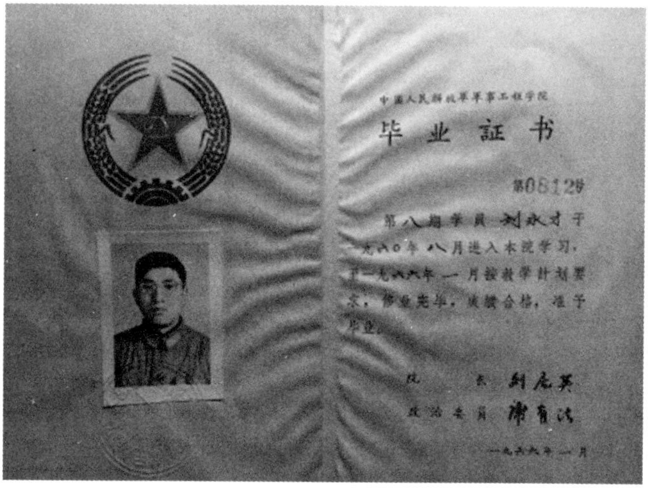

1966年1月，刘永才获中国人民解放军军事工程学院毕业证书

迫改行，荒废了宝贵的专业技术。

不料到了刘永才他们下一级，也就是从1961级学员开始，情况竟然发生了完全大逆转。恋爱中的男女学员，只要毕业时你开口说，即使一个单位只有两个名额，组织上一般就会给予照顾。还有毕业前夕才挑明的，只要俩人都说愿意，那就想方设法给分在一处。如遇名额有限，实在不能在一个城市的，也会尽量将俩人分得距离最近。

原因很简单，“文化大革命”开始了，“两老”大都靠边站了，由学生主导毕业分配，那还不善解人意？

等大女儿刘彦出生了，刘永才才与宋毅调到了一起，调动过程中间，为规避国家规定，也想了一点小办法，这是后话。这年放假在家的刘永才，还办了一件惊天动地的大事。他主动提出来，麻纺厂租自己家的东六条马路 4 间房子每月的房租不要了。进而又动员宋福林，把宋家楼下一层的房子，连同自己家的四分之一栋小楼，全部捐给国家。

在那个激情无限的时代，完成这一舍小家为大家的壮举，对于身为一名革命军人，总想报答国家的刘永才来说，确属正常，今天回溯也并不令人感到十分惊讶。1966 年 1 月，刘永才圆满完成了五年半的大学学业，从哈军工毕业。

“在学习方面，该同志学习的目的是明确的，热爱本专业，牢固地树立了为国防专业干一辈子的决心，因而在学习上能刻苦认真，细致钻研。同时学习中比较注意总结，具有较强的分析、解决问题的能力，能够独立思考，较为灵活地运用所学过的知识来解决问题。计算能力、试验能力均较好。”①

回长春短暂地呆上几天，刘永才和几名同学一起，很快就到位于北京西郊的七机部三院报到，从此正式展开了为中国飞航导弹事业奉献终生的生命画卷。

刘永才说：“大学这一段的军事化，对我是很重要的。我后来的成长过程中，组织上让去干什么，就干什么，从没考虑到个人会怎么样，得个什么结果。到哪儿都服从命令听指挥，到哪儿都把活干好。”

我们个人的荣辱兴衰总是与国家的需要、民族的命运，紧密地联系在一起的！

---

① “军事工程学院学员毕业鉴定”，1966 年 1 月 12 日。

刘永才

刘永才院士传记

Academician Liu Yongcai's Biography

第二章

二十年磨一剑

刘永才投身从仿制起步的航天三院，勤学好问，迅速成长。作为主要总体研制人员，圆满完成了中国第一型空对舰导弹——鹰击六号的研制任务。

“我们国家任何一个项目、任何一个型号都是系统工程，都是集体团队的工程。通过这本传记，借着我个人这个载体，宣传一种飞航的文化、巡航的精神，而不要着重宣传我个人怎么样，我这个人没什么。”

飞航导弹研发是一项十分庞大，延续性、继承性都很强的复杂系统工程。中国的飞航导弹发展史更是一部自力更生、艰苦奋斗的创业史。自20世纪50年代中期起步以来，中国飞航导弹一步一个脚印，经历了从仿制、改型研制、自行研制到创新研发的全发展过程，走出了一条按型号体系配套，研究、设计、试验和生产相结合，具有中国特色的体制模式。

作为新中国自己培养起来的国防科技人才，从进入哈军工导弹工程系有翼导弹设计专业时算起，刘永才也完整经历并历行了中国飞航导弹事业从起步到跻身世界先进行列的全过程。应该指出的是，除了刘永才院士之外，在飞航导弹研究院，还有更多的无名英雄，他们与自己钟爱的导弹型号相伴一生，甘于奉献，淡泊名利，负重前行，始终痴心不改。

1. 飞航导弹研制体系的创立

20 世纪 50 年代中期，面对美国的核考验，中共中央、国务院在抓紧国民经济建设的同时，决定减少军政费用，下决心发展国防科技，首先是发展以原子弹、导弹为主要内容的国防尖端技术。

1955 年年初，继中共中央作出发展原子能事业，研制原子弹的决定之后，中央军委即开始研究发展导弹技术的有关问题。在周恩来总理的启示下，回国不久的钱学森于 1956 年 2 月 27 日提出了《建立我国国防航空工业意见书》，对中国发展导弹技术，从领导、科研、设计、生产等方面提出了建议。为保密起见，报告中以“国防航空工业”名称，取代“导弹技术”。5 月 26 日，周恩来在中央军委会议上做出了发展导弹的决定。他说，中国发展导弹不能等待一切条件都具备了才开始进行研究工作，应当采取集中力量，突破一点的方针。这次会议，做出了成立导弹管理局和导弹研究院的决定。①

1956 年 10 月 8 日，中国第一个导弹研究机构——国防部第五研究院正式成立。

1957 年 9 月，聂荣臻率领中国政府代表团赴苏联谈判，要求苏联对中国的导弹事业提供援助。10 月 15 日，中苏双方签署协定，确定苏联在 1961 年前向中国提供 4 种型号的导弹。

同年 10 月 15 日，中国又派出苏振华率领的海军代表团赴苏谈判，要求苏联提供飞航导弹样品和资料。

1958 年 2 月 4 日，中苏之间签订协议，苏联向中国提供 KS-1 岸对舰导弹、П-15 舰对舰导弹、SAM-2 型防空导弹和更加神秘的 1060 潜射弹道导弹。

1959 年 12 月，苏方开始向中国提供部分反舰导弹样品和技术资料。1960

① 《当代中国的国防科技事业》编辑委员会：《当代中国的国防科技事业》，当代中国出版社，1992 年 10 月第 1 版。

年年初，两种反舰导弹样品运抵中国。

1960 年 4 月 26 日，国防部五院一分院第四设计部在北京东高地成立，办公地点在白广路总参某招待所。第四设计部被赋予的任务是，负责海防导弹总体设计。

1961 年 9 月 1 日，国防部五院三分院在京西长辛店创建。三分院成立初期的主要任务是：承担空气动力研究与试验；液体与冲压发动机的研制与试验；发动机及全弹试验。

1964 年 12 月 26 日，三届人大一次会议通过了以国防部五院为基础，成立第七机械工业部（简称七机部）的决议。根据部署，一分院第四设计部划归三分院。1965 年 1 月，七机部对三分院职能进行调整，正式组建为飞航导弹研究院（简称三院）。三院主要承担飞航导弹总体、分系统研究设计、试制和小批量生产任务。第四设计部为飞航导弹型号总体设计部，简称总体设计部。

除总体设计部外，飞航导弹研究院编制内，还划拨了包括动力、制导、雷达、总装等各分系统在内的研制和生产单位，初步形成较为完整、相对独立的一整套飞航导弹研究、试制、试验及小批量生产体系。

1964 年年底，总体设计部从东高地迁往京西云岗。

2. 从仿制起步

1959 年 2 月 4 日，中国从苏联引进了 KS-1 岸对舰导弹，代号 542；П-15 舰对舰导弹，代号 544。插在中间的 543，即 SAM-2 地空导弹，仿制型号为红旗一号。

仿制 544 舰对舰导弹和 542 岸对舰导弹的工作，从 1960 年 6 月一分院四部期间就已经开始了。

1960 年 6 月 23 日，一分院四部、二分院总体设计部共同集中组织了历时 24 天的 544 舰对舰导弹集训，集训队下设 4 个区队，参加集训的有 206 人。随后又在东高地组织了全体技术人员集训，从 8 月 15 日到 11 月 15 日，历时三个月，深入学习 544 舰对舰导弹资料。

1960 年 6 月 25 日，仿制 542 岸对舰导弹开始，一分院四部组织 101 人，分别下到协作厂参加仿制工作。

542 岸对舰导弹引进之初，就已是性能相对落后的导弹，它由米格 -9 战斗机去掉座舱盖，在驾驶员空间内置入控制系统改型而成。由于其总体上还是属于战斗机架构，因而其最大的优势是射程远，依靠原有的涡喷发动机，最大射程能够达到 100 千米，相对而言其飞行速度也慢。由于该弹进气道头部安装有巨大的雷达测距接收机罩，因而北约代号“小火山”。

542 岸对舰导弹的制导体制属于典型的第一代反舰导弹，其初始段采用预置指令配合膜盒式高度表控制，助推起飞 2 秒后，助推器脱落，导弹自主爬升到 300 米高度转入平飞；中间段依靠指令驾束引导，进行弹道修正；末端采用半主动雷达制导，由岸上雷达照射目标，直至命中。542 岸对舰导弹上的半主动制导雷达接收机精度差，原来作为机载设备，靠驾驶员人工修正偏差，精度尚可接受，但与导弹上相对原始的机电式飞行控制系统配合，负负叠加，精度就大打折扣，因此决定了整弹性能不理想。实际上，在接收导弹之后不久的 1959

性能不佳的542岸对舰导弹

年6月，海军就在尚未完全建成的某海上试验场，全部按照苏联的规范，进行了几次发射测试，结果实在是差强人意，发射的导弹无一命中靶船，大多是近弹，就是在没有到达设定飞行距离前就入海了。

中国飞航导弹发展初期，经济条件差，技术力量薄弱，组织领导经验不足，困难重重，之所以决定542岸对舰导弹与544舰对舰导弹仿制工作同时展开，主要源于严峻的周边形势环境。

退缩台湾的国民党势力在美国的支持下，念念不忘反攻大陆，屡派军舰袭扰大陆东南沿海，射程35千米的544舰对舰导弹与射程100千米的岸对舰导弹长短搭配，便能可靠地承担起封闭渤海湾、保卫京津的战略性任务。

1960年正值国民经济困难时期，7月在北戴河召开的国防工业会议上确定了“缩短战线，任务排队，确保重点”的方针，中央军委及时决定停止仿制性能不佳的542岸对舰导弹，集中力量仿制544

舰对舰导弹，以求积累经验，锻炼队伍，尽快自主掌握飞航导弹设计技术。

国防部五院一分院四部的任务也随之有了变化。9月中旬，除24名技术人员继续留协作厂参加仿制外，其余人全部撤回，支持三分院建设。10月，542岸对舰导弹仿制任务宣布下马，留厂全部人员撤回。

1960年7月1日，一分院四部技术干部、行政干部和全体技术及辅助人员按自愿全部参军。

限于当时国民经济以及科技发展水平的限制，仿制544舰对舰导弹以全国大协作方式进行。一分院四部负责抓总，弹体设计、制造和总装主要由航空部门承担。仿制工作首先从消化技术条件、技术说明书等型号文件开始，初起时可谓“两眼一抹黑”：打开544舰对舰导弹战斗部，其机械引信上有8根触角一样的东西，大家都不知道它们是干什么用的，也不知道去掉一两根行不行；自动驾驶仪的基盘是一个继电控制系统，按照苏联提供的技术文件，系统要调试在自振的边缘上，但为什么要这样调，也没人能说得清楚。

由于国家经济困难，再次缩短战线，继542岸对舰导弹之后，544舰对舰导弹的仿制工作也暂时搁置。全体技术人员转而投入仿制543地空导弹的工作中。

1963年夏，国家经济情况好转，中央军委决定，海防型号544舰对舰导弹的仿制工作不仅要继续，而且要加快。为了在较短时间内形成突破，一分院四部与二分院总体设计部一起，在544舰对舰导弹型号再次集训期间，制定了熟悉型号技术情况、提高人员技术水平、掌握解决实际问题的手段和方法的目标。之后，按专业分工和任务分工，从1963年8月中旬到11月中旬，又集中三个月时间，以设计师代表的身份，分散到承担部件生产的工厂与车间，具体参加、指导仿制工作。

仿制544舰对舰导弹期间，经历了苏联撤走专家、其所提供的图纸资料与实物不符，艇、弹设备不协调，以及国民经济困难等重大变故考验，1966年5

月，仿制完成的544舰对舰导弹在海军某试验基地进行了从岸上向海面发射的遥控弹试验，3发全中。6月又进行了遥测弹海上飞行试验，3发2中。

1966年11月，仿制成功的544舰对舰导弹以9发8中的成绩，通过了定型试验。1967年8月，中国仿制的第一代舰对舰导弹，被国务院特种武器定型委员会批准设计定型，正式定名为"上游一号"。

1965年2月在三院召开的海防型号工作会议上，根据国际形势的演变状况，以及贯彻中共中央提出的"对抗敌人的海空优势是当务之急"的指示，国防科委和国防工办提出改进544舰对舰导弹，将舰对舰导弹搬到岸上，发展一种射程70千米的岸对舰导弹。同年4月22日，在三院召开的型号会议上，由钱学森主持，对三院和归属于航空部门的导弹总装厂各自提出的改进方案予以审定，制定计划。

会议确定由544舰对舰导弹改进的岸对舰导弹

中国第一代反舰导弹
"上游一号"

任务分工是：导弹武器系统由三院抓总；发动机、驾驶仪、末制导雷达、引信、战斗部等弹上分系统及全弹研制、总装分别定点国内多个厂家。全武器系统定名为“海鹰二号”。

会上，国防工办还组织来自三机部、四机部、五机部、六机部、七机部的126名代表，就海军提出的，研制射程在100千米左右的岸对舰导弹，封锁渤海湾的需求，给予审定规划，制定计划。由于具体研制思路不同，三院和原定导弹总装厂的合作关系逐渐陷入僵局，双方在产品层面上很快分道扬镳，各自按照自己的体系构想，发展自己的反舰导弹系列。

1965年6月27日，三院提出按海军要求，独立研制一种射程100千米的“练兵弹”，内部代号为3QD-51，寓意是“我要三院起家弹”，后来被三院人誉为“争气弹”。8月，在满足增大射程要求的承力式箱体试验取得成功后，3QD-51列入国家计划，是为“海鹰三号”。8月9日，在周恩来主持的中央专委第十三次会议上决定，立即展开再次增加射程的岸对舰导弹研制工作。正式定名为“海鹰二号”。

航空部门继续改进发展承袭自“上游一号”的岸对舰导弹“海鹰一号”。

三院着手独立研制海鹰系列、鹰击系列飞航式导弹。

上游、海鹰、红旗、东风、风雷等型号导弹武器系统以及系列的命名，均取自新中国第一代领导人毛泽东的诗词或名句。

当时的导弹命名序列主要有：上游——舰对舰导弹；海鹰——岸对舰导弹；红旗——地对空导弹；东风——地地弹道导弹；风雷——空射飞航导弹。随着有中国特色的系列化、族群化、多平台发射弹种的出现，这种单一用途，依据发射载具命名的方式，逐渐成为历史。

3. 三院起家弹

三院位于北京西部浅山区的丰台云岗，当年经过长辛店进山后，还要再走上 4 千米暴土扬灰的坑洼山路。那时的云岗，满眼望去野草遍地，半山荒坟。1965 年年底，总体设计部从南苑搬迁过来，下车伊始，有些大学生便向村民打听此处是否有狼出没。戒备森严的大院，灰砖围墙上挂着电网，工作保密，电话保密，地址保密，进出工作区要换保密包，通信地址以信箱号代替，还不通公共汽车。进一次北京城，要步行半小时到朱家坟，才能坐上通往广安门的 39 路公共汽车。有探亲的家属从北京站下了火车，兴冲冲拿着写有信箱号的信封，在城里辗转好几天，硬是找不到地方，只有再辗转几天悻悻地回家去。

1966 年 1 月，刘永才与队里四五个学有翼导弹设计的同学，被分配到三院总体设计部时，总体设计部已经发展到 6 个研究室和一个具有相当规模的模样车间。刘永才被分配到第一研究室。一室是总体研究室，所学所用，经过哈军工的熏陶，已抱定“干一辈子导弹”的这些年轻设计员们，在感到光荣和幸福的同时，面对“小三线”的荒凉，内心不免会有一点小小的失落。

根据国家对大学毕业生们的政策要求，刘永才到单位报到后不久，就被分派到三院的导弹总装厂铸造车间，参加为期一年的劳动锻炼。就是跟在工人后面干活——翻砂、冶炼、浇注、出炉、装车。

刚出校门的年轻人，有的是活力和精神头。爬山，打乒乓球，骑自行车去水库游泳。那时候云岗南区有一个标准足球场，刘永才和驻厂工作组一起，大家攒齐了一支标准足球队，经常跟别的单位比赛。当然，宣传文字工作也归这个刚出校门的大学毕业生。出黑板报，山墙上刷大标语，车间往厂里和上级部门报的工作材料，很多都出自这位戴着白塑料镜框眼镜、走路一阵风、见人不笑不说话、勤快能干的小年轻刘永才之手。

1966 年，“文化大革命”开始，七机部成了重灾区，三院的科研生产一度受到严重冲击，陷入了停顿或半停顿状态。但由于海鹰二号岸对舰导弹前期方案准备充分，技术工作扎实，尤其是依靠一批致力科研、埋头攻关的技术人员，整个武器系统研制工作已接近完成。

针对导弹射程加大进行的一系列改进，如远距离目标搜索跟踪、地面及弹上控制系统精度指标提高、弹体结构形式选择及各分系统参数调整等工作，都基本达到任务书的规定要求。

1967 年 2 月 3 日和 3 月 15 日，海鹰二号岸对舰导弹先后进行了两次全弹、全程地面热试车。经对结果初步进行分析后，认为其达到了试验大纲中所规定的目的和要求。“一发弹二次试车”取得了成功，加快了进度，节省了经费。

同年 9 月，试验队进驻海军试验基地，进行首发研制飞行试验。

导弹发射前要经历两个阶段。第一个阶段是在技术阵地进行测试，当测试自动驾驶仪时，不料出现了舵机自振现象。

和自动驾驶仪一样，海鹰二号岸对舰导弹的舵机也是一个继电器控制系统，根据苏联专家留下的技术文件，要调试在稳定的边缘，如果裕度掌握不好，就容易进入不稳定状态。经过紧急研究，决定由舵机制造厂家换一台舵机，问题

弹体巨大的海鹰二号岸对舰导弹在发射阵地上

留待以后进一步研究。全弹测试完成，第二阶段转入发射阵地，导弹运到阵地上进行发控对接，确认没有问题后，就择机发射。此时每个试验队员都提心吊胆。

原来，海鹰二号岸对舰导弹试验队进驻靶场后，比他们先期到达试验基地的海鹰一号岸对舰导弹试验弹再次出现了弹上雷达损坏和导弹提前入水的问题。1966 年 12 月，海鹰一号岸对舰导弹在同一基地进行首飞试验时，就出现过类似情况，表现在导弹飞完最大动力航程之后，末制导雷达未捕捉到目标。

由于这两种导弹的自动驾驶仪全部改进自上游一号舰对舰导弹，海鹰二号岸对舰导弹弹型没有大的变化，只是为提高射程加长了弹体，因而怀疑问题来自驾驶仪和总体。尽管地面测试一切正常，但负责总体和自动驾驶仪的试验队员们心里，还是比别人要更加忐忑不安。

三院技术副院长梁守槃在进行了分析计算之后

认为，是振动导致弹上设备在发射后的整个飞行过程中，一直处于时好时坏的临界点，而最大的振动，来自导弹爬升脱轨的那一瞬间。因为海鹰二号岸对舰导弹与海鹰一号岸对舰导弹共用发射架，梁守槃建议将发射导轨前端截短 1.2 米，同时将导流槽尾底板下倾，保持和助推器喷流方向近于平行，以减小导弹起飞脱离滑轨所发生的振动。同时，总体设计部还调整了岸对舰导弹的天线回调角。

首次发射定于 1967 年 9 月 29 日，试验队员们站在距离发射阵地百米开外的礁石上观看发射，内心特别紧张。发射由基地的海军操作，一声巨响，导弹离轨起飞，拖着耀眼的火光飞向海天一线的远方，直至从人们的目光中消失。不久传来消息，导弹飞行正常，但没有俯冲，而是飞越了目标，打了个“最大射程”。

因为是首次发射，只打自控段，对自导不做要求，三院独立自主研制的“争气弹”第一次发射算基本成功。后经对遥测结果进行分析，认为第一发导弹没有俯冲的原因，是由于自导雷达发生了故障。

经过改进，同年 10 月 27 日，第二发导弹发射获得圆满成功。

1968 年 10 月 2 日和 15 日，两发大射程的海鹰二号岸对舰导弹试验也获得成功，尤其是后一发，直接命中靶船，这对独立自主、自立自强的三院来说，无疑是莫大的鼓舞，很快向海军报请进行设计定型试验。

此时正值“文化大革命”高潮期间，生产秩序极不正常，偌大一个有上万名职工的飞航导弹研究院，竟然凑不出满足定型试验数量要求的 7 发导弹，只能上下紧急动员，到处找 544 舰对舰导弹或者别的在研型号上的器件混装拼凑。

1969 年 8 月，三院拉着仅有的 5 发海鹰二号岸对舰导弹，奔赴海军试验基地展开设计定型试验，结果 5 发 4 中，失败的一发为距靶标 256 米的近弹，原因是天线回转角过小。1970 年 3 月 31 日，试验队带着加班加点新赶制出来的两发导弹，再次奔赴渤海岸边，进行第二阶段设计定型试验。双发齐射，结果喜人，齐齐命中靶标。

在科研生产的无序状态下，海鹰二号岸对舰导弹以7发6中的优秀成绩，圆满完成了设计定型试验任务，实在难能可贵。因海军特总装备定型委员会工作不正常，1971年3月讨论之后，审查工作便陷入停顿，直到1974年8月5日才正式予以办理了定型手续。

在海鹰二号岸对舰导弹研制过程中，三院的技术人员从头到尾，踏踏实实地走完了导弹研制全过程，从总体到各分系统，从组件到关键零部件，从工艺到生产，均取得了至为宝贵的实践经验。

“对有争议的问题先通过局部试验来解决分析，统一认识。”在三院以后的型号研制中，成为一条重要原则。

誉海鹰二号岸对舰导弹为三院起家弹，确实名至实归。除红外制导弹、降高弹、改装弹等后续几种发展型号外，性能可靠的海鹰二号岸对舰导弹还在后来较长一段时期内，担负起新技术验证搭载平台的重任。多种制导方式、新的导航平台、动力系统验证等探索性实践，不少是搭乘海鹰二号岸对舰导弹粗壮的弹体，第一次冲上蓝天的。这发坚不可摧的老弹，直至接近全部退役之时，还被改装成中低空靶弹，可谓鞠躬尽瘁。

1970年10月，海鹰一号岸对舰导弹定型飞行试验也取得了成功。1974年8月，前后经过25发研制性飞行试验的海鹰一号岸对舰导弹，通过了海军军工产品定型委员会定型批准。

此后相当长一段时期内，上游系列飞航导弹与三院的海鹰系列、鹰击系列并行发展。起步较早的上游系列，此后发展成为装备数量可观的舰对舰导弹系列，用于装备051型驱逐舰、护卫舰等大型水面战斗舰艇。

海鹰二号岸对舰导弹在上游一号舰对舰导弹的基础上增大了射程，但由于弹体加大，囿于舰上空间的限制，仅能成为岸对舰导弹。三院后期发展的小型化反舰导弹“鹰击八号”，以及由此衍生出的多平台、系列化导弹族群举世瞩目。

这种海防导弹两大系列并行发展的局面，直到三十多年之后才发生根本性改观，这与三院广大工程技术人员准确把握飞航导弹技术发展方向，不懈追求科技制高点，敢为一流，持续辛勤付出是分不开的。

国防科技是一项继承性很强的事业，它不仅表现在技术层面，更体现在设计思路、实践经验、管理方法的积累与传承。从某一方面可以说，没有海鹰二号岸对舰导弹，就没有鹰击六号空对舰导弹；没有鹰击六号空对舰导弹，就没有刘永才的事业根基。而如果把刘永才换成另一个人，三院引以为豪的巡航导弹发展过程，可能就会是另一番模样了。

一般而言，一名航天科研人员在其职业生涯中，能完整经历一个型号的研制过程，已经少之又少，确属不易了，而刘永才参加总体设计，完整走过了中国第一型空射导弹鹰击六号的研制全过程，又作为型号总师，主持了中国首型巡航导弹打造历程始终。

在慨叹幸运的同时，我们更应该把赞叹的目光聚焦在刘永才坚韧顽强、不屈不挠的意志品格之上，这才是他建功立业、名入史册的真正决定因素。这一点我们将会在以后的岁月中细细品味，领会。

4. 初试“风雷”

1960 年中期，苏联全面中断了对中国的军事技术援助，撤走所有专家，停止技术及装备的后续注入。突如其来的一系列打击，使获取新技术途径单一的中国，大批军工项目或下马或处于停滞状态，其中，受波及程度最大的，是技术集成化要求较为密集的空军。由于奉行本土防御，空军在当时的中国国防战略体系架构中一直排在最高位置，而海军则叨陪末座。

20 世纪 60 年代正是全球航空平台与导弹武器技术大发展的兴旺时期，许多采用高新技术的新型武器装备，诸如美国 AIM-54 不死鸟重型远程空空导弹、AIM-7 麻雀Ⅲ雷达制导中距空空导弹、SM 系列标准防空导弹、苏联 SAM-6 全天候机动防空导弹等新型战术导弹，如雨后春笋般地相继涌现出来。

而此时中国空军的空对面打击手段，还停留在第二次世界大战时期的技战术水平上。20 世纪 50 年代大量装备部队的轰五、轰六型轰炸机，只能依靠自由落体炸弹飞临目标上空，执行对面打击任务。面对机动性强、覆盖面大的防御系统，这些落后的攻击方式连同机种，无论在突防能力，还是在毁伤效能上，都已无法应对日益严峻的战场状况。如若开战，这些轰炸机将直接与机动式防空导弹、超视距中远程空空导弹对峙，可以想象其结果几乎是有去无回。

只能走独立自主发展道路的中国军事工业，与世界先进水平之间的差距，眼看着越拉越大，逐渐要陷入看客位置的窘迫状态。严酷的现实，要求多种属于中国自己的既可执行远程攻击任务，又可置载具本身于深广精准的防御系统打击范围之外的战术手段。

一个国家和民族在世界上的话语权与其军事实力成正比。研制一种能够远距离实施对面打击任务的空对面战术导弹，被提上议事日程。

1965 年，空军向中央军委提交报告，称部队在役装备的轰六中程轰炸机只能遂行高空投弹轰炸，无法在地空导弹的威胁下，安全完成对面打击任务，因此请求安排研制空对地、空对舰导弹。同时，空军在报告中还明确提出了对这种导弹的技术指标要求，即射程不应小于150千米、重量不大于3吨。

空军的呼吁立即引起中央军委的高度重视，随即安排各相关单位投入研究论证。借鉴苏联的先期经验，各部门经过讨论，一致认为，对飞航式战术导弹进行改装，挂上轰六轰炸机，不失为一种简洁高效的途径。而检视当时中国拥有的自主研制的飞航式导弹，只有海鹰一号、海鹰二号岸对舰导弹。

海鹰二号岸对舰导弹与海鹰一号岸对舰导弹相比，占有射程优势，经过改型，搭载轰六飞机实现空中发射，有望满足空军提出的最首要的，长射程战术指标要求，发展成为空对地、空对舰导弹。而此时的海鹰二号岸对舰导弹，还未完成最后的设计定型试验。

1966年8月17日，三院总体设计部召开党委扩大会，讨论新三室拟定的空对舰导弹初步方案汇报提纲，初步确定技术方案和导弹的技术指标如下：

最大射程150千米，最小射程70千米。

最大平飞速度306米/秒。

飞行发射高度800～1000米，平面高度300～400米。

发射方式为投放式。

单发命中概率70%（无干扰条件下从正侧舷方

向进入攻击大中型水面舰艇)。

全弹重不大于2600千克。

战斗部威力为510千克。

飞机载弹数2发。

“方案经过讨论，形成了一致意见：同意在海鹰二号基础上进行改型设计，挂到轰六飞机上；为了打破美帝的海空优势，应抓紧安排，力争1968年三季度前整个系统交付靶场试验。”①

此时，刚刚结束下厂劳动锻炼的刘永才回到总体设计部，被分派到新成立的研究室（简称新三室）。研究室主任是姚绍福，空对舰导弹的总体设计就在这个研究室。研究室集中了黄瑞松、刘永才、周志宗、高庆芬等一批意气风发的年轻科技人员。刘永才是空对舰导弹总体组的一名普通设计员。

1966年10月18日到21日，三院召开由技术副院长梁守槃主持，所属有关单位193人参加的空对舰型号方案论证会。会议分7个专业组进行初步方案的细化讨论，确定：鉴于地上目标的复杂性，应首先发展挂轰六轰炸机的空对舰型号，计划于1966年11月中旬编出任务书，1967年6月前完成全部图纸设计，1968年10月进入飞行试验阶段，1969年交付部队。

会后，三院向国防科委呈报了《改装海鹰二号导弹为空舰型号的总体方案》。

随后由国防科委组织的海鹰二号挂轰六飞机方案审定会召开。会议明确由三机部和七机部共同完成飞机与导弹的技术结合，实现空中打击手段现代化。三院负责导弹研制，空中发射导弹载机改装定点轰六生产厂。

根据当时惯例，由于是三机部和七机部合作的第一个项目，全武器系统研制任务定名为“371工程”，空对舰导弹命名为“风雷一号”。

① 三院《总体设计部大事记》，1991年。

别看导弹和飞机都仅仅只是改型，但当时国内却是无例可循，无资可鉴，很多技术工作要从头开始，一点一点进行探索。

首先，本是地面使用的导弹要挂到空中去点火发射，环境温度和压力变化很大。空间高度每升高1000米，温度会下降6.7℃，液体火箭发动机在低温状态下要一次性点火成功，在中国还从没有经过实际验证；其次，导弹脱离载机投放、平飞、俯冲，需要选择最佳的气动外形和弹道设计，要进行大量的地面吹风试验和环境模拟试验，当时的科研手段并不完备；再次，即便是发动机能够在空中顺利点火，能否满足导弹正常飞行所需的推力要求，也是个很大的疑问……且不说在当时国内较低的工业制造水平条件下，弹上数量众多的晶体管、电子管、电阻、电容等电子元器件，能否经受得住高低温剧烈变化的考验，硕大的海鹰二号挂上轰炸机，材料是否过硬、弹体是否会变形，等等。

能够预测到的理论难点和没能预料到的现实难题都非常多，不知有多少难关挡在前头。闯关偏逢连阴雨，方案定下之时，政治运动已在全国迅速蔓延开来，最终决定了中国第一型空对舰导弹将命途多舛。

刘永才在风雷一号总体设计组，负责模样弹的总体部位安排设计。这种只是装上了自动驾驶仪和舵机，没有别的部件的“有控无动力遥测弹”，在地面上，能够以遥测状态接受控制指令，舵面相应会发生偏转，用以考察导弹总体控制性能。

在不是老师傅就是哈军工师兄的新三室里，堪称小年轻的刘永才的最大特点就是勤学好问。控制，对一个学总体的人来说，并不是本专业，有很多理论和实际问题需要进一步学习、探讨和解决。刘永才从钻研导弹动态分析、导弹飞行试验等理论入手，搞不懂就问。一遍弄明白了，回去深入想想又有不明白的，就返回来再问。来来回回，直到自己发出长长的一声“噢——”为止，这时候教他的老师傅连同他自己方才如释重负。

在三院，老师傅这个称呼可不是专指“年纪大的工人”。凡是能从人家那里学到知识的前辈，无论是科技人员，还是工人、政工干部，全都可以被尊称为“师傅”。

多年之后，随着导弹技术的发展，射程和精度不断提高，多种导航方式组合集成为一体，“控制”在总体设计中所占的位置越来越重要。已是型号总师的刘永才经常告诫他手下一帮搞总体的年轻人，要在控制理论方面多下功夫，下大功夫，了解最前沿的控制手段。经验传授，谆谆教诲，是与他的切身体会分不开的。

工作秩序不正常，没有经验，发展蓝本“海鹰二号”还在试验过程中，“风雷一号”在总体设计部乃至整个三院也并不是研制重点，同期列入国家项目的“鹰击一号”和“海鹰三号”，才是重中之重。研究院绝大部分人力、物力和财力，几乎都扑在这两个重点型号上了。

对于一个刚工作不久的年轻人来说，每天趴在图板上，一根根线条地画图，一遍遍地摇手摇计算机，可干的却是不被重视的型号，一般人难免会有失落感。但在国防亟需形势的逼迫之下，这些年轻的科技人员忘我投入，空对舰导弹研制工作进展较快。

根据初期计算，“海鹰二号”空中发射最大射程仅能达到140千米，不能满足空军提出的打击距离150～170千米的战术指标。为在不加大弹体、不增加推进剂的限制条件下，实现最大射程要求，经严格计算，1966年11月，总体设计部建议将“海鹰二号”发动机的两级推力改为一级推力，比冲提高到230秒，这样可增加射程约11千米，有望达到军方提出的射程指标下限。

1966年12月12日，总参谋部和国防科委就空对舰导弹命名问题，联合向七机部发出通知，确定正在研制的空对舰导弹“风雷一号”正式列入国家项目。

到1967下半年，“风雷一号”已经完成了遥测弹总体设计、控制回路及弹道设计、弹体结构设计、遥测系统设计、遥测弹发控、检测文件设计及设备研制、模型弹发控检测文件设计及设备研制、大型试验设备技术报告等技术工作。

1969年年初，“风雷一号”7发遥测弹生产列入三院计划。按照计划，二季度还要完成指挥仪发射控制装置和射前检查设备的设计，三季度要完成一发配重弹和二发投放弹的生产……“风雷一号”呼之欲出。

但奇怪的是，从1969年下半年开始，上级下拨给型号的试验和科研费开始逐月减少，对外协作计划亦是一拖再拖，许多总体协调问题无法解决，还有部分研制人员被陆续抽调到“鹰击一号”“海鹰三号”两个重点型号中去。渐渐地，研制工作进行不下去了，各项计划安排陷入停顿。

不过这些，对于总想要报答国家培养之恩的刘永才倒是没什么。他每天仍是认认真真地完成研究室交给他的活儿。没活干、等活干的时候，就一个人安安静静地坐在办公室里，一整天一整天地看书、查资料、复核计算结果……这段时间对刘永才来说，是真正的学习积累期。他对空对舰导弹总体布局、空中投放之后质心、重心位置变化、飞行弹道控制等有关技术问题，进行了较为深入的探讨。

量变终于成了质变。果不其然，到了1970年下半年，在三院军管组下发的半年科研生产任务中，对“风雷一号”竟然只字未提。

尽管在以前的科研生产计划中，“风雷一号”的位置都排在“鹰击一号”“海鹰三号”之后，后来排序虽然逐次下降，甚至落到了改进研制的“海鹰二号”后面，但还能在计划上占半页纸面的。眼见辛辛苦苦干了几年的型号没了，难道真就这样不明不白地下马了？课题组里有人不甘心，便跑到科研处打听，得到的回答是也不很清楚。

其实，总体部机关比下面的研究室还要着急。1970年9月14日，总体设计部军管组就“风雷一号”任务问题，向三院军管组递交正式报告，以咄咄逼人的口气请三院说明：今后是否还有“风雷一号”任务？如果型号真的下马了，有关分系统方面已研制出来的产品，或将要研制出来的产品，该做如何处理？

而真正的现实情况是——确已不可挽回！

从1969年开始，承担轰六改装研制任务的飞机制造厂就已向国防科工委申请，停止载机轰六丁的研制。尽管他们所列举出的困难看似条条有理，但所有人都心知肚明，其根本原因只有一条：受到政治运动影响，正常的科研生产秩序受到破坏，工厂的科研生产已陷于瘫痪。

没有了载机，“风雷一号”想不停下来都不行。中国第一型空对舰导弹的研制工作就这样匆匆上马，又匆匆下马。

冷冷清清的工程组彻底没活干了，而此时“鹰击一号”“海鹰三号”研制恰正处于热火朝天阶段。刘永才他们立刻全体转入三院这两个调动各种优秀力量、拼尽全力展开研制的重中之重项目中。

5. 比翼双飞

刘永才的青春年华是与中国飞航导弹技术自力更生潜行探索、艰苦奋斗执着发展分不开的。要提到三院一万多名干部职工负重攻关，为国铸剑的历史，“鹰击一号”“海鹰三号”是绕不过去的沉甸甸的记忆。虽然两个型号最终功亏一篑，没能定型装备部队，但历时十多年的研制之路，却以“悲壮”之名，得以载入共和国国防科技事业自力更生、勇攀高峰的发展史册。

从 20 世纪 70 年代开始，全世界范围内展开了一波以发展高新技术为主要内容的军备竞赛。航母技术快步发展，攻防手段日趋先进，以“海鹰二号”“上游一号”为代表的速度慢、体积庞大的第一代飞航导弹与落后的投弹轰炸机同样，也面临着失去战场生存地位的尴尬境地。

早在 20 世纪 60 年代初期，钱学森、梁守槃等高层技术专家就已认识到，要保卫海防，御敌于国门之外，飞航导弹谋求实现技术突破，只能在两个方面下功夫：一个是“小”，一个是“快”。

值得一提的是，这两个跨世纪设想，经过三院几代科研人员艰苦攻关，如今都已先后变成为现实。

最先实现的是“小”。1985 年，鹰击八号导弹以 6 发全部直接命中靶标、海军首长指示免试第七发的优异成绩，通过了设计定型试验。直径为 0.36 米的

鹰击八号导弹

鹰击八号导弹，仅是海鹰二号导弹体积的近六分之一，因而被部队官兵誉为“玲珑一代”。

而当时，由于国内固体火箭发动机和自动驾驶仪微电子化还处在预先研究阶段，所以最初设想首先实现“快”比较有把握。因而，实现超低空、快速突防的重任，就落在了飞行速度马赫 2（2 倍声速）以上的鹰击一号导弹和海鹰三号导弹上。

研制超声速导弹面临着许多复杂的技术问题，当今世界上还处于竞相发展阶段，自不必说在那时，更没有一个能够真正投入实用的弹种。可以想象，如果这两款中国自行研制的全新超声速导弹，按技战术指标完成设计定型并装备部队，中国的本土防御能力及飞航导弹技术水平，将一步迈入世界先进行列。

导弹高速飞行过程中气动阻力增加，过热严重，总体外形、控制、振动等方面都需要进行深入的原理性研究探讨。而最关键的是要研制工作环境温度高、整备效率高、工作可靠、节能的新型发动机。

研制导弹，动力先行。限于当时中国薄弱的工业基础，要想在短时期之内形成突破，为部队提供射程 200 千米，超声速飞行的飞航导弹，专家们把目光一致投向冲压发动机。其实早在 1962 年国防部五院科技委首届年会上，梁守槃等专家就提出反舰导弹采用冲压发动机的建议。经过研究，五院党委指定由三分院承担这一具有突破性的技术工作。

冲压喷气发动机是一种利用高速迎面气流进入发动机后减速，使空气提高静压的空气喷气发动机，通常由进气道、燃烧室、尾喷管三部分组成。由于冲压发动机没有压气机，也就不需要燃气涡轮，因而构造简单，重量轻，成本低。更为重要的是，冲压发动机推重比大，特别适合高速飞行的导弹使用。当进气速度为 3 倍声速时，理论上可使空气压力提高 37 倍。

经过几年预先研究，冲压发动机初具模样。

1969 年 5 月间，刘华清领导下的海军舰艇研究院，为寻求更迅猛的对海攻击手段，委托三院总体设计部进行论证，将研制任务定名为“鹰击一号”。为贯彻中共中央、中央军委“两个大搞”（大搞直升机、大搞运输机）的指示，8 月 16 日，国防工办组织下属工业部门召开会议，对新技术装备达到痴迷程度的刘华清极力争取，水上轰炸机研制被列入“两个大搞”之中。设想中的鹰击一号超声速空对舰导弹方案，也顺理成章地被纳入其中。

1970 年 2 月 28 日，三院召开“鹰击一号”方案审定会，其初步设计方案得到了钱学森与国防科工委、海军等领导，以及专家们的一致认可。会后，直接由国防科工委、海军联名将鹰击一号超声速空对舰导弹研制方案上报中共中央。十几天后，中央军委即下达批复，同意研制。

同年 3 月 25 日，在由上述领导和专家共同参加的超声速岸对舰导弹总体方案审定会上，“海鹰三号”总体设计方案也顺利获得通过。31日，国防科工委、海军联名将方案上报中共中央。

4月13日，三院接到中央军委电话通知：“总理同意‘海鹰三号’总体设计方案。”周总理亲自批准这一型号方案，对三院广大科研人员是极大的鼓舞和鞭策。

中国之所以要大力发展岸对舰导弹，有其深刻的历史背景。

中国拥有1.8万千米大陆海岸线、200多万平方千米大陆架和6500多个岛屿，管辖海域面积300万平方千米。在这一组每个炎黄子孙都应该记住的数字背后，是百年屈辱，列强觊觎。当人民海军实力还比较弱小时，面对时时来自海上的威胁，只能依托沿海几座大城市，实行全民皆兵的重点防御和近岸防御。

要拱卫京津，首先必须在山东半岛、辽东半岛的突出部部署岸对舰导弹封锁住渤海湾。当时岸对舰导弹射程，从“海鹰一号”的70千米射程到“海鹰二号”的95千米，双向交叉发射，已基本实现了封闭内海的战略目标，但还远远不够。战时如果一边的岸基导弹阵地被打掉，半扇国门就洞开了，因而亟需发展射程达到180千米以上的岸基反舰导弹，实现单向封锁。

除拱卫京津之外，从黄海战备需求出发，按照钱学森的设想，还要研制射程达500千米的岸对舰导弹，以满足抗击航空母舰等大型水面舰艇的战术要求。而为了打击防护严密的航空母舰，导弹实现超声速、超低空突防是十分必要的。

时间进入1970年，两种超声速导弹的研制工作以会战形式，在三院轰轰烈烈地展开。顽强的三院全体干部职工，以只争朝夕的战斗热情、冲天的革命干劲、忘我的献身精神，投入到实现跨越式发展的热流之中。

三院集中总体、动力、控制、雷达、总装厂等各个分系统单位几乎全部的骨干力量，计划在一到两年时间内，实现“鹰击一号”和“鹰击三号”的“比翼双飞”。

英国佩刀发动机及其用于云霄塔空天飞机构想图

然而，事与愿违。时至今日，冲压发动机仍是一种新型的、用于高超声速飞行器的尖端航空航天技术，正处于日新月异的发展之中。在这个领域，仍有着广泛的复杂问题需要研究解决，因而成为大国间军事博弈的热点之一。

研制采用冲压发动机的超声速飞航导弹，是中国几代航天科技工作者前赴后继，永不言败的追求！

60 年的飞航导弹发展实践证明，在预先研究、技术储备并不充分的情况下，要实现技术跨越、产品跨越，尤其是研制程序的跨越，就要付出代价；违反科学规律办事，就会适得其反。蛮干冒进的经验教训，对刘永才之后主管巡航导弹研制工作，具有深刻的借鉴与反思意义。

从 1971 年年初开始，刘永才转入鹰击一号导弹总体组。经历“风雷一号”历练，已成为研究室青年科研骨干的刘永才，参加方案总体论证，绘制了三种预选方案的三面图、部位安排图和外形协调图。

要完成好这些任务并不容易。之前世界上还从没人搞过的新弹种，首先要求总体思路明确，再通过大量的论证和计算，在空间有限的弹体上，对发动机、驾驶仪、雷达、高度表、推进剂贮箱等各部位的安装位置进行符合战术技术要求的合理组合。

刘永才与组里的同事们一起，夜以继日地趴在绘图板上，用铅笔手绘图纸。先形成一张张草图，通过审核后，再修改、定稿。因为经常要进行方案的讨论和修改，有时厚厚的，大大小小尺寸的一摞图纸，就得全部作废、重绘，如此过程循环往复。时间紧，任务重，大家在办公室里加班加点，往往不知不觉就到了半夜。

在接下来的“鹰击一号”配重弹总体设计中，刘永才主管导弹部位安排和外形协调设计，负责重量、重心及变化曲线的计算。

变化曲线计算是一项有大量数据复杂交叠、环环相扣、耗时费力的活儿。导弹发射后，随着推进剂的损耗和姿态的变化，它的重量和重心都会实时发生变化，这就对控制产生了影响。如果变化曲线计算出错，导弹飞行就有可能失控，便会从天上掉下来。连续变化的曲线一步错，便步步错，在精确到百分位甚至千分位的数据面前没有捷径可走，只能凭细致，靠耐心，一遍遍地计算，多次复算、复核。

干总体的，常常还需要编写各种归纳性质的技术文件。刘永才同时又编写了弹上设备成件清单、产品技术说明书等十几份资料。

技术说明书的编写要求更高。要在各方面协调一致的技术方案的基础上，吃透总体设计思想，对各个分系统都有所了解，周到全面、严密详细地给予整个导弹系统以总结归纳。当然，写说明书还需要有一定的文字功底，不仅要写全、写到，更重要的是要突出重点，还得写明白，这才是搞总体的高手。

“刘永才的文笔很不错，我看过他写的不少技术文件，水平很高。”后来担任导航技术研究所所长、刘永才的哈军工校友宋有山这么说。

同时承担了这么多项工作，而且还都圆满地完成了，细致、耐心、脚踏实地，一步一个脚印，刘永才就是这么一点一点地干，通过长时间的积累，一步一步成长起来的。在技术层面上，很多同事都认为，此时的刘永才已具备了担纲导弹总体主任设计师的实力。

上下一心，“鹰击一号”开始研制时进展顺利，到1970年年底，已经完成了一发静力试验弹、两套自动驾驶仪的研制生产，液压系统和电气设备也都拿出了能够装弹的工程样机。没有计算机辅助设计，没有智能化仿真，没有加工中心，一个全新的导弹，经过大伙不到一年时间的苦干，就具备了机载飞行试验的条件，这其中凝聚了他们的拼命精神。

但此时，“鹰击一号”又遇到了与“风雷一号”同样的，不可回避的最大问题——运载飞机大半还停留在纸面上，机载飞行试验无法进行。

接受了“风雷一号”下马的教训，总体设计部开始了“鹰击一号”地面发射试验弹的方案论证。三院多平台发射的探索实践，就是从这时候开始的。在地面发射试验弹的论证和总体设计中，刘永才还主管着三面图绘制、弹部位安排，以及重量、重心和重心变化曲线的计算。

1971年3月29日，海军副司令员周希汉对“鹰击一号”作出批示，以空对舰导弹为主，并考虑装028型艇为妥。9月2日，海军正式安排“鹰击一号”装舰试验。考虑到多平台发射的现实情况，姚绍福、周志宗他们提出“一弹多用”的地面发射方案，即在二级弹体上增加一对滑块，并增加一个可分离短舱。这种程度较大的改动，弹体重量、重心亦会随之发生相应的变化，一切还都要重新布局、重新计算，从头再来。

改艇与改弹并行展开。至1976年，两发助推弹已经生产出来，期间，导弹上的各分系统也已历经多次考核验证。两次地面联调试验表明，改型后的“鹰击一号”进一步完善了整体性能，技术状态较为充实，具有了成功的基础。

《航天三院院史》评价:“在研制鹰击一号工作中，研究人员表现出了主动进取、努力克服困难的拼搏精神。首先，由于装载对象不落实，不能机弹协调，适时改为陆上发射方案，未影响导弹研制进度。再者，更换发动机、总体方案发生变化，都使研制工作面临严峻的抉择形势。靠坚定的信念，扎实的技术工作，扭转了局面。”

可就在两发助推弹进场进行试验的时候，试验队里却不见了总体主力刘永才的身影。

6. 简单纯真时光

20世纪六七十年代，中国知识分子幸福之家的标准是儿女双全的双职工一家四口。如果老大是女儿，老二是儿子，那就给打5分，遭人嫉妒；如果老大是儿子，老二是闺女，就是4分，令人羡慕。

1967年，刘永才与宋毅结婚照

刘永才的家，正是符合5分标准的美满之家。

1967年，在长春市体委工作的宋毅来到北京，与青梅竹马的刘永才结了婚。婚礼没有什么仪式，也没有酒席，连新房都是借的。俩人到街道领了结婚证，新郎上班进办公楼挨屋一宣布，晚上十来平方米的一间小屋里就挤满了研究室的领导、工程组的同事，以及同在三院的哈军工同学。大家团团围坐在一起，喝茶、吃糖、嗑瓜子，说着许多祝福的话。

在那个简单而纯真的年代，像刘永才他们这些从外地分配来的年轻知识分子的洞房花烛，几乎人人如此。婚礼就像是一场茶话会，没什么特别的，也没有什么不特别的。

之后就是夫妻两地分居的日子。住在单身宿舍的刘永才每等到妻子来云岗探亲，都要事先到总体设计部的机关开个证明。拿着证明俩人一定是组织确认、清清楚楚的夫妻关系的那张纸，才能到三院招待所排队开一间客房。那么多年轻人家属来了，都没房子住，招待所的房源因而也就从年初一直紧俏到年底。想办法扩充接待能力，最简单快捷的，就是把标准间的卫生间隔出来，放上床架，搭一张床板，再安排一对。晚上，外面还住着别人，久别重逢的一对小夫

1968年，刘永才夫妇于北京香山留影

妻，在水龙头嘀嗒点漏的声音里，只能是彻夜难眠。

1969年，刘永才的大女儿刘彦在长春出生了。解决夫妻两地分居这件大事，自然而然摆在了夫妇俩面前。

那时候，还没有辞职一说。两地夫妻要想到一起生活，只能走工作调动一条路，而且也只有夫妻双方都在北京，单位才可能考虑给你挂号、排队分房子，要不还就只能继续开证明住招待所。可是两地夫妻想要调到一起非常难！不仅有户口、地域和粮食关系的限制，还有干部、工人身份的限制。在军工行业，又多了保密审查一道关口，查宋毅的三代以及七大姑八大姨的社会关系。

翻阅三院各个单位的当期历史档案，个人申请调动和由单位出面想方设法解决职工夫妻两地分居，你来我往，跑手续的证明材料，都能装满好几个档案盒。

当时调动有这么一条规定，两对夫妻分居，在不增加国家职工总数的原则下，可以对调。所谓对调，其实就是两个单位相互换人，一道手续一下就能够成全两家的幸福，不失为一条捷径。但挺好的政策却有一个莫名其妙的规定，只有工人身份的人才能对调，而一边是干部则不行。

想要对调，首先要做好充分的“预先研究”工作。先得出去到处私下打听，或者发动同事们帮着打听，附近的，哪个单位有跟自己同病相怜的？关键是人家愿不愿意离开北京？双方协商达成一致，向单位提出申请，单位同意了，才可以由两地的人事部门公对公地走手续，开商调函。要调来的一方呢，也要做足准备。宋毅在长春市体委机关，由于工作关系与长春市人事局里的一些人比较熟，就求人家给帮忙，先把她调到国营七九三厂，这样工作身份便顺势从干部变成了工人。

一个在北京，一个带着孩子在长春，确实困难，还符合政策，因而两边单位一起使劲。宋毅在工厂里只待了半年多时间，就对调到同是在云岗、共属航天部门的一〇一站工作。整个过程看似复杂，其实在小两口的统筹运作下，相

1970年元旦，刘永才的全家福（怀抱者为刘彦）

比别人应该说还算顺利。岂不知在那个年代，有对调到孩子都上中学了，还在到处找对调家庭，为两边谁先发商调函扯皮，跑手续呢。一〇一站是云岗的老户，是中国最早的火箭发动机试验站。刘彦和刘枫姐弟俩，就是伴着离家不远西北面山坡上，火箭发动机隔三差五轰隆隆的试车声长大的。

20 世纪 70 年代后期的京西云岗小盆地，没有高楼，没有柏油路，没有私家车，更没有雾霾天。连接东西大院的水泥战备路上，上班时是叮当震耳的一大片自行车铃声，下班后是三三两两往食堂去的大人和孩子。那时的云岗是名副其实的“北京小三线”，几万人工作生活的一块半封闭区域里，只有一家商场、一家国营饭馆、两个副食商店。仅有的一趟 339 路公交车，大肉虫似地擦过“外国人不准入内”的大牌子，咣当当地往东磨蹭了半个小时，睁眼一看，刚刚过了卢沟桥。

“我们家传，都疼女儿。”刘彦说，“生我弟那天，爸爸好像生怕我受了委屈似的，抱我到云岗商场，一下给我买了两块大巧克力。”

清晨，家里是忙乱的。急急忙忙吃罢早饭，把衣服胡乱往孩子身上一套，自行车前后两个小座，前面塞进老二，后面驮上老大，家里就空了。上班路上，顺手把孩子往托儿所一卸，转身又蹬上车走了。傍晚，终于等到大喇叭里传出了“东方红”的乐曲，孩子们张着一双双黑乎乎的小手，全扒在铁栏杆上等爸爸妈妈来接。吃完晚饭，大的领着小的，孩子们全扎堆在一起，在楼前楼后的空地上疯跑。此时，刘永才骑上自行车又走了，去办公室画他的图纸，“哗啦哗啦”摇他的手摇计算机。

喂一口食吃，往托儿所里一放，对这些大人们来说，似乎这就算是尽到了做家长的责任。

“那时候没有电视，大家晚上串门，只要刘永才在家，就总看到他在那半间小屋里看书，不管春夏秋冬。如果不在家，就一定在办公室里画图。”老同事、老邻居周志宗这么说，“印象里带孩子、买菜做饭，所有的家务活都是宋毅一个人做，他什么也不管。”

孩子小的时候，刘永才在家还帮着买菜做饭，厨艺也不错，过年过节也能炒出十几个菜，后来工作一忙，就什么都顾不上了。刘永才干“鹰击六号”时，经常出差一走一两个月。他跑总装厂、跑主机厂、跑靶场，跑分布在全国各地的外协厂，还跑“家”里。

对刘永才和他的同事们而言，“家”或许用一个“跑”字来形容更贴切。即使不出差，也只是半夜回家睡个觉，早起拎上褪了色的帆布旅行袋，不知又跑到哪里去了，还不能随便打听。在一定意义上，“家”就是他们的一个“旅馆”。

“那个年代，对于我们这些有工作的人来说，尤其是咱们国防口的，大家都这样，而且由于保密，对老婆、孩子谁都不能说。”刘永才这样为自己“辩解”，“再以后大家干巡航导弹的时候，就好多了。”其实，刘永才他们把导弹看得比自己的孩子还要重！对导弹外形、气动、控制专注点滴，对数据变化敏感到充满柔情，而对自家的孩子则简单粗暴。这些家长平时对孩子的学习成长不管不问，半年或者仨月，如果哪天试验顺利，或者数据复核无误，心里一高兴，孩子可就算倒了霉。查查作业，看看试卷，一般情况下，孩子少不了挨一顿训教。

与大多数爸爸相比，刘永才有一点好，就是从不打孩子。而是让小姐弟俩坐在小板凳上，掰开了揉碎了，苦口婆心，摆事实讲道理，一堂忆苦思甜，励志向上的思想品德课至少两小时。孩子屁股坐的生疼，爸爸才刚说到他上了高中，就要保送军校。长此以往，两个孩子始终在学习上都挺自觉。。

在研制巡航导弹的过程中，有一次型号总师刘永才翻车骨折。刘枫伴着妈妈紧急飞赴西北靶场。一到试验队驻地，就有同事跟刘枫开玩笑说，他这个当儿子的表现的时候到了。刘枫则回应道，不，我是陪我妈妈来的，我就是怕她太着急。

现在，当年的孩子们都已人到中年，也为人父母。聊起长辈，他们算是理解了。脑子里只有自己的导弹，用他们对事业的标准，要求自己的孩子兢兢业业，认真负责，全程飞完弹道不能出半点差错。

多年前，钱学森在回应“中国的导弹在困难时期花了太多钱”的论调时，曾严厉驳斥：“我告诉你们，没有当年的‘两弹一星’，没有那些隐姓埋名的国防科技工作者，今天大家想在这里坐下来，踏踏实实开个会，是不可能的。”

是的，正是因为有了这些痴迷事业、甘于奉献而又不计名利的国防科技人

1985年，刘永才全家合影

员，中国的导弹才能够长啸九天，国家才可以阔步前进，百姓才能安居乐业。

7.“风雷”再起

1973年，我国南海地区局势骤然紧张。从8月开始，接收了一批美国军舰的越南南方阮文绍集团，相继侵占了我国南沙群岛、西沙群岛所属6个岛屿。

1974年1月17日至20日，在叶剑英、邓小平等军委领导的指挥下，人民解放军南海舰队一部在陆军、空军和民兵、渔民的协同下，对入侵中国西沙永乐群岛的南越军队进行自卫反击，英勇地保卫了国家主权和领土完整。这场震惊中外的西沙海战规模虽然不大，但是表现了中国人民保卫自己领海主权的必胜决心和信心。

在1975年5月2日的中央政治局会议上，81岁高龄的毛泽东握着海军第一政治委员苏振华的手说：“管海军要靠你。海军要搞好，使敌人怕！”接着，他抬起手晃了晃小拇指，不无遗憾地说：“我们海军只有这样大。”

5月8日，苏振华向海军党委传达了毛泽东对海军建设的指示，22日，苏振华写信向毛泽东报告海军党委的学习情况，表示力争用10年左右的时间建成一支较强大的海军。23日，毛泽东阅信后深感欣慰，当即批示：“同意。努力奋斗，10年达到目标。”①

迫切需要发展中国自己的空对舰导弹的报告，再次摆在中央军委决策者的案头。不过提出装备要求的是海军，而不是空军了。此时距1965年空军第一次向中央军委提交报告，申请研制空对面导弹已过去了整整十年。

1975年9月，中央军委批准同意恢复轰六丁飞机挂载导弹武器系统研制。时间紧迫，同年11月，国防工办提出应以6年前下马的风雷一号导弹原设计方

① 《海军司令刘华清》，施昌学，长征出版社，2013年2月第1版。

案为基础，尽量选用成熟的现有设备，以最快速度完成空对舰导弹研制，形成战斗力。

空对舰导弹的研制工作重新启动，已经分散到各处的风雷一号导弹研制人员迅速集中，一个泱泱大国近30年没有空对面远程精确打击手段的空白，需要迅速填补。

1971年下半年，为了应对多弹种的研制需求，加快进度，总体设计部对下属研究室进行了必要的调整，由按专业划分，改为按型号进行分工。第一研究室负责海鹰三号、海鹰二号等岸对舰导弹的研制。新三室改为第二研究室，负责研制空舰型号，即以“鹰击”打头的型号，包括鹰击一号、鹰击六号导弹，还有在当时被称为“小弹”的，计划中为强五攻击机研制的未来的鹰击八号导弹。第三研究室负责研制舰对舰型号，后来鹰击八号导弹先装备上舰，也转到三室研制。

到2017年年底止，三院的4位中国工程院院士中，有3位是从新三室里走出来的老同事，除刘永才之外，还有时任研究室主任姚绍福和控制组组长黄瑞松。

刘永才、高庆芬、张志高等16名科研人员，被从正处于热火朝天阶段的“鹰击一号”研制队伍中抽调出来，组成“海鹰二号”挂轰六空对舰导弹论证组。研究室主任姚绍福负责抓总，副主任杨经卿具体组织实施。已经有相当总体设计经验和实践经验的刘永才，被任命为方案论证组组长。

简单地把“海鹰二号”挂上轰六飞机，苏联不仅已经做到了，而且还做得挺成功。“海鹰二号”的发展原型 П-15 舰对舰导弹，早在 1958 年就被挂上图 16 中型轰炸机（轰六仿制原型），并在当年的下半年成功试射，发展成为 AS-5 鲑鱼空对面导弹，于 20 世纪 70 年代开始批量装备部队，并在全世界范围内大量输出。后来，“鲑鱼”成为苏联生产数量最多的空对面导弹。

将“海鹰二号”挂上轰炸机，即便是在当时国内，充其量也只可看作是一种老弹的后续发展型号，对许多心志高远的年轻科研人员来说，多少显得挑战不足。因而，空对舰导弹开始总体方案论证时，并没有引起更多的关注与响应。

当刘永才他们拿着空对舰导弹的初步总体设计方案，找到同属三院的控制设备研制生产单位时，研究室里一位工程组长不屑地说，我们可不是修理破烂的，不是焊洋铁壶的。大家碰了一鼻子灰，连在高度表上新增加一个放电电路的要求都没好意思再提，就臊眉耷眼地赶紧走了。

在随后的总体方案论证会上，有领导发问，助推器受低温环境影响因素考虑了没有？弄得在台上答辩的刘永才等人面面相觑，不知道该如何回答才好。原来，空射导弹有载机赋予的初速度，是不需要助推器的。

除了项目本身之外，协同研制一直是个尚未得到很好把控的“木桶”问题。载机延迟跟进，导弹后续发展进程无法推进，空耗人力物力，最终被迫改型或下马的阴霾，依然笼罩在三院人的心头。

到底是延续前期风雷一号导弹的整体方案，快速交付，还是进行一次颠覆性技术翻新，为盼红了眼的主战部队提供先进的致胜利器，是摆在总体论证组面前，必须首先定下的当务之急。

导弹总体设计一般包括性能总体、系统总体、总体布局、试验设计等部分。

16人组成的论证组里，大多数是1960年左右毕业的师傅或是哈军工的师哥师姐，30岁刚出头的刘永才算是个小年轻。那时还没有设计师队伍的职责划分，作为总体论证组组长的刘永才，被赋予相当于现在主任设计师的重任。

“风雷一号”完全采用的是“海鹰二号”的程序舵偏角方案。沿袭这种方案架构，导弹只能按照三条标准弹道飞行，发射前弹道曲线由载机选择装定，发射高度只能限制在7000米、8000米、9000米三档。由于弹道规定得比较死，因而导弹在空中飞行过程中，容易被对方发现，进而被击落。同时，载机的发射位置也可能被逆向捕获，自身的安全性不能完全得到保证。

总体、弹道、发控等系统的同事们经过论证，一致认为，“风雷一号”设计方案距今过去十年，已经落后，不能再用，我们必须拿出一个全新的技术方案，以体现三院当前的技术实力和科技进步程度。中国自己的第一型空对舰导弹，要实现全空域发射、导弹机动飞行。

刘永才之前承担的总体设计，大量的工作是导弹部位安排、重量重心计算，虽然他也参加过“鹰击一号”的总体布局设计和外形设计，但对真正的性能总体、系统总体，基本上还是看别人在弄，自己没有单独挑摊子干过。

刘永才更加清楚地认识到，“控制”在导弹总体设计上，居于重中之重的位置。“以前咱们三院搞型号总体的人，都是搞弹体出来的，现在不一样了，射程越来越远，制导控制系统越来越复杂，现在很多是搞控制的人在抓总。”

而学弹体出身的小年轻刘永才，对控制并没有很深入的了解。怎么办？只能自己给自己补课。最现成的素材、最好的教材，就是“海鹰二号”。刘永才找来“海鹰二号”几乎所有的技术资料，从头到尾系统地学习全导弹武器系统。

“首先是了解它有些什么功能，有些什么组成，是怎么工作的，怎么实现这些功能，以及它的工作原理。那时候，我强力补这些东西，慢慢地对控制回路，姿态控制、航迹控制、质心控制这些就熟悉了。”

遇到自己不懂的、有用的，刘永才就会把资料全部抄在笔记本上，一点一点地看数据、找资料，消化琢磨，直到完全吃透或者基本弄明白为止。再不懂怎么办？就是问。一个小年轻，只要追在组里老师傅后面恭恭敬敬地问，他们都会愿意告诉他。“他特别谦虚，好学，弄不懂的问题就一个劲地往里钻呐。”高庆芬说。

但要想在原理上彻底搞明白，还非得自己动手算上一遍不可。

导弹的命中精度是总体设计中的一项重要内容，刘永才把“海鹰二号”的相关资料抄下来，整理总结到本子上，花费大量时间，一部分一部分地复算、复核。

刘永才之后带的研究生，看到导师密密麻麻写满小字、公式、数据的一摞笔记本，都不由得连声感叹，一点一点抄了那么多、算了这么多，得花多少时间和精力啊。

导弹在飞行过程中随着推进剂消耗，其重量、重心会随时变化，从而引发转动惯量变化，弹道、过载也随之处于相应的变化之中。在弹体特性设计方面，刘永才对重量重心计算已是十分熟悉，但现在搞大总体，还要再进行计算量更大、算法更为复杂的转动惯量变化曲线计算。变化曲线是控制设计、弹道计算要用到的基础数据，这条曲线数据如果算错了，下面各部分就会跟着错。

当时先进的计算工具是手摇计算机。手摇计算机是靠机械齿轮齿差联动，实现加减乘除基本计算的一种半手工计算装置。如果乘以 9，就要转动手柄摇上 9 圈，进位的时候还不能忘了扒拉一下塑料做的小标识块，否则结果就会差出 10 倍。

那时只要一进刘永才他们的办公室，就总能听到机械齿轮此起彼伏“哗啦哗啦”咬合转动的声音。再看胶合板办公桌后面每个全神贯注的神情，不由令人肃然起敬。

一年之后，完全靠手摇计算机“摇”出来的转动惯量变化曲线，被同样认真细致，搞弹道的高庆芬拿

科研人员设计空对舰导弹

到刚刚从德国引进的电子计算机上去复算、验证。

当然，四十多年前的电子计算机相比今天也同样原始。输入用胶片，输出的是穿孔纸带，算一条曲线一般需要花费十几个小时，大的曲线计算更加耗费机时，所以，一般只给排在晚上，到了第二天早上还不知能不能出结果。不过即使从日落挨到日出，也比“哗啦哗啦”手摇上很长时间要现代化多了。

电子计算机复算结果出来后，高庆芬赶紧跑去找到刘永才，可不是因为计算错了，而是因为完全正确。这么大的计算量，这么个小年轻的认真细致劲儿，可真让人钦佩。

除控制总体设计之外，之前刘永才一直在做的类如外形设计、部位安排等活儿，也毫无例外地落在了他和组里另一位年轻设计员身上。虽是驾轻就熟，但依然没有任何捷径可寻，刘永才仍是没日没夜地画图，并与大家一起反复讨论和修改。

对刘永才来说，全身心地投入就意味着特别认真，特别细致，久而久之就成为了一种习惯，并持之以恒。

所有人都憋着一股劲，就是要独立自主，让中国人自己的第一型空对舰导弹达到世界先进水平，为国家、为三院、为型号争一口气。

8. 老少同台

勇攀高峰，是飞航导弹研究院最可宝贵的精神财富之一。

低气压、高空结冰、载机起降过程中的振动和冲击、机弹之间的电磁互扰、多次挂机之后材料的疲劳……在中国第一型空对舰导弹总体设计上，预料到的和没有预料到的，前前后后要综合考虑的技术问题非常多。刘永才与论证组同事一起，对“海鹰二号”进行了许多全新的改型设计，其中有些是开创性的。

高空风场特别大，而且没有规律，要实现最高 9000 米空中发射，只依靠自动驾驶仪实施俯仰、滚转、偏航等姿态控制是不够的，因为即便把空中姿态控制住了，导弹相对地面的速度还是飘移的。那时，国内还没有掌握质心控制的惯性导航技术，只能在弹上增加一个多普勒雷达，目的是测量相对地面的地速向量，实现航迹控制，这就由自动驾驶仪的弹轴指向控制，向质心指向控制迈进了一步。当然，这还不是真正的质心控制，与后来巡航导弹使用的惯性导航技术相比，在控制精度方面还是有较大的偏差。

载机挂弹在空中飞行，姿态肯定不会是一直稳定的。为方便发射，在发控设备上要研制一种扇面角参数装定系统。鉴于当时国内的经济状况，如果导弹在空中发生了故障，设计上首先考虑的是要将导弹带回来，而不是扔掉，于是在弹上新增了一个符合中国国情的推进剂应急空中放泄系统。“海鹰二号”从没经受过高低温环境的检验，要从空中发射，就必须整体考虑全弹的温度适应情况，过高和过低的温度，都会导致弹上元器件性能指标发生较大变化，因而研制人员在弹上又增加了一套加温系统。如此种种需要预先周全考虑的细枝末节还有很多。例如，多普勒雷达有记忆效应，高空数据到了低空就不能用，导弹滑降到一定高度必须瞬间断电，令数据清零，这就需要新增一块数据处理分支软件。

然而，以上列出的所有这些，还都不是最关键的。在中国第一型空对舰导弹总体设计中，最重要、最具开创性的是“程序俯仰角加轨迹控制无动力下滑弹道方案”。

无动力下滑投放是指导弹从载机开钩脱离开始，至一级液体燃料火箭发动机点火为止，在这一段降高区间内始终处于无动力飞行状态，直至导弹平稳下滑到预定高度，发动机在空中一次性点火成功，转入平飞。

苏联把冥河导弹改成鲑鱼导弹时，为了实现技战术指标，增大射程，采用的是增加推进剂的方案，即空中有动力下滑。有动力下滑最大的优势是挂架开钩导弹脱离载机，发动机即点火工作，确保了导弹在全飞行过程中姿态平稳，始终处于受控状态。

搞总体的人都很清楚，确保空中飞行姿态平稳，是任何一种导弹设计最基本的要求。

然而，增加推进剂后，导弹体积也要随之增加，“海鹰二号”弹体的刚度和气动外形都会发生相应的变化。要很大程度地修改“海鹰二号”原设计，就需要重新进行多项论证和地面试验，整个武器系统研制进度将大大放缓；导弹推进

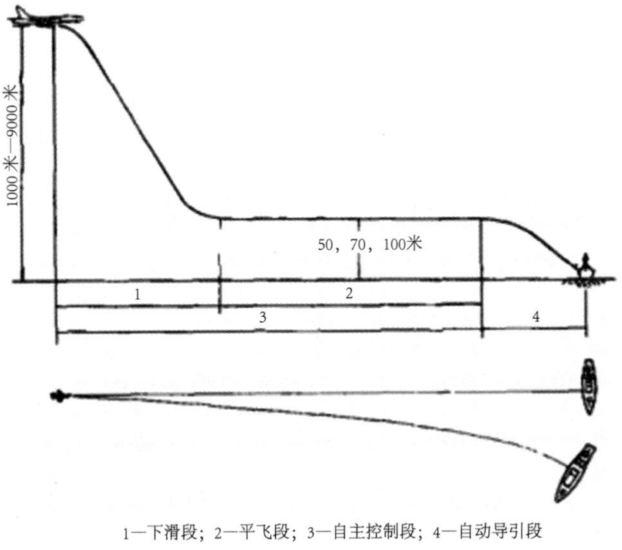

C601空对舰导弹飞行弹道示意图（杨经卿，徐梓茂，《世界导弹与航天》，1990.7）

剂增加、体积增大带来的后续问题是，全弹重量也会增大，随之产生载机负荷加大、全作战平台飞行阻力加大、打击范围缩小等一系列相关负效应，有可能导致空对舰导弹不能完全满足军方提出的战术指标要求，部队不要，他们所作的所有努力就成“猴子捞月”了。

相较有动力下滑，无动力下滑投放方案的优点显而易见。导弹借助载机赋予的初速度，在不增加另一级发动机和推进剂的情况下，总体不用大改，便能够最低限度地满足军方提出的150千米大射程要求。更重要的一点是，采用无动力下滑投放方案，不需要再研制新的火箭发动机，这就大大缩短了研制时间，降低了研制成本。

技术方案不同，实现的技战术指标也就完全不一样。中国第一型空对舰导弹在诸如射程、发射空域、命中范围等方面，有它更深一层的优势。

空对舰导弹在满加注状态下的重量为2440千克，这比鲑鱼导弹在不带助推器状态下减少了1700千克。经过计算认为，空对舰导弹空中无动力下滑转平飞之后，发动机点火加速只需5～36秒就能达到0.9马赫的最大飞行速度，以每小时420～950千米的高亚声速飞行。而鲑鱼导弹多出的近2吨重量，要求发动机一级工作加速时间比较长，因此中国的空对舰导弹在适用范围上比鲑鱼导弹大得多。

最短射程 25 ~ 65 千米，发射载机可在 1000 ~ 9000 米大范围空域内机动发射，射程却和鲑鱼导弹几乎是一样的。

经过反复计算、论证，空对舰导弹空中无动力下滑投放方案，最终得到了专家的认可。

然而在无动力下滑阶段，如何实现空中全程有效控制？所有人都知道，导弹在空中稍有一点失控，其结果不是“高射炮”就是“滚地雷”。经过大量理论分析和计算，高庆芬最先提出采用“程序俯仰角加轨迹控制”方案。

方案提出后，精于总体、擅长计算的刘永才进行了一番深入研究，还让高庆芬详详细细地给他讲解，回去再看书，看完后又带着许多新问题回来再问，直到透彻为止。

抓住一切机会，不断学习积累，正是刘永才成长过程中的难能可贵之处。

很快，由刘永才执笔编写的“空对舰导弹总体方案论证报告”拿了出来，方案的核心是“程序俯仰角加轨迹控制”无动力下滑弹道和基于自动驾驶仪加多普勒雷达的航迹控制方案。

梁守槃（中）、姚绍福（左）、路史光（右）在审定空对舰导弹总体方案

这种世界上首次采用无动力下滑弹道设计的空对舰导弹一旦成功，无疑将达到国际领先水平。三院的这些年轻科技人员能行吗？

1976年3月1～8日，三院召开了空对舰导弹方案论证会。参加会议的除三院内部各有关单位一百余人外，还有国防工办、八机总局、总后装备部、空武科研部、海司航空兵部、海军装备部、海军试验基地和飞机生产厂等单位的代表。会议讨论了总体设计部提出的空对舰导弹方案论证报告。

三院《总体设计部大事记》记载了这次会议：对导弹武器系统总体方案、院内各分系统技术指标、研制程序和计划以及分工等问题，进行了充分讨论。讨论的核心焦点集中在“程序俯仰角加轨迹控制”的无动力下滑弹道方案上。

方案确定之后，总体设计进展迅速。

1976年5月12日，用海鹰二号战斗弹改装无动力下滑投放试验弹的工作开始了，总体设计部二室全面负责导弹改装设计，三院要求尽快完成改装任务。5月21日，三院下发通知，要求总体设计部做好参加轰六空舰型飞机全武器系统方案审定会议的准备工作，内容包括：系统总体方案、系统配套表、大型试验项目、各分系统研制任务书以及导弹对武器系统和飞机的要求等项目。

可与前两次情况一样，轰六空舰型飞机的改装工作进度还是滞后了。

形势逼人，接受载具拖延导致后续工作无法进行的经验教训，刘永才及时提出：为了加快整个武器系统的研制进度，考验无动力下滑弹道的可实现性，应该暂时改变原来导弹在机翼下吊挂的方案，利用轰六飞机机身内挂9吨炸弹的挂钩，将空对舰导弹吊装在飞机的炸弹舱下面，首先进行单发运载投放试验。

这一观点的提出，是以刘永才对《矛盾论》的理解和认识为基础的。

1979年4月，刘永才在《YJ-6（S）单发运载，投放试验弹研制工作总结》中写道："……突出主要矛盾，集中全力解决。空对舰导弹的研制，主要矛盾集中在控制上，而控制方案首当其冲的又是纵向下滑控制，不解决它，飞机上发射就无法实现。这次试验就紧紧抓住这一点。其余的方面，在不影响此的前提下尽量简化省略，试验弹设计即纵向下滑的控制完全按正式方案要求，而侧向控制仅保留原来海鹰二号方案没变，飞机上吊挂及发射控制一律从简，使问题非常集中，从而使试验得以尽快实施，又解决了我们的问题。"

1976年11月19日，总体设计部就改装轰六飞机、进行空对舰导弹空中运载投放试验方案，正式向三院提出申请。其中说到，经总体设计部方案论证，认为将海鹰二号改为空对舰导弹，其主要技术关键是投放和下滑段的弹道控制和设计，为此需做机身下挂单发导弹的运载投放试验。请求从海军航空兵抽调一架轰六飞机，交飞机制造厂进行改装，以便使导弹研制尽早进入飞行试验阶段。

时间很快进入到1977年。中国的政治环境发生了翻天覆地的变化，飞航导弹的发展也随之进入到快速发展时期。与中国广大知识分子一样，刘永才和空对舰导弹研制队伍里的每一个人，身上都充满了干劲，目光中洋溢着憧憬。

1977年1月25日，由三机部和八机总局联合组织参加的"轰六飞机挂海鹰二号导弹投放装置定点及分工协调会议"召开。会上，三院与海军和飞机制造厂紧急协调，三家一致同意临时改装一架轰六甲飞机，进行空对舰导弹的单发运载投放试验。同时要求各有关单位积极开展各项工作，为即将召开的“全武器系统方案审定及成品协调会议”做好一切准备。

依靠三院下属各单位，尤其是导弹总装厂的大力协同，空对舰导弹武器系统研制步伐更加快速迅捷，空对舰导弹受关注程度也逐渐上升，在当年三院一季度科研生产计划中，已经占据了主要位置。除第一发运载试验弹之外，另外3发战斗弹改装的投放试验弹也投入生产。

1977年4月1～12日，轰六飞机挂海鹰二号导弹全武器系统方案审定及配套成品定点协调会，在青岛崂山召开。

这个由国防科工委出面召集，有三机部、八机总局、海军及国防口下属大专院校、科研机构，各相关配套设备生产厂，上百名行业专家参加的重要会议，要通过讨论协商确定中国第一型空对舰导弹全武器系统的战术技术指标、总体方案、研制程序、主要配套产品研制定点等内容，并就技术协调、大型试验安排、研制分工及进度等工作，进行规划计划。

八机总局成立于1975年，统管全国战术级别导弹研制工作，1979年改称八机部。1981年9月7日，国务院、中央军委决定七机部、八机部合并，防空、海防等战术导弹的研制生产划归七机部统一管理。在1975年到1981年间短暂的时间里，三院由“文化大革命”期间的海军管理，归口八机总局。

会议第二天，来自三机部603所的郑作棣在详细介绍了轰六飞机的改装、机弹协调等设计方案之后，由来自导弹研制单位——八机总局三院的代表走上台作导弹武器系统总体方案论证报告。此时，会场上所有人都惊讶的看到，出现在台上的，竟是一位高个俊削、面庞白净，戴一副塑料框眼镜的年轻科技人员。

在如此重要的全国性会议上，三院派一名年轻人作导弹武器系统总体方案论证报告，这会不会搞错？

郑作棣此时已人到中年，在航空界享有一定知名度，是603所所长。他曾

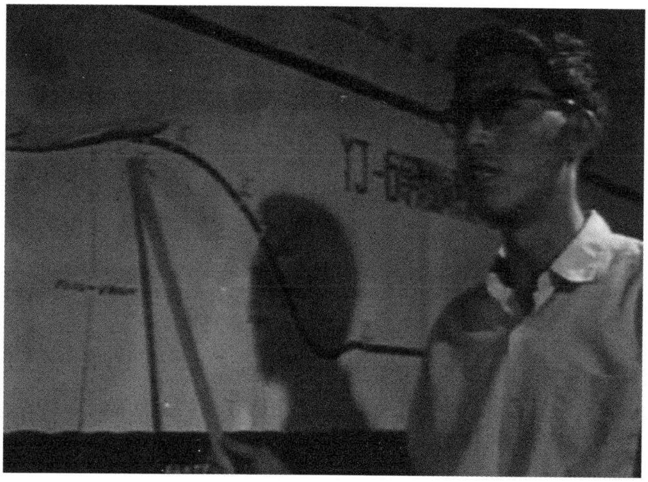

刘永才在鹰击六号导弹全武器系统方案审定会上介绍导弹总体方案

任飞豹飞机副总设计师，参加过中国第一种大型民用客机“运十”的研制，从航空航天部民机司副司长位置上卸任。他往台前一站作报告，给人的第一感觉就可信任，有说服力。

而这个看似文弱书生模样般的小年轻刘永才，当时还仅是个在室里干活的普通设计员。三院派他做主报告，恐怕未免太轻率了吧。

但当刘永才在墙上挂好图纸，摊开本子，慢声细语、有条不紊地开始介绍空对舰导弹总体方案时，会场里立刻寂静了。在场的都是专家内行，从这名小年轻开场的几句话就听得出来，导弹总体方案是他全程亲历参与，一点点地做出来的；图纸是他一笔一线地画出来的；很多关键数据是他一圈圈地“摇”出来的。

这一年刘永才刚满 33 岁。对于一个知识分子，尤其是对于一个男从来说，最好的年华才刚刚开始，他还需要机遇，更需要经受一系列艰难曲折的磨砺。

导弹总体方案讨论的核心焦点还是无动力下滑弹道。经过细致的计算与论证，程序俯仰角加轨迹控制方案作为主方案提出。

1977 年 6 月 3 日，三机部、八机总局、海军联合向国务院、中央军委常规装备发展领导小组呈送了关于“轰六丁型飞机挂鹰击六号导弹全武器系统研制总方案”报告。报告中将空对舰导弹正式定名为“鹰击六号”，其中，下滑控制技术方案确定为“程序俯仰角加轨迹控制”。

10月5日，中央军委常规装备发展领导小组下达了“关于轰六丁型飞机挂鹰击六号导弹全武器系统研制方案”的批复，原则同意报告意见。

根据青岛会议确定的程序和工作内容，3发鹰击六号（S）单发运载、投放试验弹随即按照新设计的图纸，投入生产。

刘永才全身心地投入到单发投放试验弹的跟随生产中。他每天骑着自行车，一天不落地到导弹总装厂上班，从头到尾地跟踪导弹生产全过程，在车间现场处理解决总体设计中事先没考虑周全的遗留问题，更要亲眼看到他们设计的导弹，在工厂里是如何一颗螺丝、一根导线、一个部件地组合起来的。

通过实际参加导弹的完整生产过程，刘永才就跟产中发现的关系到设计、使用中的多个问题，进行了全面的归纳总结，主动编写了《YJ-6（S）单发运载、投放试验弹研制工作总结》，提出了多项改进意见，经过实际验证，起到了很好的效果。

总装好的导弹，全弹重量较理论计算的重量轻了许多，重心后移，建议应在前雷达舱增加配重；根据导弹机载吊挂发射的特点，海鹰二号导弹原用

鹰击六号投放试验弹测试
（左三为刘永才）

的助推器球头，对准弹体重心平面确定弹体平衡的方法已无意义，只能通过调整弹翼翼尖配重实现平衡，所以要增加工艺。他还发现引射器材料容易受到氧化剂的腐蚀，所以导弹应在推进剂加注好之后，尽量减少存放时间。

从实践中来，到实践中去。很显然，实际与理论之间的某些偏离只有在跟产实践过程中才能被发现，而偏离只有再回到生产实践中才能得到纠正。

白天在总装厂跟踪生产，晚上到办公室协调修改图纸、编写各种技术文件，为即将到来的飞行试验作准备。“我的成长经历，是一步一步，一个脚印一个脚印地踩出来的，别人也一样。”

至 1977 年年底，鹰击六号运载试验弹已生产完毕。随着驾驶仪的交付，到 1978 年 9 月初，按新图纸生产的 3 发鹰击六号（S）单发运载、投放试验弹，也已陆续生产出来了。

鹰击六号研制队伍早已等得心急火燎，大家急不可待，立刻带上刚刚完成涂装、还未完全干透的导弹，赶赴西北。

由于真正挂鹰击六号的轰六丁飞机还没有改装出来，不能按技术方案把导弹挂在机翼下，只能先利用服现役的轰六甲飞机进行简单改装，实施空中运载单发带飞试验。

试验队到达位于陕西阎良的主机厂后，经过简单改装的轰六甲飞机已经等在机场了。在飞机仪器舱内安装上最简单的火控系统，刘永才、陈登高、陈红光他们几个身强力壮的汉子，帮着总装厂的工人师傅在试验飞机机腹下的炸弹舱内挂上导弹，接上电缆……经过几天的调试准备，弹体巨大的鹰击六号单发运载、投放试验弹已经稳稳地挂在轰炸机机腹的正下方。导弹的垂直尾翼深入在炸弹舱里，弹体露在外面，机弹一体，猛眼看去，颇有几分财大气粗、腰杆硬实的威武感觉。

10月20日，首次空中带飞试验开始。此次试验是要验证轰六飞机带弹在1000 ~ 9000米空域的飞行性能。但飞机带弹起飞后不久，飞行员就报告机体发生了强烈振动并请求紧急降落。

俗话说：一步顺，步步顺。第一次进场试验开始就不太顺利，试验队每个人的心头都有一种不好的预感。但干这一行，哪有一帆风顺的呢？更何况是一种新型号的导弹。

飞机着陆后，经检测发现，空中振动是由于机弹之间贴合不严，发生空气紊流造成的。具体原因是：带弹的试验飞机机腹挂弹舱口未做保形处理，舱口露出的缝隙导致结构强度降低，造成振动。发现问题就好办了，只要在舱口位置用螺丝拧上保形盖板，就完全消除了。

1978年10月24日，鹰击六号单发运载试验弹研制性运载飞行试验取得成功。这次空中运载试验还进行了以水替代氧化剂测试空中推进剂应急泄放系统、机弹遥测传输干扰、机弹遥测系统作用距离和方向图测量等试验。试验结果表明，一切满足设计要求。

就在试验队员感到欢欣鼓舞时，他们未曾料到，真正的磨难还没开始呢。

11月初，试验队马不停蹄，带着3发主要用于验证机载投放和下滑转平飞控制及发动机空中点火方案的鹰击六号（S）单发投放试验弹，从北京出发，奔赴位于西北大漠深处的空军某试验基地。

作为后续正式全新设计的鹰击六号空对舰导弹，外形依旧保持着与海鹰二号导弹一样的常规气动布局。大面积弹翼，使得导弹升阻比较大，能够从气动上保证无动力下滑段平顺。导弹尾部为二次曲线旋转体，三片尾翼呈60°均匀分布，每一尾翼后缘都有一个操纵舵，弹体腹下有一腹鳍，内装电缆和导管。除发动机外，为最大程度地利用现有成熟技术，鹰击六号导弹还保持了与海鹰二号导弹重量相当的聚能穿甲型战斗部，战斗部引信系统包括两套电引信和一套机械引信，三套引信均为触发式，而且都有三级安全保险装置，从而保证了导弹的安全性和作战效能。只要1～2发鹰击六号导弹击中目标，就能使一艘大型水面舰艇彻底丧失战斗力。

鹰击六号导弹采用小型逻辑部件构成的数字化指令机构，这种指令机构较之早期使用的电子管模拟机构，其稳定性和可靠性得到了较大提高，体积也减小很多。这也是我国最早具有程序指令和逻辑判断功能的弹上数字式指令机构。小型化数字指令机构的使用，使得鹰击六号导弹在海鹰二号导弹体积、外形不变的情况下，有足够的空间容纳一套773甲型多普勒雷达。

空对舰导弹鹰击六号导弹上还采用了国内刚刚试验成功的无线电高度表，

鹰击六号（S）单发投放试验弹运抵试验机

以取代海鹰二号导弹原有的气压式膜盒高度表，用于导弹相对飞行高度的精准测量，对实现超低空突防具有重要价值。

鹰击六号导弹硬件设备技术进步最大的，当属其末制导段采用了新型的制导雷达。尽管从 20 世纪 70 年代初，三院就已经开始试制这种雷达，并且搭载在海鹰二号导弹上进行过试验，但此时它还不能算得上是成熟产品，从 1977 年到 1979 年，一共只生产出 9 套试验性样机，可由于当时国内生产厂家少，因此还是作为现成产品入选配套。这也是我国第一种实用化的弹上末制导雷达。除此之外，为提高火控系统性能，鹰击六号导弹首次使用了边扫描边跟踪体制（简称“双边”体制），首次采用信息监测系统、动基座对准数字平台以及卡尔曼滤波技术。为实现空中无动力下滑，首次突破性地提出并采用高度与速度传感器控制航向姿态的“程序俯仰角加高度及轨迹控制”方案。

从 1975 年 9 月接受任务开始进行总体论证，三年多的时间要拿出脱胎换骨式的几乎全新的导弹，刘永才他们的鹰击六号导弹能行吗？

9. 铁杆“鹰击六”

经过三天四夜的火车颠簸，再转乘试验基地专用火车，试验队与海军派来的参试人员在大西北汇合了。本是海军的弹种，却选在空军试验基地进行试验，这是因为当时的海军试验基地还没有相应的机场，不具备试验空对舰导弹的条件，只能通过协调，临时借用空军的试验基地。

初冬时节，祖国西北腹地荒漠深处的试验场已经非常寒冷，用湿布略微抹一下飞机的铝合金机身，立刻就能冻出一层斑斓的冰花。接下去的全弹测试、机弹结合测试、设备检查、参数校准，几乎全在凛冽空旷的机场上和嗖嗖透风的库房中进行。

别人负责的部件检查没有问题，就可以回招待所休息了，可搞总体的刘永才却不行。协调、组织，每天不知要围着飞机，在戗风呵冷的空场上跑前跑后多少圈，几乎每天都是最后一个离开机场，紧赶慢赶往食堂跑，兴许还能赶上一口冷饭。一一九厂承担驾驶仪研制和七八二厂搞无线电高度表的两位年轻技术人员的工作，当然也是重头戏，他们自始至终与三院的试验队员们在一起甘苦与共。

机弹结合顺畅，地面测试一切正常。11 月 6 日，第一发投放试验弹准备完毕。下午 3 时左右，喷涂着海军航空兵标志的轰六甲飞机扯开巨大的轰鸣声，缓缓驶离机位，滑行转向跑道尽头。起飞指令下达，发动机喷出两团刺眼的火焰，轰六甲飞机急速飞入午后湛蓝的天空……

鹰击六号空对舰导弹的发射程序是这样的：飞机开启搜索雷达搜索目标，一旦发现目标，就由机上的领航员调整雷达显示屏上的跟踪目标波门框，待白色框圈稳定套住目标后，就可以转入自动跟踪。同时，射击指挥仪把从各敏感

轰六甲挂载鹰击六号（S）单发投放试验弹准备起飞

部件传来的参数，将自控飞行距离、射击综合前置角等射击诸元计算出来，按顺序装定到导弹上。如果目标情况发生变化，射击指挥仪会随时根据新情况重新进行计算，更换装定参数。当所有发射条件都得到满足，发控台上的允许发射指示灯亮起，便可以发射导弹。发射员按下按钮，只听见微小的“喀喇”一声，挂钩打开，指示灯熄灭，与此同时导弹便悄无声息地脱离载机，以无动力状态下滑进入预设程序弹道……首次投放飞行试验主要检验导弹发射后，由无动力下滑阶段转入平飞段的飞行性能和飞行控制方案的正确性。对程序俯仰角加轨迹控制方案真正考验的时刻到了！为了遥测和光测的需要，试验场设置了三个遥测站。按试验规程，飞机进入遥测区上空，各遥测站捕捉到目标后，发射员才可以按下按钮投放导弹，所以在试验场设置了危险区。观看导弹发射的试验队员和海军试验基地的官兵们，全都集中在危险区以外的统一区域，等待见证中国第一型空对舰导弹的首次飞行试验。

导弹投放高度设定在4000米，而试验场的海拔高度也有1000多米。巨大的轰六甲飞机起飞不久，转弯进入视野。为观测仪器稳定跟踪目标，安装在导弹尾部的曳光管亮了，北极星一般耀眼，同时也表明弹上电源接通，射前检查完成，控制系统开始工作，导弹允许发射……轰炸机越飞越近，炸弹舱盖依稀可辨。

伴随着头顶上空震耳欲聋的轰鸣，鹰击六号（S）导弹就像一个崭新的生命，眼看着就要呱呱坠地。空中发射导弹，这在中国还是第一次，以前还从来没有人亲眼见过，确实激动人心。

就在所有人都屏气凝神，等待天地间火光乍闪的那一刻，却有人首先发现不对了。挂着注满推进剂导弹的飞机已经接近投放区极限，再不投放就要通场转弯飞出去了。由于临时改装的技术原因，领航员只要在空中按下射前检查按钮，天地间所有通信联系就全断了。

飞机飞走了……观察区顷刻间乱作一团，指挥大厅里所有人都紧张到了极点，掉地上一根针都可以听得见！导弹里满注液体推进剂就是威力巨大的炸药，谁也不知道天上到底发生了什么异常，而飞机上有6名经验丰富的飞行员。

片刻寂静，忽听有人大喊，弹掉下来啦！

是的，导弹是掉下来的，而不是滑下来，更不是飞下来的。大家耗尽心血，千辛万苦研制出来的鹰击六号导弹，没有一点前速，像片落叶一般，从半空中飘摇坠落。洁白的弹体，像一只受了重伤的苍鹭，起起伏伏，不停挣扎，不可遏制地漂向苍茫戈壁。所有人都惊呆了，眼巴巴地盯着导弹逐渐淡出视线，重重地一头撞向荒凉远方……包裹着一束嫣红火焰的黑色蘑菇云，在狂暴激荡的烟尘中急骤升腾，相继而来的一声闷钝爆炸，在一望无际的戈壁上，惊天动地，经久不散，把人们的心都震碎了。

第一次失败炸起的蘑菇云

惊魂未定，不知谁发出一声大喊，大家像得到命令，不约而同全跳上敞篷卡车，摇晃着向黑烟冲过去……沙漠中本没有路！

黑黢黢新炸出的大坑，坑底、坑边，四周围，到处散落着被炸得四分五裂的导弹壳体碎片、部件框架、电缆插头，空气中弥散着阻燃材料经高温熔化后发出的窒息气味。人们像发了疯似的，不管不顾地跳到坑里捡零件。

夕阳西下，大漠余晖血一般殷红，打在一张张苍白茫然的脸上。

“稍微剩一点有模样的东西，刘永才都捡起来了。”高庆芬永远也忘不了那一幅呜咽无声的失败惨象，“小挎包里装着，旧军装上挂着，兜里揣着，手里拎着，身上蹭得到处都是黑烟子。我说还有啥呀，都成碎片了，可他还低头找呐，那情景真是让人心碎。”

等人们聚拢到招待所的食堂里，飞机上发生的真实情况已经传来。

经过射前检查，第二领航员按下发射按钮，导弹竟出乎意料地没有脱离母机投放下去，机上的 6 人顿时慌了神，28 秒之后，导弹还未离机，领航员就按了应急投放按钮，导弹应急投放了。

就在几天前，应没有接触过火箭发动机的飞行员要求，刘永才他们在机场上给机组做过一次火箭发动机燃烧剂、氧化剂相遇自燃的演示试验。

鹰击六号导弹使用的是火箭发动机，弹上自带的液体推进剂由燃烧剂和氧化剂组成。燃烧剂就是有剧毒的偏二甲肼，氧化剂是四氧化二氮。因为四氧化二氮与空气中的水分接触，会立即发生化学反应，生成氧气和硝酸，因而被俗称为发烟硝酸。试验队在机场野外弄了一个空铁皮桶，在里面倒进了发烟硝酸，在离很远的地方用喷枪把燃料射进去，铁桶里顷刻间便窜出了高温火焰，烧得遍体通红。对这件事，飞行员们当时的印象非常深刻。

试验飞机上，导弹电源已经接通，部分弹上设备受电磁激励已经开始工作，飞机一旦返场，降到导弹发动机预定点火的850米高度，弹上的推进剂会不会点火爆炸？连按了多次发射按钮，此时飞机已经飞过了投放区，机组决定紧急自行处置，第二领航员按下了应急投放按钮……

对此，有人提出来，是不是弹上电池出了故障？看似有理。情急之下，人们往往听风就是雨，根本就来不及仔细分析，刘永才与几个男试验队员立刻跳起来，联系上部队的一辆卡车，再次奔向那个大坑，企图捡一块电池残片带回来做分析。可坑里哪还有什么电池呀，那玩意也是火工品的一种，早融化进沙尘孤烟之中了。

天色已经完全黑尽了，夜幕沉沉的戈壁荒漠，根本辨不出东西南北。颠震乱跳的卡车后斗里拉着三四个蜷缩在军大衣里欲哭无泪的人，他们在沙漠里迷了路，卡车东一头西一头地瞎撞，最终幸运地撞上了一支骆驼队。有经验的“祥子”们把这些筋疲力尽的“解放军”指引到一根电线杆下面，一路捋着电线的方向开，总算找回到了基地。

当夜，试验队紧急开会，大家按各个专业组分工，着手分析失利原因。

经过几天在机场与飞机上的发控设备联试对接分析，很快证实挂钩不开的原因是由于机弹电源转换过程存在异常。继续做电源转换测试试验，对比遥测记录，终于确定了症结所在。

飞机上的发射控制设备在指令控制上有一个与非门电路，正常情况下，其接到发射指令应该随即发生翻转，引发开钩等后续系列预定程序。但由于门电路器件本身存在质量问题，加上进场前的测试没有到位，所以，在领航员按下发射按钮后，与非门电路没有产生翻转，因而后面的程序就都卡住了，飞行员在天上就发了慌……

现场紧急处置，再次进行全弹测试，大家都以为问题已经得到了根本解决，立即着手准备进行第二次空中投放试验。

但第一次试验失败隐含着一个重大问题，却被大部分人忽略了：应急投放的，接近两吨半重的导弹在自由落体下落过程中，即便是完全失去控制，也应是笔直地向下坠落，却为什么像一片树叶似的不停地低头抬头，飘摇而下？

第二次空中发射试验定在 1978 年 11 月 25 日下午。这一天，到安全区观看发射的队伍宏伟壮观，四五辆敞篷大卡车后面滚滚烟尘，包括海军参试官兵在内的试验队在车厢内挤得满满当当。

经过一系列系统性的地面检查，每个人都底气十足，认为成功的把握很大。

然而，这一次投放结果与第一次一模一样！

导弹开钩脱离母机之后，依然是飘摇而下，发动机仍然没有点火，注满推进剂的导弹仍然是在单调苍凉的亚洲平原腹地深处，又新添了一个黑黢黢的深坑。

站在新炸出来的大坑边上，领队安慰满脸愁云的试验队员们说：“第二发弹应该是比第一发弹进步了。你们看，第一发弹炸出来的坑是圆的，第二发弹炸出来的坑是椭圆的。咱们还有一发弹，只要发动机在空中一点火，就算是成功了。”

其实谁心里都很清楚，这是自我安慰。发动机点火，离严格意义上的成功还差得远了。

试验队总共只带去了 3 发弹，而且连同家里，也仅仅只有这 3 发弹。两发已经炸没了，最后一发如果再废了，设计弹道的高庆芬没脸见人不说，也许导弹的总体方案还可能被认为是错误的。推倒重来事小，型号还有面临再次下马的危险。

试验基地里，被炸得焦头烂额的试验队员们饱受非议。走到哪里，都有人指手画脚地指责这些人不学无术，浪费国家资财，就弄出这么样的破玩意出来。有客气一点的，谆谆教诲道：无动力下滑的方案简直就是胡闹。甚至有人还给定性了，说三院这些人全都是笨蛋……试验基地就此还专门给试验队放了一个资料片，借以表明观点：我们的飞机是绝对不允许关掉发动机无动力下滑的，国外这么多导弹，也没有一个是无动力下滑的。

极大压力之下，有人已经悄悄收拾设备，准备撤收了。刘永才他们面临着生死存亡、何去何从的巨大考验。

时间已接近年底，严冬腊月的西北大漠寒风凛冽，荒原上滴水成冰。坚守了近两个月的试验队员衣服单薄，套着从部队临时借来的旧羊皮大衣，在机场上冻得瑟瑟发抖。本来就很差的伙食随着两次失败，变得更差了。试验队员每天的伙食都是土豆、白菜，白菜、土豆……星期天还只有两顿饭，挂面、酱豆腐算是好东西。从北京带来的腐乳存在食堂里，一块加价 5 分钱再卖给试验队。

有人说，土豆馅的包子真是难以下咽。炊事班的战士反唇相讥道，就你们这些浪费国家资财的笨蛋，还有资格挑肥拣瘦？有一口吃的就不错了。带鱼装盘刷上一层酱油，放进蒸笼简单蒸熟了，满食堂全是腥味，就算是过节改善伙食。

试验队天天开会找问题，各组天天加班查原因。

刘永才从总体观点出发，提出是否是为了挂机，弹上新增加了一个吊挂的过度梁，而影响了整个弹体的刚度，弹变软了，所以在空中就不能保持姿态稳定。有人随即予以反驳说不对，应是重心和气动受力点计算出现了差错。还有人从控制角度出发，怀疑是自动驾驶仪出了问题。

在紧张焦虑的情况下，大家从各自的专业角度出发，种种设想，五花八门，你一言我一语，在技术问题上不停地发生分歧、进行讨论，再达成共识。谁也没心思洗衣服、洗澡，男人们胡子拉碴，女人们蓬头垢面，每人心里的火气都不小。这么一群人每天聚集在屋里，相互咭难，经常像在吵架。散会后，大家便分头查看遥测记录，一旦有了结论，便会一致服从正确决定，找出个大概所以，就立刻组织试验验证。

每次试验都少不了负责总体的刘永才。他一旦感到别人说的有道理，就不再争了，相反会很好地安排下去，进行实际验证。每次试验前，他都会很

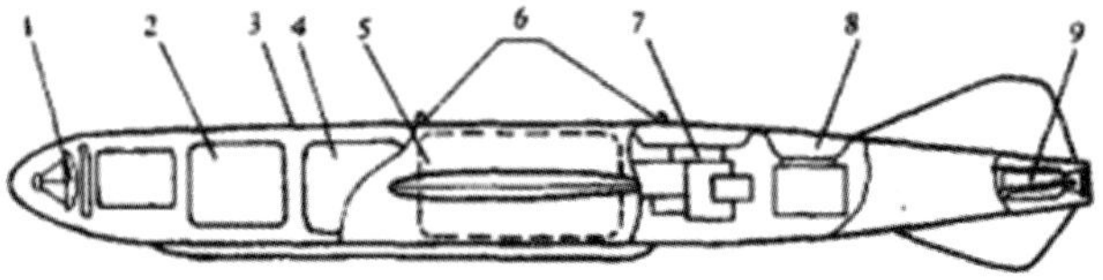

1—末制导雷达；2—燃料箱；3—弹体；4—战斗部；5—氧化剂箱；6—前、后吊环；7—自动驾驶仪；8—多普勒雷达；9—液体火箭发动机

鹰击六号导弹出口型C601部位示意图（杨经卿，徐梓茂，《世界导弹与航天》，1990.7）

仔细地考虑一番，怎么找人、协调、组织，先动什么，再动什么，计划得十分周全。危难时候，同事们难得地都很信任这个稳妥周全、大高个的年轻人。

有人总结那时候的刘永才，积极思考，敏于行动，善于总结，所以他在型号工作上才进步得比较快。如果他们看过当学生时刘永才画满了方框图、网络图，裁成一半的那些笔记本就会知道，原来这是一种必然。

西北的水里含有硫化氢，人喝了会胀肚子，很多人因此闹起了胃病。刘永才胃里也经常泛酸，吃得更少了，再加之压力过大，人变得黑瘦黑瘦的，整天低着头，依旧跑来跑去。

眼看问题找不出来，就要山穷水尽之时，遥测记录立了大功。问题逐渐集中到导弹俯仰角控制上来。

导弹在下落过程中，因为重量重心和气动压心不重合，加之空气阻尼的作用，必然会产生低头、抬头的动作。由于弹翼是有升力的，舵面也有调整作用，正常情况下，应该是导弹低头，舵面上摆使之抬头，以保持导弹空中姿态稳定，反之亦然。但从遥测记录上看，舵面的偏转正与控制所要求的恰好相反，所以导弹在空中一会儿低头、一会儿抬头，就像喝醉了酒似的漂了起来。

那么获得了载机初速度的导弹为什么不往前飞而直往下掉呢？这也很好理解。载机赋予导弹的初速度在经过几个俯仰回合后全部损失了。设计中无动力下滑的导弹，没有了飞行速度只剩下纵向速度的导弹，还不就只能是往地面上栽吗？

要验证这种猜测，就得在地面上进行试验。接上遥测用的陀螺去测查，没有问题，说明遥测信号是正确的。再通过电缆把测试设备接在导弹上测试，与遥测数据一致，也没有问题。

可为什么空中获得的遥测数据却是相反的，大家百思不得其解。

疑点再次聚集到导弹本身上来。经过讨论，集体想出了一个最原始的办法，就是不用测试设备，在地面模拟导弹抬头、低头的过程，进行人工“颠弹”，直接通过遥测设备获取数据。方案确定，大家很快一起上手，把仅剩下的最后一发导弹接上外部电源，开通遥测仪器。

冰冷刺骨的厂房内，脱了油渍麻花的破军大衣，这帮只穿旧衣薄衫，神色凝重的人，将他们最后一发导弹团团围住。女人在边上看数据，男人们仨俩一伙，换班从后面扳住导弹冰凉刚硬的尾喷管。一声呼号，齐力高高抬起导弹尾巴，再一声呼号，同时撒手。随着“咣当，咣当”声声脆响，导弹尾巴一次次重重地砸在钢制弹架上……十几个回合过后，结果出来了，没错，舵面的动作确实是反的！

负责提供自动驾驭仪，一一九厂一位姓戴的年轻女队员，当即脸色就吓得惨白，慌忙打开导弹后部的仪器舱盖，对各部分按顺序进行排查。检查陀螺装配，对的；检查电路，对的；检查输入接法，对的；检查信号输出，错啦——原来，问题出在弹上阻尼陀螺的连接电缆上。

问题找到了，原因却匪夷所思。测试、连接，这两根外表、图号看起来一般无二的电缆，里面却另有乾坤。地面测试用的电缆接头焊线是正确的，而弹上用的电缆有两根线却焊反了。也就是说，阻尼陀螺的负反馈变成了正反馈：弹低头应该纠偏让它抬头，可这下满拧，弹低头却加劲让它更加低头。

此部分设计完全沿用的是海鹰二号导弹原样，难道是工人焊接过程中出现操作失误？翻出图纸，深层次的问题一目了然：为鹰击六号导弹新出的图纸，电缆接线不负责任地“抄”反了。

有一条电缆接错，其余的也值得怀疑。问题原因简单而又复杂，这就意味着有普遍存在的可能。万般无奈之下，大家在机场临时磋商出一个简单验证的办法，让飞机再次起飞，在500米高度模拟导弹下滑弹道，通场平飞一段，打开射前检查，看看高度指令发出去没有，如此再顺势检查随后的发动机点火指令是否能够正常发出。

这个办法，以后就成为空对舰导弹研制过程中一个必走的程序。而对于当时、当事提出来的时候，却可以比喻为把一个垂死的人搬上手术台，割开气管进行急救。只能退而求其次了，不是说发动机只要在空中点着火，就算成功了吗。

空对舰导弹飞机降落后，面对记录数据，大家全都默默无言，高度指令果然没有发出来。问题还是出在了电缆插头上，不过这回不是焊错，也不是接错，而是根本就没有插紧！

汲取这次试验的惨痛教训，刘永才提议，以后每一发空射弹在进行飞行试验前，都应该增加一个模拟带飞试验过程。所谓模拟带飞试验，就是把导弹挂在试验用的飞机上，由火控系统模拟发出开钩指令，但并不真正投放发射。载机随后模拟导弹飞行弹道，飞出下滑、平飞等一系列轨迹，用以验证导弹脱离载机之后，后续的一系列指令能否依次正常发出，再结合遥测数据，对系统的性能、可靠性以及试验结果，进行一次预演和预估，这就相当于对整个武器系统，尤其是对导弹，进行了一次比实验室仿真更为真实可靠的系统性和功能性的实际验证。

鹰击六号研制阶段总共生产了7发遥测弹，却经过了13次带飞试验，相当于打了13发弹。这一“将隐患暴露在可把控状态”的做法，加快了研制速度，节省了大量研制经费。①

1978年12月5日，更改了电缆线的最后一发鹰击六号（S）挂上了轰六甲炸弹舱，发射时段还是定在当日下午。

男人们刮干净胡子，换上新洗的衬衫；女人们仔细梳拢了秀发，套上红底的罩衫。出发的时候到了，当这些人走出招待所，站在院子里四下一望，心中不觉比呵气成霜的气温还要寒噤刺骨。除了他们这一小堆人，周围空空荡荡，招待所院子里冷冷清清。

裹紧旧大衣，爬上敞开的卡车后斗，蜷缩在冰硬的底板上，西北荒原无遮无挡的凛冽寒风，打在每一个人的脸上，更刺在他们的心尖上。与上次满满当当，四五辆车上装得全是人，雄赳赳气昂昂的队伍相比，一车仅有的七八个人可谓形只影单。一路沉闷，每个人的心情都很复杂。或许有人会想，这最后一发弹要是再掉下来，有何面目回家去。还有的恐怕已经开始盘算了，今后还能去干些啥……

难熬的等待，预定时间过去了，一小堆人或蹲或坐在沙漠中仰望青空，惶惶不安。慢慢的，轰炸机由远及近，钻出薄云，再次出现在视野里……这

① 《航天三院院史》，2011年8月第2版。

时，海军一位带队的政委忽然大叫起来："不对啦，今天飞机怎么冲咱们飞过来啦——"

可不是嘛，轰六飞机镶有一圈玻璃窗的机头，泛着寒光径直朝着观察区过来了。如果这次导弹再掉下来，他们应该正好在第三个弹坑附近的位置上。反应快的，连滚带爬就往卡车底下钻，仓惶之间，还有的拎起木椅子转身就跑。

原地昂然不动的是我们试验队里的中坚，后来号称"铁杆鹰击六"。张志高、梁维和、高庆芬、刘永才，张群幸、陈红光、陆新华、宋玉莲，还有一一九厂和七八二厂的两个年轻设计员，让我们在中国飞航导弹发展历史中记住他们。孤注一掷和永不言败在大多数情况下，具有相同的精神内涵。对于这些"铁杆"们来说，导弹就是他们存在的最大意义和价值所在，应该不以为过。

轰鸣当空，机腹下那一枚象征着"希望"的曳光管骤然点亮……似乎是自然而然，导弹从机腹悄然滑落，拖曳着一条清晰而明快的光带，划出一道优雅的弧线，好似从高山之巅降落到人间的一注炙热铁流。

"成了！"第一声孤独的尖叫，其实是含泪的嘶吼。

微微昂首的导弹掠过头顶区，半空中发出"嘭"的一声闷响，随即从尾部喷出一束耀眼的火焰，薄云轻拂下，"鹰击六号"看似深灰的躯体似乎略一停顿，瞬间喷薄出刺耳的嚎叫，向远方天地相交的一线深邃加速直刺过去……光测站的战士们扔飞了帽子，试验队员们抛掉了手上的笔记本，长久凝望着半空中那一抹黢黑的弹痕，泪流满面。

后来查明，飞机冲安全区投放的原因是，由于空中伴飞摄影的一架歼教五飞机开始时没跟上，为了等待，轰六飞机推迟了发射，只得在预定的下滑后转平飞段上方投放。

《总体设计部大事记》记载：1978 年 11 月 6 日到 12 月 5 日，鹰击六号单发投放试验弹研制性飞行试验，共有 3 次，2 次失败 1 次成功。第 3 发导弹下滑后距地面100米开始拉平，保持平飞2分38秒，达到预定设计要求。

这是刘永才职业生涯中经历的，数不清飞行试验中的第一次成功。

10. 山重水复

鹰击六号单发投放试验弹的成功，验证了“程序俯仰角加轨迹控制”无动力下滑弹道的可行性，鹰击六号导弹的研制进程，从此翻开了新的一页，由方案试验验证，正式转入产品研制阶段。

提起那次试验，高庆芬说：“受了那么多的苦，其实我们应该是一次成功的。”

刘永才说：“大家认为用的是海鹰二号上的成熟产品，测试电缆没问题，但是没想到弹上电缆却出了问题。这件事也说明我们自己的工作没有做好，测试工作也不到位，否则我们应该一次成功。”

“一次成功”，这看似简单的四个字，却蕴含着沉甸甸的分量。

踏遍青山寻砥砺。鹰击六号导弹与刘永才之间的悲喜交集，还远远没有结束。

1979年2月8日到15日，在西北单发投放试验成功的基础上，轰六丁型飞机挂鹰击六号导弹全武器系统第二次技术协调会在北京召开。会上，总体设计部与有关单位议定了下一步的研制程序及实施方案，商定增加导弹火控系统在安 -26 飞机上的改装飞行试验。

而此时，久攻不下的鹰击一号，却面临着与风雷一号当年同样的命运。

1981 年 4 月，总体设计部向三院和八机总局呈交申请，请求把鹰击一号继续保留在重点研制型号之列。申请中说，三院在 1982 年前的重点研制任务为“两弹一改”（即，鹰击八号、鹰击六号，海鹰二号改）。总体设计部认为按鹰击一号性能、技术成熟度、工作状况，且为国家早已批准列为研制重点等情况，应将其列为 1982 年前的重点型号之一。

扑在鹰击一号空对舰导弹、海鹰三号岸对舰导弹上的很多优秀科研人员，例如周志宗、汪宝森他们，尽管耗尽心力，甚至付出了血泪交流的惨重代价，但是在国家当时严峻的经济形势、太过超前的设计方案面前也是无能为力。这两个当初被三院视作身家性命的国家重点型号，在 20 世纪 80 年代中后期，由于经费耗尽，被迫先后下马。

相反，最初不被重视的“鹰击六号”“鹰击八号”却一步步地走出来，逐渐脱颖而出。

1979 年年底，地处渤海岸边的某海军试验基地，试验空对舰导弹的条件已经基本具备。主攻海防型号的三院与海军试验基地是多年的合作关系，鹰击六号试验队再也不用带着导弹，坐上三天四夜的火车赶赴“一天二两沙，白天不够晚上补”的西北荒漠，这相较一年前“天那么冷，吃得那么次，穿得那么破”的刘永才他们来说，无形之中就是改善了试验条件。

更值得庆幸的是，这种人和、地利试验软条件的改善，最终救了刘永才一命！

导弹研制是一个大系统工程，需要航天、航空、电子、船舶、兵器等工业部门的聚力协同。相比地面发射的导弹，空射导弹研制复杂程度更高，涉及的层面更广，要求各军种协调配合，海天一体。

永远停留在厂房中的鹰击一号空对舰导弹

鹰击六号空对舰导弹研制进入到机弹协调阶段，弹体改进设计仍在继续，搞总体的刘永才此时更多的工作是往外跑。技术协调要出差，试验准备要出差，现场调试要出差，部件生产环节连接不畅也要出差。因为战备需要，很多军工企业都建设在距离大城市较远的偏僻地区，大山深处，交通不便，常常是下了火车还要倒腾一整天的长途汽车，打个长途电话需要在电话局等上半个多小时，去人面对面地沟通协调问题，还是那时最简单、最行之有效的一个办法。

鹰击六号导弹设计、生产在北京、飞机改装在西安阎良，多普勒雷达和高度表在宝鸡，自动驾驶仪在沈阳，火控系统在天津，技术阵地在河北，靶场在渤海岸边……就拿导弹上不起眼的一个挂弹钩来说，它的定点生产厂家竟在河南灵宝的秦岭腹地。

行业内的人都清楚，几乎所有的协调就没有一帆风顺的，除技术问题外，更多滞障的因素是衔接、联调与进度。

这可苦了做事认真负责的刘永才。同样在室里干活，别人或许还可以稍微躲一躲，可他这个负责总体的实实在在躲不过去。在刘彦和刘枫的记忆里，爸爸似乎总是不在家，一出门十天半个月算是快的，即便是回来了，一般过不了三四天，拎上小小的帆布旅行袋就又走了，一走又至少是十天半个月，三四个月也常见。

其实即便是到了今天，在这个为国铸剑的行业里，不少孩子跟父母也是聚少离多。多年以后，等孩子们长大了，他们也许会知道某某型号是父母干出来的，但是几乎不会记得那时候他们在家里都干了些啥。

研制深入到系统阶段，刘永才跑得最多的是位于陕西阎良的飞机制造厂。改装中的轰六丁飞机，有太多的预想不到了。

轰六丁飞机作为鹰击六号导弹的载机，具有导弹机载火控系统、自动领航轰炸系统、导弹加温系统、雷达空测系统等设备。其中，导弹机载火控系统是鹰击六号导弹全武器系统的一个重点。

导弹火控系统是安装在载机上，用于搜索跟踪目标、测定目标运动参数、计算并装定射击诸元，对导弹实施射前检查、指挥控制发射的一整套设备。发射空对舰导弹的火控系统，不仅要求作用距离远、速度快、精度高，同时还要具备领航和轰炸功能。

安装在轰六甲飞机上的241雷达，原只是一种简单的轰炸雷达，为发展成导弹载机，需要对其同时进行改装。241雷达是20世纪50年代初苏联研制的一种用于轰炸的雷达，具有目标搜索功能，由于其波束窄、扫描速度快，很适合精确跟踪、定位舰艇一类相对速度较慢的目标。利用241雷达的这个技术特点，三院发控设备研究所结合指挥仪，研制出了一套具有“双边”功能体制的火控系统。即射击指挥仪在记录、刷新雷达接收到的目标位置信息的同时，还能进行显示和装定，实现对两个攻击目标的边扫描边跟踪，兼备航迹规划、导航、作战航迹记忆等功能。

三院科研人员不顾1976年唐山大地震所带来的极端困难，趴在断电少水、四处透风的抗震棚里日夜加班，采用集成化电子元器件、微电子处理器、多路数据并行采集、输出等先进技术手段，研究解决了雷达视频信号控制、量化后数字信息处理方法等关键技术。至1981年年初，新型火控系统在安-26飞机上试验取得成功。

轰六丁飞机采用新型火控系统遇到的最大问题是，原241雷达照射距离有限，探测引导距离只能达到几十千米，而鹰击六号导弹射程是150千米，要求雷达探测跟踪距离至少要超过这个范围，而且当然还是越远越好。为节省研制经费，缩短研制周期，在当时的技术条件下，只能走加大雷达天线接收面积这一条捷径，这就是研制245雷达。改装飞机上新增的全套火控设备早已将整个导航舱和仪器舱挤得满满当当。要增大雷达天线，就得另找空间。初期设想是将增大了的雷达天线，装在飞机前部驾驶舱的观察空间里。雷达生产厂和飞机制造厂本已接受了三院提出的改装方案，但在实施过程中，却遭到了来自第四方的强力反对。

雷达天线装在机头，就需要去掉原来驾驶舱最下方那块用于观察目标和目视引导起降的玻璃窗。飞行员们一听就急了，都说如果没有那块可用于直接下视的窗口，着陆安全便无法保证。在开会协调过程中，这块玻璃窗的存留问题，引发了激烈的争论，甚至在短期内成为了改装进度的一个障碍。而此时，导弹上新增加的多普勒雷达与总体之间的协调也十分不顺利，交付的 3 台供遥测弹使用的雷达经过地面联试，先后都出现了问题。

但阶段性试验不能停下来。试验队在华北某机场进行了大量的空中试验，包括发控试验、精度试验，当然每一次试验前都少不了模拟带飞试验。每次试验前，刘永才他们都要拉着导弹提前到达技术阵地，完成长时间、大量的细致准备工作。

飞机改装完不成，下面的精度试验就进行不下去；多普勒雷达不能满足任务书要求，导弹上别的部件就需要临时改动；海军试验基地原先的地面雷达探测距离不够，要想办法让它满足试验及精度要求……刘永才夹在这中间，经常三头受挤，进退两难。他经常往外协单位跑，多次去阎良参加协调会，闹心的事憋在心里久了真成了“烧心”——胃部泛酸隐隐难耐，只能暗自忍着。

改装中的鹰击六号导弹载机轰六丁飞机

眼看着进度要求一天天迫近，大家全都心急如焚。

到了1981年，几方面妥协的方案终于定了下来：轰六丁飞机保留机头下的玻璃窗，在仪器舱底部开个大洞，放置增大了的雷达天线，外面增加一个细长的椭圆罩。虽然机头下方多了一个影响气动、增大阻力、费油又不好看的大鼓包，但是千呼万唤的导弹载机终于可以出场，进行火控系统动态精度试验了。胜利在望。

可就在这时，刘永才却倒下了！

这个中学时期的运动健将、大学里的机枪手、坚毅的“铁杆鹰击六”，有着一副健壮身板，时当盛年的汉子，在所有人都没有料到的时候，像座大山一样，轰然倒下。

11. 崩塌

1981年6月的最后一天，又在阎良待了个把星期的刘永才回到云岗。

吃完晚饭，身体和精力早就透支多日的刘永才感觉，近一段时间总是隐隐酸溏的腹部疼痛加剧，勉强睡下。半夜里，他被体内一阵紧似一阵的撕扯感惊醒了，急切跑进卫生间。等过一会站起来，忽然感觉天花板、地板前所未有地倾斜旋转，金星迸溅，眼前一黑，身子一栽，就像他心爱的导弹摘了钩，不由自主顺着墙壁悄然滑下……总是睡觉轻的宋毅听到响动异常，忙起身跑进卫生间一看，只见丈夫面色苍白，蜷曲倒在坚硬的水泥地上，身后洁白的便池里，留下一大滩黏糊糊的“柏油”。

连呼带喊，掐人中穴……坚强的意志唤醒了神志，几分钟之后，刘永才慢慢转醒，但已是力不从心。

慌了神的宋毅主张立刻找人送他去职工医院，但医院离家还有一段路程，如果走路去要将近20分钟。平时惯于独立思考的知识分子有个通病，就是怕麻烦别人。都到这时候了，全身被冷汗浸透了的刘永才还坚持着，让宋毅一定要等到天亮，深更半夜麻烦谁都不好。

当晚，刘永才就这样硬挺着，半夜里在卫生间又晕厥了一次，情况跟前次一样，只是留下了更多的“柏油”。

夫妻俩哪知道，这“柏油”是被肠道吸收了水分，消化不掉的血细胞残渣。

天刚蒙蒙亮，慌慌张张的宋毅敲响了周志宗家的房门。周志宗一听身强力壮的刘永才病了，当即被惊得目瞪口呆。他连忙挨家敲门，叫醒了研究室里的几位同事，大家赶快进大院找了一辆公用三轮车，连抬带背地把此时已陷入半昏迷状态的刘永才搭到车上，前后簇拥着，火急火燎地往职工医院猛蹬。

正在教室里上课的刘彦和刘枫，被爸爸单位来的人接走了。两个孩子直接被带进医院病房，进屋一看，立刻被吓得哇哇大哭。只见从爸爸嘴里大口大口，一注注往外喷着殷红的鲜血，溅在白漆墙壁上、水泥地板上，犹如扯碎的小红花。

血喷得太急太多，病床头的搪瓷洗脸盆里还有没来得及端出去的小半盆，下一次又涌上来了。边上的护士慌得不由连声大叫：“忍住，忍住！”

终于不吐了，大热天的，蒙在厚棉被下面，刘永才的身子几乎一动不动，脸色苍白，像一具雕像。偶尔动弹一下，又是一口一口地往外喷血。

经初步诊断，刘永才的情况属于消化道大出血。由于大量失血，人一直处于昏迷状态，但医院血库里，没有储存这么多的B型血。

内部电话打回去，很快，总体设计部大院的大喇叭里，就传出了播音员“紧急通知、紧急通知”的焦虑嘶喊，一遍遍地号召职工们紧急集合，赶紧去医院为刘永才献血。

“真是平时干活不要命的刘永才突然晕倒了吗？”刚刚上班的同事们被广播内容震惊了，几乎不敢相信这是真的，纷纷从椅子上跳起来，各个办公室之间紧急联络转告。这些军人出身的人，对自己的血型都很清楚，不管男女，认识不认识，大家从办公室、厂房、测试台前跑出来，仨俩聚拢，骑上自行车冲出大院，成群赶往医院。

很快，职工医院一层急诊大厅就被挤得乌乌泱泱。大家一边等待血液配型，一边相互打听，才知道38岁的刘永才到底是为什么倒下的！

究其根本，刘永才这个铁杆“鹰击六”是被密集的试验、紧迫的任务、长期在外的奔波劳顿击倒的。

1979年11月5日，轰六丁机载火控系统空中飞行性能试验队进驻试验机场。

1980年3月3日到8日，三机部、八机部和海军在试验机场联合召开轰六丁全武器系统第三次协调会，确定了双发运载投放试验和01批遥测弹前3发飞行试验大纲，初步研究了轰六丁飞机性能试飞和火控系统空中瞄准精度试验大纲。

6月24日，总体设计部和七八二厂联合向海军、三机部、四机部、八机部提出了协调有关鹰击六号弹上773甲多普勒雷达几个问题的建议，计划在七八二厂由几家联合协调773甲雷达的使用高度、天线俯仰稳定和海陆工作状态等问题。

7月7日，计划为期40天到50天的鹰击六号弹上控制系统地面联试开始。携带着必要的图纸资料和测试设备的三三七厂、七八二厂、二三九厂的技术人员，来到北京参加联合调试。经过精心安排和预先准备，从7月31日到8月18日，仅用20天时间，弹上控制系统地面联试，便按照试验大纲规定内容和要求，提前10天顺利完成，达到预期目的。

9月10日到16日，三机部、八机部、海军会同四机部共同召开3815会议，就轰六丁型飞机火控导航系统地面静态联试问题进行了讨论和技术协调。会议商定：联试按总体设计部和飞机制造厂编写的试验大纲进行；试验时间暂定为10月15日，地点在飞机制造厂，试验由飞机制造厂负责统一组织实施，总体设计部负责技术协调。

9月30日，海军航空兵司令部向北海舰队司令部发出通知，为考核与鹰击六号导弹配套的773甲多普勒雷达海上飞行最低高度及其指令机构交联工作情况，应七八二厂和三院总体设计部要求，需在海上做一次飞行试验，确定试验在别六型水上飞机上进行，时间定于10月，飞行约5架次，最低飞行高度50～70米。

当年年底，鹰击六号地面试验准备和3发遥测弹的总装测试按计划完成。

1981年3月12日，三院年度科研生产计划要求确保鹰击六号遥测弹试制及飞行试验成功。

……

看似枯燥的一段段历史记载，每一项都少不了刘永才跑前跑后、如风一般忙碌的身影；排列紧密的时间节点前后，似乎都可以听到刘永才和他的同事们加班加点，负重前行的疲惫喘息。

多年之后，每逢有记者采访刘永才，他都会提到巡航导弹研制过程中，壮年早逝的刘滨生，而且许多次都忍不住潸然泪下。刘滨生是三院动力技术所的一名工程师，在1995年去往湖南株洲航空发动机厂出差过程中，心脏病突发，倒在发动机厂招待所的房间里，再也没有缓醒过来。

只有行路人，最了解行路人。如果刘永才不是倒在家里，不是倒在北京，而是倒在大西北的戈壁滩上，倒在几天前从阎良返回的路上，多年之后，我们是否还能在试验场上看到他指挥若定的身影，是否能在会上听到他睿智的分析，恐怕很难说了。

七三一医院当时的医疗条件太差。大出血原因不明、出血点在哪里更不清楚，虽然只是一名普通技术人员，但也没有医生敢贸然打开腹腔探查。

研究室副主任周志宗匆忙找到他和刘永才的老领导、总体设计部主任姚绍福。姚绍福赶紧联系上职工医院党委书记张增恩，党委书记打电话，紧急派车将在外进修学习的外科副主任石万坤接回来做手术。

即便如此，手术还是被拖到了7月3日的晚上。

守在手术室外面，呆呆捏着一纸“病危通知书”的宋毅被告知，这种被称作“剖腹探查”的手术，通常只会有两种结果：找到出血点并且止住，人就能活；找不到出血点止不了血，病人便下不了手术台。她要做最坏的准备。

输入的血还没有流出去的多。一直处于昏迷状态的刘永才被抬上手术台时，血色素不到4克，血压近乎为 0。

当晚，研究室党支部书记、一位女同事打着手电筒挨家挨户地敲门，再次找人去给刘永才献血。

是夜，天降大雨，雷电交加。一辆大卡车冲开茫茫水幕，拉着整整一车披着雨衣的同事，直奔医院。

剖腹探查很快变成了胃大部切除手术。刘永才十二指肠球部位置溃疡致使动脉血管破裂，发生大出血。动脉血管破裂源于胃溃疡的长期侵蚀，胃溃疡发展到了几乎要命的程度，是因为长期忽视病情，没有得到有效治疗。

一个普通的设计员，经常出门在外，吃不上按时饭，睡不好踏实觉，总是掰着手指头，计数着一个个迫在眉睫的任务节点，盘算着如何准备充分、精心实施……引发胃溃疡还有一个公认的重要原因，就是与心情有关。从 1975 年刘永才担任鹰击六号总体论证组组长时算起，到 1981 年这 5 年多的时间里，他的压力太大了！

“在工作上，我总是很努力，总怕干不好，让别人说出点什么来。”

站起是一棵松，宁折不弯，可越是坚硬，就越可能在某个临界点上轰然倒下！

刘永才不可救药的胃被切除了五分之三。手术太大，太过匆忙，天也太热，等他苏醒过来之后没有几天，刀口便化脓了。医生就在换药室里打开刘永才腹部的吻合口，排脓消炎。

从 6 月 30 日晚上在家中卫生间里晕倒，到手术之后苏醒，在真正与死神搏斗的三四天时间里，一直处于半昏迷状态的刘永才几乎没有什么记忆，但是这次临时处置，留给他的印象却是太深了。

麻药在还没长好的创口上根本不起作用。“那真是疼啊！”

俩孩子被邻居接到家住下，长春老家也来了人，直到刘永才脱离危险，转入普通病房，小姐弟才再次见到爸爸。

每当刘永才回忆自己为之服务了近30年的总体设计部，总少不了这样一句沉甸甸的话：“是总体部给了我第二次生命。”

刘彦嘘声感叹：“那时候的同事关系呀，真像是一家人。”

鹰击六号的直接技术领导来看望这位型号研制队伍中的主力，悄悄地问身边的医生，刘永才什么时候能上班？

“还上什么班啊！”医生瞪了这位领导一眼，一指躺在床上眼窝深陷、说一句话都要喘三次的刘永才：“这人从此就算是废了，以后能凑合活着就算不错啦。”

但是，躺在床上的刘永才能放弃他心爱的导弹吗？不能，绝对不能！

12. 鹰击蔚蓝

1981年11月7日，鹰击六号在海军航空兵某机场进行由10个单位共100余人参加的首次大型机载导弹火控系统动态精度试验。好像什么都没有发生过，三院试验队名单里，依然有各个协作单位都熟悉的，每回不落的刘永才的名字。

一如既往，刘永才仍是在轰六飞机巨大的机翼下跑前跑后，天天与大家一起吃食堂，紧张地忙碌着。

参加试验的飞机制造厂的技术人员欢欣鼓舞，都说“是七机部让他们的老鸡（机）下了一个新蛋（弹），以后就不会退役，厂里又有活干了”。

新出来的轰六丁与此时大病初愈的刘永才一样，历经磨难，百尺竿头，正熠熠焕发出更加强劲的生命活力。

今天，我们常常可以从各种媒体上看到，早已去掉了机头前面的玻璃窗，没有了下颏上的大鼓包，安装着新型火控雷达，具备远程打击能力的轰六K飞机，挂载着各种新式导弹飞出第二岛链，威武巡航的画面。从某种意义上来说，没有早年间发端于371工程的风雷一号，没有鹰击六号，恐怕今天再想找寻这种20世纪40年代开始研制的老飞机身影，只能走进航空博物馆里去了。假若轰六有知，它应该记住：挂载的第一型导弹是刘永才他们做的，现在翼下威武的主战巡航导弹更是在刘永才主持下完成的陆基巡航导弹基础上进行适应性改进研制的。

空军领导曾由衷赞赏，巡航导弹有力地支撑了我国空军从国土防空型，向攻防兼备型的转变。

与获得新生的轰六飞机一样，对于重新投入到心爱导弹研制中的刘永才来说，今后也将要面临他事业的新转折，进入令人眩目的快步上升弹道。

不过这种或许是命运的安排那时候他还不知道，因为所有的人也还都不知道。但是，就像刘永才一直信守的唯物辩证法指出的那样，矛盾利用其两面性引导事物螺旋式上升发展。在未来长达近十年的顺遂来临之前，劳其筋骨、苦其心志还没有结束。

飞行试验首先解决了地面遥测设备布站飞行问题，接下来的火控系统动态精度试验几次都未达到目的，在规定的高度、距离内，接收不到来自靶标的信息。是雷达出了毛病，还是靶标的反射能量不够？机场上有的官兵耐不住性子了，揶揄道："我们机械师也会排除雷达故障，先用手拍，不行的话，再踢上一脚。" 而此时任何人都没有想到，导弹又从天上掉下来了。

轰六丁第一次在机翼下挂上了导弹，首先进行的还是带弹运载飞行试验。

机翼下一边是配重弹，一边是运载试验弹，轰炸机呼啸而起，进入空中指定位置。在发射员按下导弹射前检查按钮，导弹通电之后，不料飞机再次振动起来，这回导弹是挂在机舱外面的，肯定不是保形盖的事。空中初步判断，是速度引起的机弹共振，但按地面指令改变速度后，整机振动并没有消失。

飞机紧急降落。对遥测数据进行分析，发现导弹舵面接电后，竟然不停地自主上下往复摇摆。原因很快找到了，原来飞行状态下导弹没有闭锁，误以为是在自主飞行，因此舵面不停地调整动作，而飞机对此不予理睬，两个系统之间“拧”起了劲。

原因查明，在导弹摘钩之前的程序上加一道锁定指令，就彻底解决了。

随后再次进行空中运载飞行试验。飞机起飞，飞越渤海湾，过程一切顺利。可刚返回陆地上空不久，前舱的驾驶员、领航员在耳机里就听到，飞机尾部的射击观测员惊慌的呼叫，说你们快看呐，右边翼下那一发导弹哪去了？

前舱的5个人透过经过争取，好不容易保留下来的机头玻璃窗，同时转脸往两边机翼下张望，不觉全倒吸了一口凉气。可不得了，起飞时明明是挂在机翼下一边一发的导弹，不知什么时候右翼下却空了。

确实少了一发导弹！一侧少了2吨多的重量，而机组人员竟毫未察觉，无意中等于提前进行了一次成功的翼下单发运载试验。可眼前的首要问题是，那一发导弹哪去了呢？负责发射的领航员赶紧声明，自己确实没按发射按钮，那导弹怎么自己就没有了呢？

它啥时候掉下去了，掉到哪里去了？指挥大厅里议论纷纷。运载试验弹以配重替代了推进剂，自然不会爆炸，可飞机经过的一段陆上人烟稠密区，这个大家伙随便落到哪儿，都要砸出个大坑，有人的性命没准就要搭进去，那造成的影响可就不一般了。人命关天，岂止损失一发“假”导弹那么简单。

根据遥测记录，大致确定了导弹可能坠落的区域，搜索队立即出发……

飞机返场，试验队马上开会，研究导弹是如何自己把自己“发射”出去的。不用说，飞机生产厂和三院的人就闹哄哄地各自找自己的证据吧。经过地面模拟和遥测数据分析，原因查明，问题出在三院的火控系统上。

导弹上的多普勒雷达正常工作需要115伏直流电压，而在运载状态下，弹上电池不工作，因而需要将飞机上的供电通过变流机转换，输出给雷达。空中射前检查结束，机载电源断开，变流机里的内部机构由于惯性作用还在旋转，这就产生了一个反电动势。而恰好在发控设备上存在一个不易发现的潜通路，反电动势通过这条“小道”逆向传导到末端开关上，触动挂钩使其产生了张开动作。

与此同时，搜索队一路疾行，不久就发现导弹大头朝下，扎在了一个砖厂边的空地上，距离“呼呼”蹿火的砖窑只有几十米远，弹身钻进土里有2米深，万幸没有砸着人。搜索队赶紧把周围的村民们召集在一起，咋呼说这是个最新型的大炸弹，千万不能靠近，更不能动，一动就爆炸。老百姓们一听，马上自发组织起来，安排民兵在距离导弹周围很远拉起了警戒线。等车开到，试验队员们看见，导弹给保护得好好的，不由得全额手相庆。幸好掉下去的是一发运载试验弹，而不是真正的导弹，各种损失都减到了最小程度。一个班的战士挖了一个下午，才把导弹完整地挖出来。

没有任何经验可资借鉴，没有任何程序可以遵循，后续第二阶段的精度试验进行得异常复杂艰难。

空对舰导弹飞行试验比一般反舰导弹试验要复杂得多。精度飞行试验，飞机起飞后首先要进行机载多普勒雷达的精度校准，以检验机载导弹武器系统的精度能否满足设计要求。此过程要克服两台多普勒雷达的同频干扰问题，将空中的惯导信号和地速偏流引入导弹火控系统，形成惯导状态下的火控精度。

载机从河北某地的海军航空兵机场起飞，到青岛海域上空捕捉目标，投放区在某导弹试验场。试验航区纵深远，跨越三省两市海空区域，全程需要对载机、导弹、靶船进行跟踪，站点多，分布广。参试的兵力既有舰艇、飞机，还有大量的地勤和测控保障力量，试验组织难度大。

发射时，试验技术人员不能上飞机实地观察故障现象，当场解决问题，仅靠飞行员事后描述，这也大大增加了处置故障的难度和进度。

除技术难题外，产品质量控制是个最大问题。经过“文化大革命”，三院的科研秩序、生产秩序遭到严重破坏，虽然强调拨乱反正，但有章不循、有令不行、有禁不止的现象还比较严重。其实不仅仅在三院，包括飞机、导弹、雷达、舰艇等在内的整个军工行业，质量问题也十分突出：或许今天飞机飞不了，明天或许船出不去，后天还或许雷达有故障，如此大大拖延了空对舰导弹的研发进程。空对舰导弹一天，当飞机进入预定空域，打开火控设备搜索到目标时，飞行员们不觉心头一阵激动。原来他们捕捉瞄准到的，竟然是中国海军最新型的105济南号导弹驱逐舰。

105济南号导弹驱逐舰，是由大连造船厂制造，中国自己研制的第一型015级导弹驱逐舰首舰。对1970年7月30日下水的105舰，三院人有着特殊的感情。舰上关键的海鹰一号舰对舰导弹火控系统，是他们在一无经验、二无资料的情况下，抗海风、顶巨浪，长期坚守在舰上，设计完成的。把105舰拿出来当做试验目标，足以说明人民海军对自己空对舰导弹的急切盼望之情。

精度试验一路磕磕绊绊，走走停停。轰六丁飞机从技术阵地飞往青岛试验空域，共飞行了5个航次；105号导弹驱逐舰出航6次，飞机对军舰飞行记录31次，机上有20次记录数据，其中，四五次数据比较完整，经初步判读，系统精度基本达到总体要求。

根据精度试验情况，国防科工委专门开会，对整个空对舰导弹武器系统试验工作进行了认真研究，进一步明确了分工和组织领导原则。

1982年，轰六丁全武器系统飞行试验开始。试验队4月中旬进场，完成各系统测试之后，就等待最关键的全武器系统试验命令。由于发射禁区不能确定以及雷达性能问题，正式打靶日期直到6月还没有确定下来。

刚从海军航空兵司令员升任海军副司令员的李景实在按捺不住，亲自跑到技术阵地所在机场，现场协调解决一系列试验问题。

李景亲自督战没过几天，刚理顺的试验忽然又停下了。在现场组织试验的

轰六丁飞机挂载鹰击六号空对舰导弹起飞

姚绍福神色紧张地向他报告说，试验队里一名队员忽然病倒了，这名试验队员由于消化道大出血，一年前刚做了胃大部切除手术，这段时间一直蹲守在机场处理各种问题，休息不好，吃不好，突然又开始便血，情况不容乐观。主力倒下了，整个试验队的情绪受到很大影响。

是的，刘永才的消化道又开始出血了。那天上午，飞机出了点问题，刘永才便一直在现场盯着，中午赶到食堂，饭桌早空了。饥肠辘辘的刘永才想都没想，随便盛了一碗凉米饭胡乱咽下，可没料到，到下午就不行了。

重病复发，没准有生命危险！同事们吓得不轻，李景也吓得不轻。但这次幸好海军副司令和三院副院长都在，情况就与以前大不一样了。

李景立刻当场下令，调一架海军航空兵的直升飞机过来，拉上刘永才直接送到同属于海军航空兵的北京良乡机场。姚绍福随即也赶紧联系职工医院，要求派救护车提前到机场等待接人……良乡机场与云岗只有大约 7 千米的距离。

当直升飞机哒哒震响、飞临海滨机场上空的时候，十几名同事护送着躺在担架上的刘永才，迎着螺旋桨搅起的强烈气旋一路小跑迎上去。而刘永才还在抓紧这一小段时间，欠身向同事们交代技术问题：哪些部分还要重点再测试一遍，哪些部分还可能存在隐患……

“我瞬时感到在刘永才身上有一种令人感动的精神，但当时说不出来是什么精神。后来在巡航导弹研制历程中，我渐渐领悟到在刘永才身上展现出来的，不就是飞航精神吗？三院就是因为有很多像刘永才那样支撑飞航事业的脊梁，才能有今天的辉煌。”①

三院的职工都知道，刘永才经常挂在口头上的一句名言：活着干，死了算！可不知道，躺在直升飞机上的刘永才当时有没有想到，对于他的二次病倒，最伤心的是宋毅，他最对不起的也是宋毅。更不知道后来担任解放军副总参谋长的李景上将是否还记得，1982 年 6 月间他的一个命令，曾救过一个院士的性命。

在北京丰台区云岗，与当年的大多数国防科技人员一样，设计员刘永才计算、画图、做试验、跑协作厂、在靶场一蹲就是几个月，宋毅毫无怨言带着一双儿女，操持着这个几乎被当做“旅馆”的家。在刘永才长期工作的飞航导弹研究院总体设计部，宋毅是左邻右舍公认的贤妻良母。

宋毅对刘永才的身体，真是操碎了心。她也有一句名言：有钱不就是吃嘛。

第一次手术之后，看到曾经玉树临风、健壮结实的丈夫瘦得成了皮包骨，几乎不成人样了，宋毅倒是非常镇定。她相信，当初那个连爬两层楼梯都没劲的邻家小男孩，一定会在自己手里再次欢蹦乱跳起来。

虽说是双职工，可那时候谁家挣钱都不多。每月一共 80 几块钱的月收入，要维持一家四口的生活，逢年过节还要给长春的老人寄些回去。宋毅毫不考虑旁的，琢磨着把家里所有的钱吃干花净。“想要吃肉，买！没钱，借！”那时候副食供应仍然比较紧张，宋毅变着法地往家买，再变着法地做给丈夫吃，还到处打听什么养胃，再金贵也要弄给丈夫吃。宋毅不知从谁嘴里听来一个偏方，“牛

① 陈应航：《刘永才总师的一件往事》，三院内网，2006 年。

20世纪80年代初，刘永才全家照

奶蒸鸡蛋羹”每天早晨空腹吃下最养胃。这就从此开了头，一个鸡蛋加半斤牛奶，每天给刘永才端上热腾腾一碗。从孩子小时候做起，一直做到他们上了大学，上了班……

有一天，刘彦实在忍不住问爸爸：“再好吃的东西，您天天吃，年年吃，也总有个吃腻的时候吧。”刘永才放下牛奶蒸鸡蛋羹，苦笑一声：“我就当药吃吧。”

营养自然是一方面，另外还得说刘永才年轻时候身体底子好。经过宋毅的精心“喂养”，第一次手术三四个月之后，等再去医院复查，医生、护士都快认不出眼前这个又白又胖、满面红光的人，竟是当初他们认为“凑合活着”的那个病人了。

只可惜，经过一场大病，那个曾经玉树临风的刘永才再也回不来了，按照宋毅的说法，还就越长越咧了。可这也不能怪刘永才自己不是？只有等刘枫长大了，家里才会再有个高大威猛的帅哥出来。

年轻时候的刘永才欠宋毅太多了，当然，刘永才欠刘彦、刘枫两个孩子的也很多。等他真正开始补偿的时候，夫妻俩相互间都以“老伴”相称了。

不过刘永才不欠培养了他、造就了他的国家。满心被自己热爱的型号填满，满脑子全是质心、强度、推阻比……在一定意义上，也可以认为是某种无意识的“自私”。

1982 年 6 月 19 日，一架轰六丁飞机在辽西渤海附近海域上空用 245 雷达截获目标，并立即自动形成导弹射击诸元，随后在 2000 米高度发射了第一发空对舰导弹。导弹脱离母机，沿着无动力下滑弹道平稳降到 850 米高度，燃油系统增压，发动机点火，随着“嘭”的一声闷响，天际间划过一道耀眼的亮线……

但是此刻的刘永才，却安安静静躺地在洁白的病房里，心里一直牵挂着 263 高度表烧保险丝的原因是不是找到了、他的导弹还要与飞机协调哪几个输入输出信号……

继鹰击六号首发自导弹飞行试验取得圆满成功之后，12 月 2 日下午和 16

鹰击六号空对舰导弹
首发直接命中靶船

日下午，第二发、第三发自导弹相继进行了空中发射试验，投放高度分别为1000米、5400米，射程分别为80千米、54.6千米，均直接命中靶标，其中第三发为活动靶，试验获得成功。

1982年6月19日至1984年1月3日，鹰击六号空对舰导弹共进行了5次遥测弹研制性飞行试验，均命中靶船。其中，1984年1月3日，鹰击六号04发弹从9000米高空发射，射程68千米，直接命中目标。同一天，鹰击六号遥测弹研制性飞行试验，发射高度9000米，射程73.9千米，平飞高度100米，自导距离18千米，直接命中固定靶船……

1986年春季的一个清晨，中央人民广播电台“新闻和报纸摘要”节目播发了一条消息：中国能携带C-601空对舰导弹的轰六丁飞机通过国家鉴定并装备部队。

实际上，早在两年前，中国第一型空对舰导弹就已通过了“航空军工产品定型委员会”批准的设计定型试验。设计定型试验结果是7发4中，其中2发导弹直接命中。还有1发因超出研制阶段试验条件，命中误差较大，评定有争议。

1985年3月23日，三院向航天工业部呈报了“关于鹰击六号导弹定型飞行试验”意见，认为在该型号研制过程中，三院严格按照科学态度办事，一系列地面和空中试验以及最后的飞行试验，各项性能都已达到任务书所规定的战术技术要求。定型试验比较合理的结论是6发4中，可以设计定型，装备部队。

三院在记载我国第一型空对舰导弹鹰击六号设计研制试验过程篇中总结道：自1977年全武器系统总体方案审定以来，于1981年11月开始导弹及地面武器系统研制性飞行试验，至1984年1月3日取得了4发4中的好成绩，从1984年5月至9月10日对鹰击六号导弹进行设计定型飞行试验，共发射7发，取得5发命中的好成绩。

此时，距1965年空军向中央军委提交报告，申请研制风雷一号空对舰导弹，已经过去20年，距1975年中央军委批准同意恢复轰六丁飞机挂载导弹武器系统研制、刘永才担任总体方案论证组组长时算起，也已过去了整整10年。

1966年哈军工毕业后就开始干空对舰导弹的刘永才，从风华正茂的小年轻，早已锻炼成为一名经验丰富、行事沉稳的老师傅了。而这个只剩下五分之二残胃的老师傅，拿了多少奖金呢？三院总体设计部大事记里面有一条记载：1983年11月28日下发鹰击六号任务阶段奖励费共0.6万元，直接参加研制人员单项奖励费按每人10元发放，其余人员按每人3元发放。

1985年2月5日，三院下发通报，为总体设计部鹰击六号研制功臣曹柏桢、黄瑞松、杨经卿、刘永才记一等功。

这四个人中，只有刘永才是在工程组里跑腿干活的一名普通工程师。

再说当初那个颇有争议的“程序俯仰角加轨迹控制无动力下滑弹道方案”。在40年前那个没有微处理器、没有集成控制器、没有集成放大器的年代，其实所谓的“程序控制”就是一个由电阻、电容两种最基础电子元器件搭成的，并不十分复杂的阻容放电电路。

那么这种模拟量控制的程序弹道可靠吗？鹰击六号的出口型C-601角逐中东战场。实战数据表明，载机前后共发射一百多发导弹，除二发是紧急投放外，其他发发精准命中目标。按概率统计，可谓弹无虚发。

前辈们的智慧，在今天看来，真是难以想象。

“人最宝贵的东西是生命，生命对人来说只有一次。因此，一个人的一生应该这样度过：当他回首往事的时候，不因虚度年华而悔恨，也不因碌碌无为而羞耻。这样，在他临死的时候就能够说，我把整个生命和全部精力都奉献给了世界上最壮丽的事业——为人类的解放而斗争。”

上面这段话，来自苏联的一部自传体小说《钢铁是怎样炼成的》，可以说是刘永才他们那一批人年轻时代，最为激励和神圣的生命想往。

多年之后，有人问还住在30年前的老房子里、年近耄耋、空巢独守的高庆芬：如果时光倒流，再给您一次选择的机会，是不是还会再选择做导弹？她似乎被问住了，仔细想了想，就背诵了上面一段话，然后抬起头缓缓地说：“我热爱这个职业，我怕会的，我想我一定会的，因为我就是为导弹而生的……”

我的祖国和我，像海和浪花一朵，浪是那海的赤子，海是那浪的依托。

每当大海在微笑，我就是笑的漩涡，我分担着海的忧愁，分享海的欢乐。

我最亲爱的祖国，你是大海永不干涸，

永远给我碧浪清波，心中的歌——

这首创作于1985年的歌曲《我和我的祖国》，被公认为新中国一代知识分子历经磨难，痴心不改，从心底为伟大祖国唱出的一曲真情颂歌。

正是因为有了梁守槃、高庆芬、刘永才这些，当年在艰难困苦环境中不计名利、不屈不挠的一大批“铁杆”国防科技人员，今天的中国人，才能真真正正挺直腰杆做人！

20年磨一剑。刘永才这柄长剑才只是刚刚磨砺出锋，正蓄势待发，准备吟吟出鞘呢。

刘永才

刘永才院士传记

Academician Liu Yongcai's Biography

第三章

韬晦年代

刘永才到航天三院科技委，领导巡航导弹的预先研究。三院为研制巡航导弹，在国家经济调整时期，进行了大量的技术基础工作。

“领导安排我干什么我就干什么，认真把交给我的每一个活儿干好，任务完成好，不出半点差错，个人从没考虑过那么多。有一句话叫：无私才能无畏。”

1994年3月中旬，乍暖还寒的时令。热力厂刚刚停止了供暖，很多人在办公楼内又套上臃肿的羽绒服，可细瞧窗外，干枝料峭的桃树尖上，孕育了一冬的绒绒嫩蕊已经抑制不住要吐信绽放了。在绚烂似火、彤云漫天之前，它或许还要经受风雪、倒春寒，甚至严霜的考验，但终究会奕奕群芳、硕果累累。

1993年6月，国家撤销航空航天工业部，分别成立中国航空工业总公司和中国航天工业总公司。中国航天工业总公司飞航导弹研究院总体设计部副主任刘永才办公桌上的电话响了，原来是人事部门打来的，通知他院里已经下了调令。对于这个调动，刘永才心里早有准备。

总体设计部新三室、也是后来二室的老主任姚绍福此时已是三院院长了。他此前曾在不同场合征求过刘永才的意见，问他这个手下管着近千人的总体部副主任愿不愿意到三院科技委去，当一名纯抓技术工作的常委。因为是老领导、老熟人，说话尽可以比较直接一些，姚绍福要刘永才在科技委负责统筹新型飞航导弹，也就是巡航导弹的预先研究工作。

1. 巡航导弹

在 1987 年 2 月刘永才主笔撰写的《中国飞航导弹武器发展战略研究》中，三院首次对发展巡航导弹的意义和战术手段进行了较为全面和系统的阐述：巡航导弹在外科手术式战争中是一把锋利的手术刀；在发展战机、军舰等导弹载体的同时，应重点发展战术型新型飞航导弹和战略型新型飞航导弹；未来飞航式导弹的技术发展趋势是远程、超声速、隐身、智能化、电子对抗、垂直发射。新型飞航导弹上采用的高精度惯性制导、地形匹配、地形规避、景象匹配、区域相关等制导、控制技术和小型涡喷、涡扇发动机以及整体式火箭冲压组合发动机、超临界弹翼、隐身等技术的研究运用，能够促进我国整体科学技术的发展……

对比 4 年之后发生的海湾战争，这份研究报告中所阐述的内容，具有精准的预见性和敏锐的前瞻性。

1991 年 1 月 17 日 2 时 30 分，美国 35 枚空射巡航导弹从 7 架载机上陆续发射，飞向 8 个预定打击的伊拉克通信枢纽、预警中心、发电厂、电力输送网等重点设施，由此拉开了海湾战争的序幕。约半小时后，绝大部分巡航导弹准确命中所有目标。几乎与此同时，美国海军从战列舰、巡洋舰、驱逐舰和潜艇上发射的 52 枚战斧式巡航导弹，开始第二轮齐射。除一发因故障滞留于发射器内，其余全部精准命中包括伊拉克国防部大楼在内的重大战略目标。

经过 42 天的空袭准备之后，美国主导的联军部队在战争第二阶段仅通过不到 100 小时的地面战，便以百人伤亡的微小代价，全歼伊拉克经过战争考验的 10 万大军，迅速赢得战争完胜。

海湾战争改变了传统的作战模式，对第二次世界大战以来既有的传统战争理念产生了强烈震撼。大量精确制导武器的使用，在提高打击效率、避免贫民伤亡的同时，还起到瓦解敌军士气、心理紧逼压迫的巨大震慑作用，开创了以空中力量为主体赢得战争的先例。波斯湾一场局部战争所展示出在现代高科技条件下作战的新情况和新特点，给世界各国在军事战略、战役战术、武器装备、军队建设，甚至国民经济发展等诸多方面带来了全新的启示，对冷战后国际新秩序的建立产生了深远影响。

在整个海湾战争过程中，美军共发射了 288 枚海基战斧巡航导弹和 35 枚空射巡航导弹，使萨达姆政权统治之下的伊拉克遭受到真正意义上的灭顶之灾，确立了巡航导弹在现代战争中，特别是在局部战争中不可动摇的地位，展现出精确制导武器在除核威慑条件下所拥有的巨大威力和潜力。首次投入实战的战斧式巡航导弹，凭借精准的点穴式毁伤能力、全方位的打击手段，令所有人感到炫目，成为现代战争中出镜率最高的明星兵器。巡航导弹在海湾战争中的出色表现经过媒体大肆渲染，几乎达到了家喻户晓的程度。

1999 年 3 月 24 日 ~ 6 月 10 日的科索沃战争，北约军队共发射了 238 枚战斧式巡航导弹；2001 年“9·11”事件后，10 月 7 日美军发动阿富汗反恐战争，在作战过程中共使用了 74 枚战斧巡航导弹；2003 年 3 月 20 日开始的“伊拉克自由行动”中，美军再次发射了 802 枚战斧巡航导弹，打响了全面摧毁萨达姆政权的第一炮。此后一段时间，美军在全球范围内追杀已成散兵游勇的恐怖分子，威力强大，造价昂贵的巡航导弹似乎只能作壁上观。直到2011年3月19日，战斧巡航导弹才得以再次炫耀威力：当夜，美、英军舰发射的100多枚战斧巡航导弹穿透利比亚领空，突袭了卡扎菲政权的主要军事设施。这波对机场、指挥和控制中心、防空雷达等目标的精确打击，直接为导致该国政权更迭的后续空袭铺平了道路。

俄罗斯军事刊物《空天防御》《军事评论》有关分析报告称：自巡航导弹初次亮相海湾以来，其后美军主导的历次局部战争中，都将巡航导弹作为远程精确打击的首选武器，其使用强度一直呈上升趋势。巡航导弹从爆破型、侵彻型弹头到石墨丝集束弹头和电磁脉冲弹头；从作为第一波空袭兵器对敌防空力量进行压制和打击，到对远程单个目标实施第二波单独打击，再到对新发现的城市重要加固目标实施迅速密集突防攻击，巡航导弹的功能和任务范围在不断扩大。

2014年9月24日，《环球时报》转引美国CNET网站消息称：美国及海湾阿拉伯盟友对叙利亚境内14个“伊斯兰国”（IS）极端组织目标发动首轮空袭。首要目标是被视为IS事实上“首都”、距离大马士革约400千米的叙利亚城市拉卡。此外，代尔祖尔、哈塞克、阿布卡马尔等地的多个IS目标也在首轮打击之列。美军从位于红海和海湾北部的多艘舰艇上共发射47枚战斧式巡航导弹，并出动战机、轰炸机袭击包括极端组织总部、训练中心、储藏设施、财政中心以及多辆卡车、装甲车在内的目标。

五角大楼证实，参与空袭的所有战机均安全返航。

2015年10月7日，俄罗斯官方宣布：俄罗斯里海舰队向远在1500千米之外的叙利亚“伊斯兰国”恐怖组织11个目标，发射了26枚3M14型巡航导弹。11月17～19日，俄罗斯出动图-160、图-95MS战略轰炸机对叙利亚境内的IS目标发射了62枚X-101/X-555空射巡航导弹，打击该恐怖组织的燃料库、制造爆炸装置的工厂、指挥点和总部等21个目标，全部命中。

……

巡航导弹已经成为个别军事大国在世界范围内进行武力讹诈、实施单边意识形态输出的重要手段。

1996年，时值台湾即将在3月23日举行所谓的第一次“总统”直接选举期间，3月8日，美国派遣携带100枚战斧巡航导弹及50余架战机的第七舰队独立号航母特混舰队，前出至台湾海峡北端游弋。

在同日召开的全国人大会议上，中共中央总书记、中央军委主席江泽民在重申将继续奉行“和平统一、一国两制”政策的同时强调：中国将绝不允许任何势力以任何方式改变台湾作为中国不可分割的一部分的地位。

而美国却置若罔闻，依靠武力有恃无恐，公然使台海紧张局势升级。3月11日，又增派带有百枚以上战斧巡航导弹，载有90架战机的尼米兹号核动力航母战斗群前往台湾海峡附近。美国国务卿沃伦·克里斯托弗同时公开宣称：这些战舰旨在观察动向和“平息怒火”并“在需要的时候提供帮助”。

正在泱泱崛起的中国太需要一款长剑利器来捍卫改革开放成果，保卫国家安全，维护祖国统一了。在巡航导弹研制遇到极大困难，陷入低谷时，解放军总装备部首长在视察三院时放言：巡航导弹一定要搞出来，你们不能搞，我找别人搞！

2. 光荣梦想

在 1950 年 4 月 14 日中国海军领导机关成立大会上，海军司令员萧劲光描绘了“建设一支什么样的海军”的蓝图：我们要建立的是一支自卫的、防御的海军。我们的优越条件是靠近海岸，有众多的岛屿，要充分利用这个优越条件，把每一个岛屿变成一艘不沉的航空母舰，把每一座海岸炮当作军舰上的一门主炮。我们这支海军在战略上是防御的，在战术上却是进攻的。我们不建重型的舰队，而要建立起一支轻型的舰队。

根据这一方针，初期海军武器装备的发展重点确定为潜艇、鱼雷快艇和海军航空兵，即“空、潜、快”。直至 20 世纪 80 年代初期，刘华清出任海军司令员之前，中国海军仍然是一支以近岸防御为主的轻型海军。“依托岛岸，近海作战”是 20 世纪六七十年代人民海军最重要的作战原则和指导方针。①

1982 年刘华清担任海军司令员之后，将“近岸防御”解释为“近海防御”。一字之差，表现出人民海军谋划走入深蓝的决心和勇气。

由于积重难返，武器装备协同程度要求最为复杂、综合技术要求最高的海军，在中国军种排名中的地位一直比较尴尬。上任之初的刘华清在视察中国最重要的海军基地之一——旅顺海军基地时，见到的是这样一幅情景：“在军港中区，停泊着护卫舰大队的战舰，这些老式的舰艇，舰体锈迹斑斑，显得非常陈旧。”

起初定位于海防型号导弹设计制造，曾一度归属海军管理的航天三院，以前还从未给除海军之外的其他军种提供过定型产品。海军尚有大量的水面舰艇

① 施昌学：《海军司令刘华清》，长征出版社，2013 年 2 月第 1 版。

亟待更新，国家对导弹研制的投入程度远远不足。

20 世纪 90 年代初，中央军委副主席刘华清、张震在副总参谋长曹刚川、航空航天工业部副部长王礼恒、三院院长王建民的陪同下视察三院。曹刚川在向两位军委副主席汇报时说，巡航导弹用来打仗最好，它的准确度高，只有几米的误差。要是打弹道导弹，不知要打多少。刘华清当即表示，巡航导弹确实是个重要问题，应该抓下去，要抓紧，并指示说，小涡扇发动机的研制工作不能停，并当即要曹刚川准备一个关于巡航导弹的意见，在军委开会时讨论通过一下。张震也指示三院，一定要抓住巡航导弹的研制不放，早些搞出成绩来。

当刘华清询问到研制经费情况时，王礼恒汇报说：三院经费最少，过去搞艰苦奋斗，精神很好，但是基础设施几乎没有更新，现在就落后了。刘华清表示他知道，航天口几个研究院里，三院最穷。

20 世纪 90 年代初，三院拥有的主要科研生产装备中，70 年代以前的设备占 70%、仪器仪表占 65%，1965 年建院初期兴建的厂房、试车台绝大部分仍作为主要的研制试验手段。导弹总装厂的热处理厂房、全弹喷漆车间、弹体制作间、高压试验和淋雨试验间由老旧仓库分隔改建而成。光电技术研究所将厕所改为实验室的“糗事”，平均每隔十年就有一次。有外国人到三院参观，忍不住问：中国导弹就是在这种造自行车的环境里生产出来的？①

再说同一时期三院的技术水平，距世界同类技术领先国家还存在一定差距，仅有的通过国家定型许可装备部队的两大飞航导弹系列“海鹰二号”“鹰击八号”，都有着各自较为明显的短板。

在动力方面，“海鹰二号”系列采用的是老式液体火箭发动机。弹体自带燃烧剂和氧化剂，在发动机内部混合燃烧产生动力，弹体大、耗费推进剂、发动

① 《飞航之魂》，航空航天部第三研究院，1991 年 5 月。

机空中工作时间短，射程在90千米左右。这就是与“海鹰二号”属同门近支的鹰击六号空射反舰导弹，为满足150千米射程的战术指标，要搞无动力下滑弹道的最根本原因。多平台发射的鹰击八号小型化导弹，虽然采用了当时先进的固体发动机，精度也足够，可燃料没几分钟就烧完了，动力航程还是明显不足。

再从两种导弹采用的导航控制技术上看，制导系统采用的都还是自动驾驶仪。自动驾驶仪从原理上没有引入敏感导弹位置变化的加速度值，因而只能实现发射点到目标点之间的点对点平面对准，简单地理解即“弹轴指向”目标。由于地球曲面、自转等自然因素的制约，限定在一个平面坐标系内的自动驾驶仪，精确导航距离一般在几十千米。即使导弹的动力系统能够维持，也不能担负长射程精确导航的任务。

巡航导弹是飞航导弹的一种，与广义上所称的普通飞航导弹的最大区别是：它采用小型涡轮风扇发动机（简称涡扇发动机），可以作长时间的低空、超低空飞行，依靠组合导航系统实现精确制导，射程远、精度高，对非军事目标损害小。因而涡扇发动机和惯性导航系统被称为巡航导弹的两大支柱技术。

为国铸长剑，研究发展巡航导弹是中国飞航导弹研究院几代科研人员共同的梦想！

三院要想不负使命，在技术、装备、经济上取得重大突破，就要发展巡航导弹！

其实早在20世纪七八十年代，三院就曾多次向国家请命，提出研制发展巡航导弹，并为此进行了长达二十多年的技术探索和预先研究储备。在此期间，包括三院科研人员在内，不知有多少人组成的国家队，默默无闻地为这一光荣梦想付出了至今不可言说，甚至今后很长一段时间内也不能得到公开表彰的忘我付出。

在1985年制订的“七五”规划中，三院就把巡航导弹列入预先研究项目。在后续的“八五”规划中，更是明确将相关技术定为专业发展方向。提出以远程飞航导弹等为主要型号背景，选准技术方向，突出重点，加强预先研究，突破某些关键技术，为飞航导弹提高性能、上水平储备后劲，打下技术基础。

三院的预先研究计划项目，主要针对的是射程远、精度高的巡航导弹相关关键技术：智能末制导控制技术、惯性平台、捷联平台、高精度挠性陀螺、高精度加速度计、一体化冲压发动机、涡喷和涡扇发动机等。

在巡航导弹型号发展的时间表上，计划用5年时间完成各种关键技术前期的攻关性研究、主要分系统完成原理型样机的研制、部分进入工程样机阶段。总体设计部完成战术技术指标可行性论证与技术方案论证，完成试飞器试验任务。在此基础上，再用5年时间完成巡航导弹的设计定型。

巡航导弹以后的研制历程表明，恐怕就连当时的规划者们也未曾谋略到，干巡航导弹会那么艰难！

当刘永才调任三院科技委担任常委，全面负责巡航导弹技术预先研究时，涡扇发动机、惯性导航系统这两大支柱型技术，都还处于最初级的试验性样机

三院科技委常委
刘永才

研制阶段，甚至很多关键部件还刚刚从纸面转移到原理型样机上，距离实际工程应用还差得很远。

3. 服从与跳级

历史是不能为前人所预测的，也是不能为后人所假设的。几乎所有重大的人生转折和社会变革，就缘于某个时间点上一个不经意的瞬间。

1994 年 3 月间的一纸文件使得刘永才的人生从此与众不同，精彩与磨难并行，远非鹰击六号可比！

姚绍福之所以选中刘永才担任巡航导弹技术总负责人，考虑的因素自然很多，今天我们无从一一得知，但有一点是可以肯定的：作为三院院长又是老领导的姚绍福应该十分清楚，只要是上级安排给刘永才的活儿，他还从来没有挑肥拣瘦，提过条件。

当时的三院科技委成员中，除 50 岁刚出头的刘永才算是年富力强，最年轻的一个而外，其他人都是从一线上退下来发挥余热的老专家、老领导，因而有很多人认为，离开任职不到两年的总体部副主任岗位，转入前景固然绚丽但实属遥远，其间还可能半途而废的预先研究中，刘永才亏大了。

多年之后，有人问刘永才，受命之初，心里是否有干巡航导弹要经历千辛万苦，甚至有千难万险的准备时，刘永才回答说："服从命令听指挥。领导安排叫我干什么我就干什么，认真把每一个交给我的活儿干好，任务完成好，不出半点差错，个人从没考虑过那么多。有一句话叫：无私才能无畏。"

"服从命令听指挥"，三院所有的哈军工弟子，几乎都不折不扣地执行了身为一名革命"军人"的纪律。"亏"大了的事，此前在刘永才身上发生过不止一次。

1985年年中，"鹰击六号"出口型号C-601进入实施阶段，正在参与论证的刘永才被一纸文件从二室调到新成立的十一室担任副主任，他没说出半个"不"字。

那时身边就有人说他傻。

按现在理解，刘永才从工程组里的一名普通设计员被提拔为研究室副主任，不仅表明他努力工作的成绩得到了领导和同事们的认可，而且今后还可以在更高的岗位上施展才华、调动资源，更好地发挥影响，那叫高升！可为什么还有人说他"傻"呢？

回溯新中国改革发展过程，20世纪80年代中后期正是历史上第二个出国热。出国执行任务，在

20世纪80年代末，刘永才（后排右二）与十一室同事们合影（右一为许国兴）

外补助用美元支付，单位还给开工资，双收入近在眼前，有比当领导大几倍的吸引力。刘永才与大家一样上有老下有小，孩子要花费，老家要寄钱，正是钱紧的时候。而凭他对总体技术的全面把握程度，在“鹰击六号”研制中显示出的业务能力，想要在出口项目里挂上个一官半职，是早晚的事。

要说刘永才的“傻”，还有一件事。1984 年“鹰击六号”报请航天部科技进步一等奖，其主要申报点是“导弹总体设计“和“无动力下滑弹道”两项。由研究室提名，经总体设计部上报的获奖名单里，刘永才排名第七。但上面规定的实际获奖名额要求限制在 6 人以内，显然他被排除在获奖名单之外。

人人心里都有杆秤。凭心而论，少了刘永才这位为“鹰击六号”几乎丢了半条命的总体主力，确实不够公平。因此有人建议刘永才到上面找一找，尽可能为自己争取一下。

可没想到他却大大咧咧地说：“只要型号干出来了，别的都是身外之物，管它干什么？”

名单报上去，航天部和三院看不下去了，不少领导发话，这才把刘永才的排名向前提了一位。

“无私奉献”绝不是一句空话，而是一种境界。

1985年7月10日总体设计部党委发文，任命沈铮铮为十一室主任，孙华、王恒霖、刘永才为十一室副主任。

1992年4月，总体设计部十一室副主任刘永才被任命为总体设计部副主任，刘永才越过研究室主任一级，直接担任部厂所领导，这是不折不扣的大“跳级”！

似乎是命中注定，刘永才大半生似乎总是与“跳级”有缘。

因为成绩优秀，刘永才小学只读了5年，便从长通路小学五年级直接升到长春一中读初一。

1986年5月刘永才满工程师年限，要正常申报高级工程师技术职称。没想到总体设计部却要他在申报高级工程师后，同年再破格申报研究员。

高级工程师属副高级，研究员属正高级。从中级到正高，这也是“跳级”。要想在科研人员众多的导弹研究院，尤其是总体设计部里“跳级”，要经过各级评审委员会层层审议、多位专家投票表决，刘永才心里打鼓，自己能行吗？

时值国家大力推行各级领导干部年轻化，试试看总是可以的，还是那句话“服从命令听指挥”，组织让报就报，他把申报副高级职称和正高级职称的两份材料先后递了上去。

1987年1月17日，总体部副主任王祖全代表单位，在刘永才技术职务评审意见中写道：

“该同志主要参加两个在研型号以及两个预研型号的总体方案论证。他拟制鹰击六号空对舰导弹武器系统（获航天工业部科技进步一等奖）总体方案，主管导弹总体设计、参与试制、试验、结果分析的全过程，解决了许多技术问题，为鹰击六号设计定型和出口作出了卓越贡献。主持两种新预研型号的方案论证和可行性论证，能做到先进性和现实性相结合；能掌握本专业发展动态，具体应用到型号研制中去，在编制海军、空军靶场建设规划、飞航导弹武器发展战略研究等方面作出了贡献。能培养硕士研究生和科技人员，具有培养博士研究生的能力，推荐为研究员。”

总体设计部表决结果：7人同意，1人反对。三院表决结果：15人同意，1人反对。

1987年12月8日，航天工业部专业技术职务评审委员会批准“该同志具备研究员任职资格”。

刘永才在成为研究室副主任之前，在工程组里画图、摇计算机、盯在靶场整整20年；在成为研究员之前，当设计员、工程师一共21年。

从当年总体设计部上报三院和航天工业部，长长的职称申报材料中，可以看到一位中国工程院院士是如何一点一滴，一步一个脚印成长起来的。

1. 主要科研工作

参加风雷一号导弹总体设计，主管风雷一号（M）模型弹（有控无动力遥测弹）的部位安排及重量、重心计算。

参加鹰击一号导弹方案论证的总体设计，以及鹰击一号配重弹、鹰击一号（S）地面发射试验弹总体设计。主管导弹部位安排、重量重心计算及外形协调；

绘制了方案论证时三种预选方案的三面图、部位安排图、外形协调图，进行了重量重心计算和重心变化曲线计算，编写了弹上设备成件清单、产品技术说明书等资料12份。

参加了鹰击六号导弹方案论证，鹰击六号（S）运载弹、投放弹、01批遥测弹、02批设计定型弹的设计、生产、试验的全过程，以及03批导弹的设计、培训工作和鹰击六号导弹出口的部分准备工作。主管导弹及其武器系统的总体设计，方案论证阶段，任论证组组长。编写了导弹总体方案论证报告、武器系统总体方案报告，分别在三院和全国的方案论证审定会上介绍，并编写了上报国务院、中央军委的"轰六丁飞机挂鹰击六号导弹全武器系统研制总方案"报告的导弹部分。绘制了三面图、外形协调图、弹体结构设计要求、导弹技术状态、技术说明书（总体性能）、导弹武器系统技术使用说明书、总验收技术条件、飞行试验大纲、飞行试验结果分析报告（总体部分）、鹰击六号导弹武器系统设计定型战术技术指标及设计定型技术状态、出口技术状态等图纸、文件46份。此型号总体设计已与自控段弹道设计一起被评为航天部科技进步一等奖，现已申报国家级科学技术进步奖。

参加某新型空对舰导弹、某新型空地导弹的方案论证工作（在总体设计部军方没发正式指标要求文件之前）任论证组组长，并负责总体方案论证。编写了两个型号战术技术指标可行性论证报告和总体方案报告，在院分别召开的方案讨论会上，介绍总体方案，绘制了三面图、并审校组内方案，论证材料40多份，之后完成了两个型号方案论证资料的归档工作，共归档资料51份，编写归档序言2份。

2. 其他科研技术工作

参加航天部组织的"某工程质量检查组"总体组，分别到一院、五院对长征三号运载火箭和东方红二号卫星进行质量检查。

参加国防科工委组织的规划会和海军急需的某型号武器论证有关工作，编写了相应的技术要求等文件。

参加国防科工委组织的“2000年中国国防科学技术”研究中，分报告和飞航式导弹武器专题报告的编写工作，起草了《飞航导弹武器发展战略研究》报告编写提纲，并起草报告初稿。

3. 科学技术管理工作

参加鹰击六号研制工作的同时，兼职二室技术助理，负责全室型号及器材设备的计划管理。

调十一室任副主任后，参加组织某型号的方案论证和设计工作，以及有关预研课题的管理工作。组织方案论证及设计工作，负责武器系统及导弹总体协调，并审核总体、气动（包括吹风、模型设计）、载荷、武器系统精度、可靠性等有关技术文件；参加组织可靠性及气动等预研工作。审核《可靠性管理大纲》《可靠性设计准则》《可靠性、维修性数据收集办法》等可靠性规范文件以及其他课题的立题、方案论证报告等文件；负责室科研生产质量管理及技安工作；进行了科研生产量化管理的探索工作，编写出《科研生产量化管理试行办法》；参加组织有关项目的调研论证工作，并编写了相应的研究工作意见、设想等报告；参加总体设计部科技委总体专业组工作，任副组长，参加总体设计部规划讨论、C-611导弹方案评审及上报科技进步奖的成果评审等工作。

4. 在型号研制工作中共编制图纸、文件、报告80余份，这里仅列出主要的报告：

鹰击六号导弹总体方案论证报告；鹰击六号导弹武器系统总体方案报告；鹰击六号（S）单发运载投放试验结果分析报告；鹰击六号单发运载投放试验工作总结（已进入航天科技报告）；鹰击六号01批遥测弹飞行试验大纲；鹰击六号01批遥测弹分性试验结果分析报告（总体部分，已进入航天科技报告）；略谈空舰（地）导弹某些设计特点……

厦门大学经济学院教授廖泉文在其著名的“马论”中提出：机遇犹如一匹飞奔的马，它将带给你成功。知识、技巧、能力三者均须学习，均须积累。只有通过不断地学习、积累，不断地探索、研究，不断地锻造自己的见识、能力，才能抓住机遇的马，送达辉煌的目的地。

机遇从每个人眼前飞驰而过，但它总是青睐有准备的人。

4. 风雨兼程

要发展巡航导弹，除受研制条件、技术水平本身等硬性条件限制之外，当时的三院在管理基础、科研体制，尤其是不少职工在观念认识上，都与集成了当代多项高新技术的巡航导弹研制要求相去甚远。设计、图纸、审批、工艺、检验、验收、责任制等一整套管理体系的建立，还要经历多次刻骨铭心的挫折和失败，整顿与归零，甚至在付出昂贵代价之后，才能真正在观念上发生根本转变。

十多年巡航导弹研制过程中所经历的系列挫折和磨难证明，不仅是刘永才和整个巡航导弹研制团队，从项目立项时开始，大半个三院都被拖入到了一场旷日持久、艰苦卓绝的自我涅槃之中。

尽管在总体、发动机、惯导系统等各方面作了长达近二十年的预先研究和技术储备，但对于是否上巡航导弹，从中国航天工业总公司到国防科工委、总参谋部，甚至到中央军委，都一直存在着截然不同的两种意见。

一种意见认为，当前弹道导弹射程和覆盖面基本够用，三院今后的发展方向应为在继承当年“海鹰三号”和“鹰击一号”研制成果的基础上，集中力量发展以冲压发动机为主动力的超声速导弹，采用结构相对简单的捷联式惯导系统提高制导精度，以求最短时期内实现御敌于国门之外的目的。究其原因，除了国家没钱、对三院的技术开发能力没有信心之外，还与当年海军创建之初立足“空、潜、快”，实施近岸防御、国土防御的整体战略思路不无关系。

另一种意见以解放军总参谋部等军队主要领导人为代表，这些高级将领们竭力主张早日拿出中国自己的巡航导弹，尽快装备部队，形成战斗力。

在刘永才还没有调到三院科技委之前，沈铮铮、孙华等老专家已经四处奔走，多方游说多时。沈铮铮关注巡航导弹技术发展二十多年，翻译、研究了大量的国外相关资料。他撰写的关于发展巡航导弹的请示方案、技术报告，可谓连篇累牍。姚绍福、许祖凯、王建民等院领导也不遗余力，上下争取。

“那时候，孙华到科工委、军方到处介绍型号的研制方案，争取国家立项的机会，每次还非得要站着说，一说至少两小时。”时任预研处助理员的小张语调悠悠，“老先生那么大年纪了，真不容易。”

整个三院的领导班子、型号总师队伍心无旁骛，一意同心，决意力推巡航导弹项目。

请求研制立项的方案请示不断交上去，驳回再改，改了再呈交上去，一再反复……随着实现路径越来越清晰、分系统方案越来越明确，从上到下的分歧也越来越大，质疑的声音越来越响，来自方方面面。

在上级机关的一个部门、一个处里，甚至坐在同一间办公室的助理员之间，为到底支持不支持上巡航导弹，甚至都可能形成两种截然不同的意见。三院预研处的人到国防科工委、中国航天工业总公司送有关巡航导弹的材料，对交到哪个人的手里，不交到哪个人手里，进门之前都要先动一番脑筋。有时候进门之后，得知支持立项的领导出差了，那就转身出门，等他晚几天回来之后，再把报告交上去。

其实当初总体设计部成立组建十一室的目的，就是瞄准未来发展巡航导弹的重大历史使命。在总体设计部就组建十一室向三院提出的请示中明确表述：为加速以涡轮喷气发动机或涡轮风扇发动机为动力的远程飞航导弹的研制工作，拟合成组建十一室，负责新型飞航导弹型号的研制任务。

跟踪世界前沿专业发展方向，以担负预先研究任务为主的十一室，室副主任刘永才主要负责两个鹰击型号的总体方案论证和设计。从型号命名上，我们可以看出，它们与未来的巡航导弹之间有密不可分的继承关系：鹰击六号、风雷一号、371 工程，再往前溯是有翼导弹、哈军工……冥冥之中似乎有一股看不见的引力，把刘永才与巡航导弹之间的距离拉得越来越近，但在那一段韬晦时期，却又总是若即若离。

刘永才曾经动情地说："是巡航选择了我！"

就在刘永才担任总体设计部副主任的 1992 年前后，航天三院正经历着自航天事业 1956 年创立以来历史上经济最为困难的时期。

1992年，刘永才（后排左一）与三院无人机试验队在北京某机场

从20世纪80年代中期开始，“安定团结”是国家大政方针，“十年不打仗”是一心一意发展国民经济的一个重要前提。在改革开放的转折关头，中国全体国防科技工作者们将共同面临一场诱惑与坚守、金钱与使命、困顿与意志的巨大考验。十多年时间对于历史来说不过只是一瞬，可对个人和一个群体来说，或许就是终生。

和平年代，导弹这种堪称富国奢侈品、穷国装饰品的昂贵兵器，一旦数量达标，就会进入可预料的低谷。不仅改革开放初期的中国这样，世界通例也是如此。

大单急剧萎缩，订货量很快下降到仅仅够维持备件的水平上，继而科研经费开始逐年减少，渐渐地，连到位时间也保证不了。

没有科研费支撑的预先研究项目也始终半死不活。

推进技术研究所所长张振家带领职工，从云岗穿过一个北京城区，到大北窑的雪花冰箱厂设计保温内胆，不仅自己画开了图纸，还动手抄起了电焊枪；

刚刚升任导航技术研究所所长的宋有山，每到月底的头等大事就是骑上那辆除了铃不响、其余哪都响的破自行车，串东家走西家，到处借钱给职工们发工资；搞海鹰三号导弹总体的改行干起了织毯机、充电机、防静电地板；导弹总装厂开始生产小驴车、煤气灶架、保险箱……

在负责导航设备研制以及生产的导航技术研究所里，1988 年某海军型号导弹研制经费是 6.3 万元、某空军型号导弹研制经费是 9.9 万元；1989 年两型导弹研制经费分别是 12.35 万元、9.01 万元。而上千人的研究所还要保技术、保科研进度、保工种齐全、保生产设备完好……一切为了“保”国家一声令下。于是，能砍的砍掉了——食堂、幼儿园、医务室；能省的省掉了——示波器、试验机、住宅楼，甚至小钳子、小镊子；万不得已筹建实验室，上面批下的建筑面积也只限制在 200 平方米之内。

今天我们很难理解，对于一个重点导弹型号来说，核算到百元的科研费是如何“精确”计算出来的。

1993年，刘永才（右三）与试验队在广州某机场

与型号任务停滞、任务量急剧下降、经济陷入困顿相对应的是，科技人员大量流失。外面的世界日益精彩，五光十色，甚至惊心动魄。说不定老同学什么时候就找上门来，原来成了某个乡镇企业的顾问；说不定某次展览会上，外资企业就缠住你不放，“想想看吧，在我这干一个月，顶你做导弹一两年。”而说不定什么时候接到从试验场来的紧急电话，拎起小包要走的时候，财务处却告诉你，支不出差旅费。在火车上，大伙不敢说自己是干导弹的，只怕一路的硬座、饼干、白开水，给“中国航天”这块金字招牌丢脸。

“20 世纪 80 年代末、90 年代初期的时候，关于巡航导弹要不要上，传闻很多啊。”巡航导弹电气系统主任设计师、人称许老爷的许国兴苦笑着说：“刘永才那时候为编写《中国飞航导弹武器发展战略研究》需要搜集资料，经常往国防科工委跑，带回来一些消息。姚绍福院长和别人也探听回来一些消息，有时候到室里来坐坐。没活干的时候，我们就靠着这些小道消息撑着，振奋士气。”

一时传言新型飞航导弹要立项了，总体设计部就对十一室表示，你们把海防型号交给别的研究室吧，以便集中精力搞巡航导弹。于是这个型号就从十一室划走了，但是巡航导弹很久也不见动静。过两年又有消息传来，巡航导弹真要立项了，总体设计部就又对十一室说，以后的活你们即使天天不睡觉也干不完，把空军型号也交给别的研究室吧，于是这个型号又从室里给划走了。但是两年之后巡航导弹依旧不见动静。当初调集精兵强将组建的十一室没了具体型号任务，几年之后渐渐成了一个空架子。

彻底没活干了，大家心里火烧火燎，三院领导也急得坐不住板凳，已经升职为总体设计部副主任的刘永才心里更是没着没落。

三院太需要一个重大型号来理顺机制、提振士气、摆脱困境了！

5. 试飞

不管是搞预先研究、培养人才，还是抓规章制度建设，归根到底还是为了心目中那个光荣的型号而积攒力量。

不上不下的时候，事情不能总是拖着，没有型号发展牵引的三院绝不能止步不前，于是大家想了一个循序渐进的折中方案，向上面打报告，基于巡航导弹相关基础技术，建议先搞一个试飞器，目的是为了检验、验证“七五”“八五”十年间预先研究的单项技术研究成果，为今后巡航导弹真正立项打下根基。

20 世纪 90 年代早期，根据航空航天工业部刘纪原副部长的指示，三院认真研究制定了巡航导弹关键技术攻关专项计划，将汇总拟定的试飞器专项研制计划上报给航空航天工业部，希望得到部分研制经费支持。

姚绍福为试飞器技术状态确定的总指导思想是：充分利用已有型号研制成果，为未来的巡航导弹单项预研成果验证，提供真实的试验平台。

近一年后，三院发出试飞器专项计划通知，要求下属各单位根据航空航天工业部的指示，按照初样弹研制阶段技术要求，编制周期为三年的专项研制计划，分三个步骤安排试飞器研制。

又经过几番方案修改和争取，航空航天工业部的正式批复终于下来了，专项研制计划中的主要内容得到了批准，同时还下拨了部分研究经费，虽然数量不多，但聊胜于无，对于总闲不住的科研人员来说，“没钱干活”总比“没活干”要好得多。

试飞器总设计师由三院院长姚绍福担任，总体设计部副主任刘永才后期担任了副总设计师。

在试飞器专项计划实施过程中，姚绍福、王建民、刘永才等人充分利用这一困难时期的难得机遇，按照系统工程理念，在三院体系建设、组织建设、基本条件建设、专项项目管理等方面，立足长远，统筹规划，进行了技术责任与经济考核相结合的管理实践探索，为以后将要来临的巡航导弹研制专项项目进行了体系化的“预先研究”。

计划中重点提到了建立专项技术管理责任制的问题。要求各单位在研制过程中加强组织管理和专项计划的落实工作；试飞器试行指令性计划下的技术经济合同制，对任务实施逐级承包；对未来巡航导弹关键技术项目，从系统工程研究角度出发，组织重点攻关。

为节省时间，加快进度，试飞器的控制方案以不做大的变动为原则。那时候惯性导航功能性研究样机刚刚完成了冲击过载及车载试验，虽然初步证明其

梁守槃（右）、姚绍福（左）在巡航导弹某关键技术预先研究成果鉴定会上

性能大部分满足要求，但后续仍需进行大量的试验和分析工作，谁也没有把握到底能不能用。试飞器是上以前的系统平台，还是一步跨上新平台，引起了一番争论。最后经姚绍福、刘永才与导航技术研究所共同研究后认为，研究样机平台的性能及力学环境条件可满足要求，为提高系统的可靠性和精度，应该抓住研制试飞器这一有利时机，进一步做必要的试验和论证，以确定未来巡航导弹的方案和技术状态。并进一步要求三院机关抓紧组织技术协调工作，研究后续技术问题，总体设计部尽快修改研制任务书。

经费有限，还要加快研制进度，只能尽可能利用现有的成熟试验平台。在那个时候，不管是总体设计部、导航技术研究所还是推进技术研究所，还没有哪个单位能够明确提出一个关于试飞器总体或者本身分系统的研制任务书。在短短不到两年的时间里，总体设计部与总装厂联合对一发海鹰二号弹体进行了大改：换掉液体火箭发动机，装上涡轮喷气发动机；拆下自动驾驶仪，装上新型惯导系统。为满足机载要求，还对整个弹体电气部分进行了重新设计。

虽然各项技术指标仍处在不断研究摸索之中，但再不是纸上谈兵，外形依然老旧的试飞器实际上已经脱胎换骨，无疑向未来的巡航导弹跨进了一大步！

“海鹰二号”原来在地面上发射，与发控设备相连接的电气接口在侧面偏下的位置，而机载发射要求吊挂，因此接口改在弹体的最上方。可是没有现成的轰六飞机可供试验，只能在地面上发射进行验证，那可怎么办？许国兴等人想了好久，弄出了个有三院特色、世界上独此一家“怪模怪样”的发射平台来。

他们在发射架上方搭了一个大铁框，构成一个龙门吊的样子，将导弹摆在铁框中间，连接电缆从顶上垂下来，经压紧插头与弹体稳妥连接。为最大限度地压缩成本，他们还设计了一种打到海面上能够回收的装置，一发弹打出去了，从海里捞回来，修复改装之后，接着再打。

这种打出去再捞回来继续利用的导弹弹体，也是三院的科研特色。以前在“海鹰二号”研制历史上就曾出现过。因为新旧技术状态混用，新旧设备混装，被技术人员戏称为“混弹”。

专项进度很快，又过了一年多，试飞器已经生产出来，准备进场进行飞行试验了。经研究确定，此次试验进场 2 发，如果第一发成功，则不再试验，若不成，则再打第二枚。说白了，还是试验经费有限。

深冬腊月，渤海岸边的海军某试验基地，中国第一种采用涡喷发动机和惯导系统的飞航导弹，抛掉熊熊燃烧的助推器，拖着一条浅色航迹，星驰而去……此前不管是从陆上还是在水面发射的国产战术导弹，一般只能飞 90 千米左右，而此时的试飞器似乎在轻描淡写间，一下就转着圈的飞出了好几百千米！

成功当晚，参加现场试验的姚绍福、许祖凯、刘永才、崔春满、周大民和许国兴等人难以抑制极度兴奋的心情，聚集在试验场一间小小的会议室里，你一言我一语，一口气总结出试飞器在三院暨中国飞航导弹发展历史上的 6 个首次：战术导弹首次打那么远、首次一发成功、首次实现全数字控制、首次实现机动转弯、首次实现试验全程由三院科研人员自己操作……十年磨剑，一飞冲天！

对此，刘永才却抱着歉意说，他这个副总设计师对试飞器没太怎么管。

此时，巡航导弹的关键技术攻关已经结束，正全面处于型号研制转阶段时期，刘永才的大部分时间和精力都扑在了被公认重中之重的巡航导弹上。

试飞器试验成功意义重大，它实现了中国飞航导弹在射程、全数字控制、机动转弯、导弹遥测和测控等方面的重大技术突破，在我国飞航导弹史上达到了新的科技水平，为今后空地导弹研制打下了良好的基础。

三院随后发文向中国航天工业总公司报告：按照要求，已完成试飞器研制任务，并进行了一发验证试飞器本身性能的飞行试验，取得基本成功。

试飞器的一次成功，标志着国产涡喷发动机已进入成熟阶段，动力技术实现突破。以前对惯性导航平台的力学环境条件，包括振动、冲击、环境温度等还都处在摸索阶段，达到预期精度指标的试验数据表明，新的惯导平台完全能够满足未来巡航导弹的技术要求，将为今后进一步发展提供重要依据。试飞器同时验证了某些关键性总体技术、测试技术和试验大纲的可行性。

参加试验的陆锡良按捺不住兴奋的心情，面对大海，咏出一首豪情满怀的“壮歌行”，彰显飞航人立志巡航导弹的凌云壮志：

关东十月秋，海风温且柔；鲲鹏展翅飞，长空任我游。

飞航开新篇，新人显风流；前景难再多，来日飞全球。

试飞器的发展到这里就结束了吗？当然没有。

仅靠有限的研制经费，采用老式的“海鹰二号”为载体研制的试飞器，将进一步发展成为一种空对地导弹，以填补昂贵的新型空射导弹与固体发动机空射导弹之间的性能与价格空白，使我国的空对面攻击手段实现高低搭配，手段多样。

试飞器首发成功，宣告了中国的飞航导弹已经进入喷气发动机推进、惯导系统制导的新时代！

刘永才

刘永才院士传记

Academician Liu Yongcai's Biography

第四章 长剑行

作为型号总师，刘永才领导各分系统部门，与参与研制的其他单位紧密合作，完成了高新技术巡航导弹各系统研制，拟将进入飞行试验阶段。

"巡航导弹的成功是通过大家共同努力取得的，我只是那么多研制人员中的一个，当选院士，也是代表大家当选。"

树欲静而风不止！20 世纪 90 年代，国际、国内政治、军事格局陡然发生了断裂式巨变。

1991 年 1 月 17 日，被称为迄今人类战争史上现代化程度最高、使用新式武器最多、投入军费最大的海湾战争爆发，传统意义上的战争理念被颠覆。

1991 年 12 月 25 日，苏联最高领导人戈尔巴乔夫宣布辞职，将国家权力移交给俄罗斯总统叶利钦。当晚，苏联国旗从克里姆林宫上空缓缓降下，一度被认为牢不可破的苏联共产党自我解散，往昔的红色帝国在分裂成 15 个国家的同时轰然瓦解。一夜之间，苏维埃社会主义共和国联盟亦即所谓的苏联，从现实和法律双重意义上来说，都已不复存在。

1992 年 2 月，台湾李登辉当局在所谓的"国家统一纲领"中，公开将海峡两岸关系定位为"两个对等的政治实体"，正式走上了"台独"道路。

战云又起、苏联解体、东欧剧变、台独张狂，一度稳定的世界双极化冷战格局被打破……一心一意埋头搞建设的中国被彻底震惊了，发展巡航导弹终于被国家提上议事日程。

1. 肩负使命

一直密切关注世界高新技术武器发展的三院，还在波斯湾上空弹痕纷飞，激战正酣之时便迅速作出反应，向航空航天工业部再次呈报关于开展巡航武器系统研制的请示。

姚绍福、王建民、刘永才、沈铮铮、孙华等人在请示中总结了海湾战争中首次使用新式导弹的 4 大特点：射程远、命中精度高、可装多种高能常规战斗部、价格便宜。报告提出，我国从 20 世纪 70 年代便开始巡航导弹的预先研究，为实现今后的研制任务，请给予条件加快研制进度，寻求逐步、逐项突破。

总参谋部、国防科工委、各军兵种经过认真研究，对我国发展巡航导弹的必要性和重要性终于达成共识，对中国巡航导弹的发展起到了巨大推动作用。

经过紧张筹备，三院召开巡航导弹研制动员大会，会上宣布了经中国航天工业总公司批准的任命决定，组建以院长王建民为行政总指挥、科技委常委刘永才为技术总研究师的巡航导弹研制攻关两条指挥线。

曹刚川（右）接见刘永才（左）

总参领导在听取三院关于加速巡航导弹研制与关键技术攻关情况、技术储备及后续研发情况汇报时强调：巡航导弹作为我军未来的高技术武器装备，要抓紧进行研制，尽快完成定型，装备部队。

军方首长的关心，给予预先研究队伍以极大的鼓舞和鞭策。王建民、刘永才代表全体研试人员表示，要更加努力攻坚克难，早日为部队研制出好用、顶用的武器装备。

三院研制队伍栉风沐雨、为国铸剑的强大动力，来自于中央和军委首长对巡航导弹发展过程中倾注的极大关注和支持。可以说没有国家和军队主要领导人的运筹帷幄，精心谋划，中国巡航导弹的研发之路可能还要漫长许多。

多年之后，刘永才总结道："从型号关键技术攻关开始，直到完成设计定型飞行试验，全部研制过程充满艰辛、喜悦，梦想终于变成现实。巡航导弹的研制成功是全体研制人员多年来发愤图强、艰苦奋斗、锲而不舍、辛勤努力的结果。研制队伍充分认识到巡航导弹作为我军未来武器装备重中之重的重要地位，强调责任感、使命感、紧迫感，始终坚定目标，增强信心，努力登攀，千方百计确保研制任务圆满完成。"

在巡航导弹开始进入研制阶段之初，刘永才兼任总指挥时，就按系统工程的观点，站在总指挥、总设计师的高度，从整体层面进行了规划，提出一系列明确的工程目标。

在刘永才编写的《系统工程规划纲要》中，把整个武器系统工程确定为4个目标：

根据批复的型号《研制任务书》按时保质保量地完成型号研制任务；通过巡航导弹工程研制保障条件建设，建成满足巡航导弹型号研制要求的设计、生产、试验、管理等研制保障条件；通过型号研制，培养一支跨世纪的（精神、物质）、过硬的（思想、作风、技术）型号研制队伍；研究总结出一套科学、规范的“新一代型号”研制管理办法。

根据中国航天工业总公司关于对巡航导弹型号系统工程实施“项目管理”的要求，他以产品为目标，进一步将项目细化为：型号管理、型号工程、产品保证三项，并明确了三者之间的关系。

型号管理。型号管理分为型号工作分解结构、研制程序、技术状态管理、型号组织、计划管理、经费管理、物资管理、信息管理等几个方面。

研制程序。按总参谋部、国防科工委、国家计委、财政部战略武器装备研制程序，实施并行工程，制定编制型号研制网络。分为论证阶段、方案阶段、工程研制阶段、定型阶段。明确每个阶段的研制内容及对各分系统的研制节点和数量要求，严格按此程序开展型号研制工作。

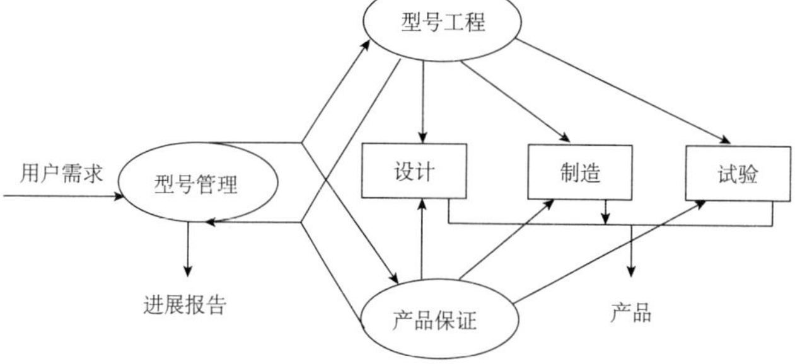

型号管理、型号工程、产品保证关系图

技术状态管理按《GJB3206-98 技术状态管理》《QJ××××航天产品技术状态管理》对型号技术状态实施严格控制。

型号组织。按中国航天工业总公司 72 条要求，建立型号总指挥、总设计师负责的行政、技术两条指挥线。制定针对巡航导弹研制队伍的管理办法、研制人员培训计划，按不同人员，分门别类地进行有计划的培训、考核，提高研制人员素质，建立、完善型号研制队伍，以适应新一代型号研制的需要。

组织体系。建立老、中、青结合的行政、技术指挥系统与产品保证专业队伍。实施要点：考虑上级领导机关的要求和实际工作的需要，建立行政、技术指挥系统，同时，增设总师顾问和总指挥助理，以加强行政、技术领导。技术线要兼顾制造工艺和产品保证专业（质量保证，可靠性、维修性、安全性保证，电气、电子和机电元器件保证，材料、零件和工艺保证，软件产品保证）；行政线增设专管质量工作的副总指挥、指挥、调度等岗位。并在三院成立以型号处牵头，计划、财务、审计、质量、工艺、标准、物资等各业务部门参加的型号办公室；主要指挥人员必须专职，行政线各岗位应指定专人负责并明确其具体职责。

人员素质。针对不同人员制定不同的思想、作风与业务能力培训计划和业绩考核奖惩办法。实施要点：思想、作风，包括敬业（事业心）、勤奋、认真、团结协作。

对于人员素质，刘永才着重指出：既要有雄心壮志，又要严谨务实；既要高瞻远瞩，又要脚踏实地。

在计划管理中，提出按型号《研制任务书》确定的研制进度要求，制定型号研制网络。使用统一软件实施网络化的计划编制和管理实施。

在经费管理中，提出经费与研制任务对应，实行专款专用；按全成本核算体系对承担的研制任务进行全部、阶段和年度使用经费的预算、预算核定和决算管理。制定《研制经费跟踪审计管理办法》，确保按给定的经费完成型号研制任务。

在物资管理中，统一组织、规划。对资源进行专业化配置，规范选择，统一组织选购，确保质量、数量满足进度要求。

信息管理。加强情报、档案信息工作。建设统一的信息库，充分利用声、光、电等多种媒体技术实现网络共享，以支持型号研制；制定“研制管理网络暂行管理办法”应用计算机、网络技术，实现型号项目的现代化管理。

20 多年后的今天来看，这篇诞生于信息化初级阶段的规划大纲，依然能给人以启迪教益。将计算机网络管理作为开展新型武器系统研制的必要手段加以规划和统筹，并预见到网络介入工业制造各个环节的重要性和必然性，实在令人叹服。

回首巡航导弹从研制到定型的发展过程，我们看到，正是按照这份规划纲要，各阶段循序渐进，总体与分系统并行发展，一步一步，脚踏实地地踏过荆棘，走完全程。

按照刘永才的设想，产品保证分以下方面分别实施。

制度保证。健全质量保证体系，按航天产品保证标准体系和《巡航导弹产品保证大纲》《巡航导弹产品保证实施纲要》要求，组建产品保证专业队伍。全

型号系统工程总体框图

面推行“产品保证技术”（质量保证，可靠性、维修性、安全性保证，电气、电子和机电元器件保证，材料、零件和工艺保证，软件产品保证）。

质量保证。实施法制，贯彻落实中国航天工业总公司28条和《QJ ××× 航天产品质量保证要求》，制定《强化巡航导弹质量管理若干规定与要求》，坚持质量第一，以预防为主、质量改进为辅，实施技术、管理归零的原则。

开展全面质量管理。实施全员、全方位、全过程质量控制；编制《巡航导弹产品质量目标分解结构》规范管理；建立、健全岗位责任制，将产品质量目标逐级分解到每个岗位，填写“巡航导弹项目岗位责任卡”，以全员的工作质量，确保产品质量；健全监督机制，编制《巡航导弹项目型号研制技术评审规定》对研制全过程实施有效的监督、检查、评价、确认；通过监督代表的监督、设计复核、评审、专业机构检查确认、上级审查批准等，实现多层次、多方面的监督；实施激励机制，制定“巡航导弹项目质量奖惩办法”，奖优罚劣。

产品保证。通过各研制单位的质量保证体系和型号项目的产品保证技术，确保以可靠性为中心的型号产品质量。实施要点如下。1.可靠性、维修性、安全性保证：编制《巡航导弹项目导弹武器系统可靠性大纲》，严格按可靠性大纲，制定可靠性工作计划，认真做好可靠性设计、试验和管理工作；编制《巡航导弹项目导弹武器系统维修性大纲》《巡航导弹项目导弹武器系统安全性大纲》并制定相应工作计划，开展维修性、安全性工作；2.电气、电子和机电元器件保证：按《QJ××× 航天电子、电气和机电元器件保证要求》和《QJ3065.1 - 98 元器件选用管理要求》及三院《飞航导弹元器件质量管理实施细则》，对型号所用的元器件从选用、采购、监制验收、筛选复验到失效分析实施全过程质量控制；3.材料、零件和工艺保证：按《QJ ××× 航天材料、机械零件、工艺质量保证要求》制定《巡航导弹研制工艺技术管理办法》，实施型号产品材料、零件和工艺保证；4.软件产品保证：按《QJ ××× 航天软件产品保证要求》和《飞航导弹武器系统计算机软件工程化管理办法》，编制《巡航导弹项目计算机文档管理办法》，对型号计算机软件实施工程化管理。

在型号技术中，刘永才提出：按批准的型号"研制总要求"及审查通过的导弹与武器系统总体方案和批准的型号《研制任务书》，进行型号方案设计和工程研制，并完成设计定型。要遵循客观规律，严格按"巡航导弹项目型号与分系统研制程序"开展型号研制。

首先应充分利用已有预研成果和引进的技术成果，加强关键技术攻关，为型号研制打下坚实的技术基础；进一步分析、明确型号工程研制中的主要技术关键，采取强有力的措施，制定专门计划，限期突破。

研制过程中应循序渐进、分段研制，做好多方案优选和充分的设计计算分析、全面推行 CAD 技术，提高型号设计水平；要加强型号研制中的产品制造工艺技术工作，编制《工艺总方案》，确立研制工艺攻关课题，开展工艺攻关工作。

有关设计制造手段，应大力推广应用CAM技术与CAD/CAM一体化集成技术，实施并行工程，以保证研制质量、缩短研制周期、提高型号研制水平。

有关实际验证，要充分做好型号各级产品的仿真试验、地面试验、可靠性试验、环境试验、电磁兼容性试验、机载带飞试验及飞行试验；集中建设机载试验测量系统，为型号分系统和试验弹的机载试验提供技术保证。

发挥全国优势，开展技术协作，广泛咨询，集思广益，为型号研制提供多方面的技术支持；充分利用国外先进技术，促进国内型号研制。

2. 攻关莫畏难

巡航导弹是具有实现战略效能的现代化战术武器，射程动辄上千千米，飞行时间以小时计算，终极使命是准确击中目标。虽然已经经过长期的单项技术预先研究，但由于此前还没有搞过技术水平跨越如此之大、集成度如此之高的型号，因而工程研制开始阶段可谓困难重重。

更远、更精准成为了巡航导弹研制队伍中所有人时时牵挂的心结。

巡航导弹武器系统不仅是一项举国工程，还是一项大国工程，更是一项强国工程。它不是光靠雄心壮志就能完成的，也不是只要有钱就能完成的，更不是一个国家想做就能做出来的。研制发展巡航导弹，需要一个国家、一个民族几十年甚至近百年不懈地积累与奋斗！

巡航导弹的研制过程，是我国国防科技工作者实践“特别能吃苦、特别能战斗、特别能攻关、特别能奉献”新时期航天精神的一曲壮歌。

以前，三院做的都是某个作战平台上的一个分系统，就是为战机、军舰等作战平台进行配套的，也可以看做是仅为其提供一种火力单元。而巡航导弹是一个完整的、独立的作战武器系统，不仅有导弹，还有指挥控制、任务规划、地面发射、支援保障等一整套配套装备，研制队伍自身的技术储备、管理储备显得远远不足。更大的难度在于，对军种战略武器装备的研制模式、技术要求、产品规范，以前没接触过，几乎全是陌生的。

进入工程研制阶段，总体不明确分系统的尺寸，无法投入下一步试制生产；从没使用过的外协部件，确定不了详细技术指标，就没有验收依据；缺乏软件研制方面的工程经验以及必要的检测手段，软件质量得不到有效控制；加工手段跟不上，工艺问题相当突出……如此种种，造成整个系统长期面临着材料不落实、关键部分样件不可靠、外协部件质量与进度控制缺乏有效手段、空中带飞试验难度大等一系列障碍。

这么多的问题要在最短的时间内逐一协调解决。做为巡航导弹全武器系统技术总负责人，需要刘永才拍板落实的事情非常多，他经常夜不能寐。

在巡航导弹研制进入到最艰难、最关键时期，行政与技术两条指挥线换帅、换将的情况多有发生。经受了胃部再次出血征兆、在试验场翻车骨折的刘永才，巡航导弹总设计师的岗位亦险些不保……

真正是时间紧、任务重。回首往昔，不啻于战争年代的峥嵘岁月。

“巡航导弹研制项目涉及到国家利益太大，责任太重……”刘永才语调哽咽，禁不住老泪纵横！

导弹直径需要很快确定下来，否则发动机尺寸、各分系统的弹上部位安排就没法往下进行。承担每个分系统研制任务的研究所都希望留给自己的空间更多一些，余度再大一些，而用户则希望导弹越小越细越好，飞得越远越好。方案时期会议密集，各说各的道理，矛盾重重。发动机研制方说再也做不小了，直径最少也要这么大；导航系统研制方说就需要这样的位置空间，否则惯导系统装不进去；计算机研究所说考虑到多层板主机工作稳定可靠，现在的尺寸已是极限；最着急的是总体，尺寸大了，阻力增加，影响总体性能；尺寸小了，空间不够用……最后，刘永才一锤定音，再不可更改，大家也就都不说话了。从以后的武器状态看，应该说恰如其分。

“你不熟悉控制，总体你做不了。我当总师有体会，你技术上不通，很难受，下不了决心。好多问题摆在那儿，互相之间大家有矛盾，谁都站在自己专业的角度去强调，你怎么平衡？你必须全面了解，才能决策。”

关键时刻，需要刘永才凭借自己的经验与技术通盘考虑、进而拍板决策的实例举不胜数。而还有很多时候，需要他用自己关键岗位的影响力去协调、平衡研制系统内各专业之间的分工合作关系。实现巡航导弹团队最优组合，不仅需要技术全面，更要秉持一颗公正心。

比如在某末制导系统研制分工合作的问题上，这种技术含量很高的系统级部件结构精密、集成化程度高、算法复杂，以前在我国只是处于原理型样机研究探索阶段，还从未投入过实际工程应用。在巡航导弹研制之初，曾经考虑采用国际合作的方式，委托国外相关机构研制，没想到对方一张口就报价 7000 万美元。大家只能横下一条心，独立自主，自力更生，还是得咱中国人自己搞！

“导弹关键技术，花多少钱人家也不会卖给你，逼得我们只能自己闯出一条路子。”

经过研究论证，三院搞雷达的导引技术研究所和搞光学制导的光电技术研究所，对巡航导弹末制导系统，先期已经各拿出了一个技术方案。这两个方案在功能和实现手段上基本相近，从各自的专业特点上讲也各有优势，两个研究所都在尽力争取，积极性都很高，这本来是一件好事。但刘永才认为，对于一个尚处在研制攻关阶段的弹种来说，集中力量，整合优势，各施所长，是最为重要的，采用多种实现方案不仅不妥当，而且是不必要的。

经过思考，多次组织各方专家进行方案评审，使大家心里有了个成熟的大框架。刘永才这才把两家研究所的负责人叫到一起协商，提出的意见是，两家都做，但又不是都全做，而是各施所长，分工合作。

其中，导引技术研究所擅长算法研究，在数据处理的实时性、精准度方面具有较强实力，所以就负责核心的计算机匹配配准那一块。而光电技术研究所的专业优势在于光学摄像采样系统精确稳定，这一部分就交给他们来做。但是采样稳定系统里还有一套计算机程序部件，刘永才考虑单独把这一块切出来，嵌入到导引技术研究所研制的配准计算机组合当中。

协调了复杂的关系，发挥了各自的优势，两个研究所都很满意。在以后的研制过程中双方配合得果然很好，直到全武器系统定型。

一般来说，情况不清楚时，刘永才不会轻易表态，这不仅是岗位所系，更是他沉稳深邃的性格使然。而情况一旦清楚后，很多时候还只能由他去组织协调，化解纠纷。

在巡航导弹总体设计中，进气道内型面设计是一项关键性技术，也是一个需要深入计算分析，反复进行风洞和飞行试验验证的过程。

开始，总体设计部经过理论计算，认为这种新型进气道方案既能够满足发动机要求，又可使总体性能达到最优。但是这种领先国际水平的进气道设计，毕竟还是首次在国内导弹型号上采用，对此，推进技术研究所曾经有所顾虑。他们认为采用这种新型进气道方案，发动机有可能进不去气，氧气供应不充足，则会影响发动机正常工作。毕竟在导弹设计过程中，理论计算与试验验证结果相差较大的事例并非没有。

进气道主要是为发动机服务的，同时也是弹体结构的一部分。总体设计部与推进技术研究所的说法各有道理，也各有各的专业技术做支撑，实在很难分清伯仲。经刘永才等两总领导批准，进气道内型面设计在两家机构同时展开。

在进气道攻关过程中，进行了大量的方案与试验研究，前后完成了几十种型面方案设计，设计加工了数十个研究模型，进行了几百次大小风洞试验，这在以往的进气道研究中是从未有过的。当时的很多风洞试验都在外单位进行，持续时间长，进气道试验经常被安排在夜里，科研人员几乎 24 小时三班倒。为了尽早拿到结果，设计人员“钻”过各种尺寸的试验风洞，有时候为了调整确认某种方案，在狭小的设备间隙里，一窝就是一两个小时。

经过没日没夜的加班加点，总体设计部和推进技术研究所终于各自拿出了自己的一整套方案。两家研究机构的报告摆在眼前，经过专家组的一再斟酌，还是认为单纯从已有的风洞试验数据、空台带飞试验结果上看，现期就决断到底哪个最优，仍然没有十足的、有说服力对的把握。

刘永才从在总体设计部当研究室副主任开始，领导了那么多年的预先研究，对理论分析与试验验证当然十分支持。他知道两家的方案肯定都能成，只不过是哪个更好，哪种更优的问题。虽然最终只能选一种方案，但是以多种方案去进行结果比对验证总是可以的。对一切美好的新鲜事物感兴趣，这种内生的创新驱动力，是刘永才的性格使然。

经过讨论研究，刘永才确定两家方案一起参加实际飞行试验，用试验验证数据说话。

进入工程研制阶段，两种进气道方案都进行了多次带飞试验，新式进气道与发动机的匹配性通过了试验验证，证明能够与发动机在各种工作条件下很好地协同工作，性能完全满足要求。

这回没有依据从不轻易表态的刘永才，却在试验基地现场拍了板，决定上推进技术研究所的设计方案。他的理由是经过最后的高马赫数风洞试验，推进技术研究所的方案要优于总体设计部的方案。

会场上宣布决定，总体设计部参试的试验队员全都默默不语。可大伙心里明白，服从真理不服从情理，他们的老主任就是这样一个书生气十足的脾气秉性。

最终，国防科学技术成果鉴定委员会给出了这样的评价：“巡航导弹核心技术具有自主知识产权，综合技术达到国际先进水平，其进气道技术为国际领先。”

很多关键技术、关键手段在巡航导弹技术攻关阶段以及后续的工程研制阶段得到首次突破。

闯过了一个又一个重大关口，不知道前面还有多少关隘等着刘永才和他的同事们去闯，去拼。在那段日子里，刘永才每天扛着巨大的压力，组织、协调、思索、拍板，一思出错，前功尽弃。

刘永才常说：“无私才能无畏。”这种大无畏的忘我情怀可不是光凭嘴上说说就能轻易做到的。

国家利益高于一切！敢为一流！是航天三院所有职工共同铸就的飞航精神。

还是与当年干“鹰击六号”的时候一样，刘永才只要一有空，就往生产第一线跑。通过实践，在具体生产过程中把握产品的技术状态、生产状态，经过反复归纳，对发现的问题提出改进要求，落实整改措施，进而上升到系统层面，形成与之相对应的研制文件、规划纲要、实施准则等一系列设计规范，再以制度手段加以强化、推行、完善。在巡航导弹研制过程中不断探索完善、磨合形成的一整套现代化武器装备研制、管理办法，是三院延续至今的科研生产管理体制的主要基础之一。

三院人皆知——深入实际，是刘永才与很多型号总师相比，突出具有的一项显著工作特点。

尽管担负着整个武器系统总设计师的职责，思虑繁复，时间紧张，但刘永才到一线现场发现、解决、处理问题的作风，却随着责任越来越重而越发强烈了。

初期，三院下属的光电技术研究所是一家以预先研究为主的研究所，虽然也出一些产品，但主要是给航天二院配套的，一年也没有多少量，所以在三院内部长期属于比较边缘的位置。以前只要遇到故障，大家首先想到的往往是从光电系统上找毛病。

光电技术研究所真正接触型号，是从巡航导弹开始的。所负责的产品，完全是我国自主研制的，而当时基础比较薄弱，无论从各个小的分系统还是关键技术来看，都不太成熟。因此，要迅速实现跨越，实现向工程的转化，还有很长一段路要走。

作为型号总师，刘永才对光电技术研究所确实也有些不放心，先期不出所料，果然出过几次大大小小的问题。

“在关键技术攻关阶段，刘总很多次与我们预研队伍一起深入一线，直接到带飞现场和我们一起商量解决问题。对某些短板、短线的外协部件厂家，他还要亲自去看一看配套产品的情况。”时任光电技术研究所崔所长如是说。

在带飞试验现场，刘永才发现他们用的很多关键零部件，是当时国内能够采购到的最好的定制产品，还有的是从国外进口的，便对他们说：“你们将来是要给导弹做配套的，要瞄准上弹嘛。你们是不是以后都要用这些国外产品？还有些你们买的一个、两个的特制品，不能当做货架产品来用，要想办法把它们落实成为真正能够大批量采购到的正规产品。反正不管你们以后是自己生产，还是买，一定要培养发展一些外围的配套生产单位，用国内的相关产品进行配套。”

部件体积小，结构精密，从预先研究到工程研制有个跨越，实际上是工程化必走的成长环节。在试验现场，刘永才找来研究所负责人，告诉他们要提前解决哪些问题，要提前对哪些问题进行考验，有问题一定要在早期暴露出来，预先做验证。

刘永才在现场发现，调试、生产过程中的一些工作，主要是由研究室里的设计人员来完成的，指出他们最主要的不足不是技术水平达不到，而是工程经验不足。

“你这个生产线一定要独立，有一支专门的队伍。研究人员只负责设计和设计更改，生产过程的装配调试操作，不能让技术人员再参与在里面。”

其实不只是光电技术研究所存在这种混杂的状态，由于飞航导弹小批量、多品种的产品特点，在其他一些研究所内部，也不同程度地存在着科研与生产混为一体的情况，导致产品状态不能完全固化，质量不稳定。

针对光电技术研究所工程化经验不足的问题，刘永才在不同场合，专门针对具体问题，反反复复给他们讲归零，讲一次成功，具体指导他们应该怎么做，尽最大可能帮助这支队伍快速成长。

“刘总有很强的预见性，从起步阶段开始，就关注预先研究向工程研制大跨度的转化。”崔所长说，“他提出来，我们踏踏实实地去具体落实。”

根据刘永才并行工程理念，落实研制过程中循序渐进、分段研制，做好多方案优选和充分设计、计算分析工作的研制要求，光电技术研究所一边抓预研，一边着眼 5 年、10 年后将要到来的批量生产，开展了产品线的工艺、生产布局准备。他们联合导引技术研究所、总体设计部建立了紧密协作的内部配套体系，同时在全国范围内联合兵器系统、科学院系统所属的生产厂家组成了国家队，共同攻关，快速突破技术难点，超前布局生产线，共同攻克大批量生产的工艺和技术难题。

刘永才对供方的研制保障能力、质量控制能力、成本等项目极为重视。期间，他多次听取光电技术研究所的汇报，指示一定要落实全国性大协作，把国内最优秀的资源整合起来，对包括大学在内的短板、短线提前采取工程上的策划，重点短线零部件供应商要有双备份或者多备份，归根结底一句话，为将来的大批量生产及关键零部件的国产化、工程化预先做好充分准备。

这些系统性工作，既解决了全自主、全国产分系统的关键技术问题，又提前布局了批生产，保证了预研向科研、科研向批生产的平稳过渡，实现了预研向工程的顺利转化。

“刘总的战略性思维体现在对一个分系统的关心上，体现出了他的驾驭能力，全科研流程的把控能力。”忆往昔，崔所长仍感慨不已，“最后我们圆满完成了国家赋予的使命，包括在后来的大批量生产阶段，我们这个系统都圆满地完成了任务，保质保量交付，没有出现问题。”

刘永才在导弹总装车间发现油箱设计得太复杂，生产难度太大，就指令总体设计部与导弹总装厂协商，最大程度地简化油箱设计，并且对简化进展情况多次过问和追问。鉴于油箱结构复杂，技术要求高，加工周期长，刘永才还与承担油箱生产任务的总装厂技术人员商量，考虑研制一种薄壁铸造式油箱，督促他们就油箱铸造问题向三院提交报告，由他亲自批准列为巡航导弹工艺攻关项目。

总装厂工艺处昝工艺师说：“刘总对油箱简化设计，一直压得很紧。”

在刘永才的关心下，成立了院级巡航导弹油箱结构改进攻关组。经过细致研究和进一步论证，攻关组对油箱的加工关键、焊接设备及检测手段提出了具体要求和与之相对应的保障措施。报告提交上去后，很快便得到了两总系统在技术和资金上的支持，导弹总装厂的试制和生产能力因而得到较大提升，多年来更新缓慢的焊接、检测、热处理、表面处理等机械加工保障条件发生了换代式的进步。

加工手段、工艺水平的提高，同样也极大促进了其他型号部件研制和生产条件的改善，为飞航导弹整体技术进步提供了有力保证。

经过攻关简化之后的油箱，从初期的百余个零件，到最终只剩下二三十个零件。焊缝长度缩到最短，各种生产工装的数量也成级数地减少，进而带来的实质性效果是：全部蓝图装在两个普通文件袋里就足够了，生产和工艺过程的可行性、产品的可靠性大大提高，生产成本亦随之大幅降低。

导弹进入试制总装阶段，刘永才在总装现场又发现弹上电缆过多，过长。

一般人发现导弹上的电缆设计不合理，第一反应恐怕应该是，这么多的电缆，这么多的插头，在空中飞行中要振动磨损，还可能产生松动，一定会导致可靠性降低。而没想到对弹部位安排、重量重心计算这些结构总体绝对是行家里手的刘永才一边自己动手整理着一根根电缆，一边沉沉地说：“这么些电缆，导弹带着飞行那么长时间，得多耗费多少油啊。”

刘永才离开，许多人望着他高大稳健的背影都不禁暗暗点头佩服，这才叫总师的高度呢。很快，总体设计部和导弹总装厂就接到了他签发的任务书，要求对弹上的电缆敷设进行改进优化设计，进展情况亦要随时向他汇报。

经过多轮次电缆网及其敷设优化设计，弹上电缆重量减少到原来的 60.1%；数量仅为原来的 62.7%，单根复杂电缆也由最初的网状结构改为更为合理的树状结构。从此之后巡航导弹弹上电缆敷设就成为三院后续型号电缆设计借鉴的基础蓝本。电缆少了，轻了，整弹性能、可靠性也相应提升了。

总装厂工艺处昝工艺师指着总装车间待测的多种导弹，由衷感慨道：“这些后续研制的弹种结构，都或多或少地从巡航导弹上受到了启发，其中不少还是其成果的直接继承。”

3. 极致精准

采用惯性导航系统的中国巡航导弹，以极高的精准度享有盛誉。国人在为之振奋的同时却恐怕少有知道，不知有多少人为此熬过了多少个不可计数的漫漫长夜。

惯性导航系统因建立在牛顿惯性定律 a=F/m 基础之上，因而又被称为惯导系统。不同于自动驾驶仪导航起点、终点只限于一个平面上的理论模式，建立在空、天、地立体坐标系上的惯导系统，坐标系原点定义在地球中心，因而不参与地球自转，这就从原理上克服了地球曲面对导弹飞行轨迹的影响，导航距离更远、制导精度更高。

惯性导航系统引入敏感弹体在空间位置变化的加速度传感器。3 个加速度计测量飞行器 3 个方向平移运动的位置变化加速度、3 个自由度陀螺仪测量飞行器的 3 个姿态变化，惯导计算机根据这 6 个分别正交安装的传感器测量到的各种信息，通过积分运算，就可以计算出导弹的速度和位置数据，获得导弹瞬时姿态和空中位置的准确信息。由于惯性导航系统在工作时不依赖外界信息，也不向外界辐射能量，不易受到干扰，因而是一种实现了质心控制、全自主式的导航系统。

将3个敏感姿态变化的陀螺仪和3个敏感位置变化的加速度计组合在一起的导航装置，称为惯性导航组合。按照惯性导航组合在导弹上的安装方式，可以分为平台式惯性导航系统和捷联式惯性导航系统。平台式惯导系统安装在一个惯性平台的台体上，计算量小、精度高、结构复杂、占用面积大；捷联式惯导系统的一个方位轴直接安装在导弹弹体上，相对说来，结构较为简单，体积小，但由于弹体振动、传感器自主漂移等工作条件的影响，计算量大，仪表精度会有所降低。

要实现导弹飞行数千千米以上的精确导航，必须采用惯导系统和组合导航。惯导系统上的陀螺转子在高速旋转时有误差累积，工作时间越长，累积误差越大；加速度计里面的电子电路也可能随着时间和温度变化产生随机漂移。即便是加工、装配达到十分精密的程度，惯导系统在安装、测试、使用过程中，其本身也不可避免地存在系统误差、漂移误差和随机误差。所以，巡航导弹在长距离飞行过程中，需要利用卫星导航、地形匹配等多种手段与惯导系统组合，实施修正补偿，以求在最大程度上实现精确制导，即组合导航。

为了在地面实际验证惯导系统的精度，导航技术研究所导航系统副总设计师杜祖良他们想出了一个办法，通过光学手段将大地实际精确坐标，引到公路上，再将惯导系统装在试验车上，沿着京郊公路一个点、一个点地一路开下去。到了公路上那个坐标点的位置，停车比对惯导系统的输出结果与大地实际坐标值之间的位置差，这就是常说的“跑车试验”。

在攻关研制的那段日子里，涂着“科学试验”标志，没有车牌，满载仪器的试验车长年累月地在公路上跑着，风雨无阻，不分节假日。老旧的坦克底盘试验车通风不好，为设备和试验仪器服务的窗式空调器，坏的时候比好的时候还多。有一次，在车上做试验的几个年轻人，集体中了从尾气中泄漏出的一氧化碳，等发现的时候，已经七扭八歪晕倒在车底板上了。大伙赶紧把他们抬上救护车，送到医院急救。

某次开会协调，一位副总师对导航技术研究所说，你们要那么多的修正点干什么？修正点太多，我满足不了你们惯导系统要求的精度。

这句话说得导航技术研究所的人都成了丈二和尚。坐标点是用来修正惯导精度的，到底是你给我修正还是我给你修正，到底是谁满足谁呀？可又不能在会上当着那么多人的面说人家不对，于是眼光都瞄向了主持会议的刘永才。

刘永才半天没说话，后来冲着那位副总师嘿嘿一笑，大家心里就全都明白了。会后，刘永才找到杜祖良，也没说谁对谁不对，只是简单地说了一句：“你该怎么弄还怎么弄，我让他们提供。”

在惯导系统设计中发现，为了降低工作环境温度，小型化的惯导系统要每小时从底部往上面吹几十公斤的风，杜祖良就跑到总体设计部去协商风的问题。可人家主管电气系统的许国兴说了，还给你惯导系统单独装个大功率的风扇？我整弹的电容量还不知道够不够用呢。回到办公室里寻思许久，杜祖良又跑到弹体设计部门去求助，问能不能在导弹壳子上给我开个口？导弹飞行中让空气吹进来，也一样能达到降温效果。得到的答复一样干脆：影响了气动外形，谁也负不起这个责任，想都不要想。

刘永才到导航技术研究所检查工作时候知道了这件事，认真想了想，没有当场明确表态。这回大家也明白了，刘总这就是指示了，你们还是要靠自己想办法解决温度环境问题。

回来聚在一起研究了很长时间，杜祖良决定抛弃外部辅助，考虑采取局部自主降温这条途径。可是惯导系统上到底哪部分是不怕高温的，哪部分需要降温，发热相对来说比较高的部件到底在哪块？这些还只是理论上的，实际谁也没有测量过。而如果把十分紧凑、机械装配精度以微米计的系统全拆开了测温，更是想都不要想。平台彻底不能工作了，那手摸上去，还不任何一个部件都是冰冰凉的？

跑断了腿，磨破了嘴到处调研，最终办法想出来了。经过反复比较，终于选中了国内一家研究所生产的一种很薄的温度传感器贴片，粘在惯导系统所有发热部件的表面，再用极细的银导线焊上去，引出来，接到 64 路的热测量仪上。惯导系统一开机工作，各部分的工作温度、发热程度、变化量就一下子全显示出来了，随时监控，一目了然。接下去就是难度更大，牵扯面更广的热设计……

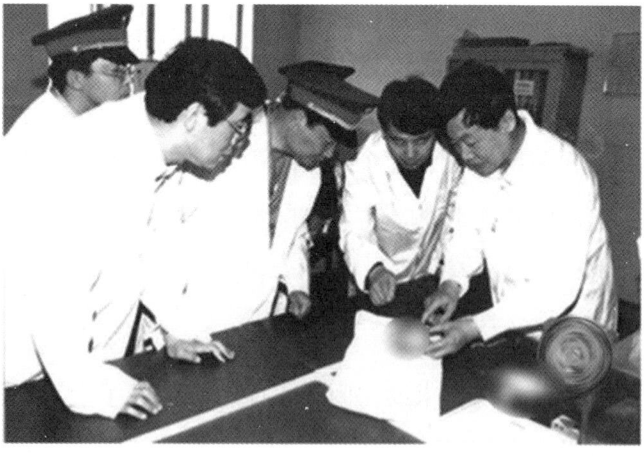

刘永才（左一）与杜祖良（右一）向部队领导介绍惯导研制进展情况

在研制巡航导弹最艰难的那一段时间里，研制队伍里的每个人，似乎都已经被折磨得精疲力竭。都知道还有哪些问题还未解决，接下去该怎么去干，可卯足了劲还是力不从心，最大的担忧是怕自己撑不下来。

刘永才曾经多次对杜祖良说过：“我知道你们不会骗我，我信任你们，你们也要信任我，咱们要相互信任呐。”

其实，刘永才对惯导系统的信心，就建立在杜祖良和他们手下一帮勤勤恳恳画图、没日没夜编程、连轴转做测试、风雨无阻跑在路上，像他年轻时候一样抛家舍业、拼命干活的这些年轻人身上。在那些多说早已无用的日子里，同事之间、上下级之间、整个团队各部分之间的相互信任是最重要的，每个人都好似一束火焰，带给身边人以温暖，为同伴们点燃希望。

研究、设计、试验，几经反复，苦苦追寻那一抹靓丽的弹痕，大家的自信心越来越强。人家办得到的，咱们一样办得到，人家办不到的，咱们在自己的巡航导弹上也一定要办到。

工程研制阶段，刘永才对导航技术研究所的工作进展予以了充分肯定。他在阶段性总结时提到：经过多年攻关，导航技术研究所按照计划完成了高精度惯导系统原理样机的研制，同时开展了组合导航技术的研究，取得了较好成绩。导航技术研究所将进一步开展技术方案攻关，为巡航导弹研制及组合导航技术在型号工程中的应用打好基础。

直到现在，刘永才还常常说：“动力技术研究所、导航技术研究所写出来的报告，水平就是不一样，我对张总（张振家）、杜总（杜祖良）他们一直很信任。在巡航导弹研制过程中养成的严谨工作作风，他们也一直保持继承下来。”

很多事情渐渐有了眉目，可最大的问题接踵而来，那就是人！

一天下午，一条爆炸性的消息在向来安静的三院大院中不胫而走：导航技术研究所研究室下面，整整一个算法组两三天没人上班，办公室全空了……正在研制的关键时期，这条突如其来、几乎可以说是断缆崩舟般的噩耗，把上上下下大半个三院震惊了。

事先毫无征兆，有组织地不辞而别。所领导约谈，没有回应；同事们联系，没有回话。转了几个弯才弄明白，原来算法组七八个人，连同技术优秀的组长在内，一夜之间全被一家社会公司给挖走了，真正叫——釜底抽薪！

后来，杜祖良还是找到了那位组长私下谈心，年轻人给出的理由似乎很充分：我在人家那里干一个月的收入，顶干巡航导弹一年。待遇不高，责任太重尚且不说，主要是风险太大。国家下了那么大的决心，要是干不出来，没准要抓人！而即使现在干出来，以后在型号研制过程中，不知还有多少苦难等在前面呢。

多年之后，刘永才在谈到这件事时，表达了他自己的用人观、人才观、成长观：人各有志，你要是不喜欢干这个，干不下去，到别的地方可能有更好的发展，对你自己有利，我不挽留。但是在关键岗位上，还是要等干完了再走。

“在刘总手底下干活，能最大程度地调动和发挥主观能动性，我们心情舒畅。”杜祖良说。

一次，惯导系统的一个芯片出现损坏故障，带回北京进行紧急质量归零。

此时，身在试验场的刘永才表现出了对导航技术研究所最大程度的信任。他表示，具体技术细节还是家里最清楚，不管你们做出何种决定，只要理由充分，考虑周全，我都支持。出了问题，追究责任，由我承担。

一个国内前所未有的高精度小型惯导系统，理所当然应在不断创新和相应的更改设计之中。一向强调“按科学规律搞科研”的刘永才对导航技术研究所表示：“只要你们严格执行技术标准，严格审批程序，认为该改的就可以改嘛，有更好的技术实现手段为什么不可以改呢？不必困守‘只要经过靶试验证过，一般便不再更改’的规定。我信任你们。”

中国航天科工集团公司科技委一位领导谈到刘永才时说：“总师不是什么都懂，也不可能什么都懂，更多的时候是利用自己的经验和判断力，在决策关头站在高处，引导整个研制团队、整个系统，始终前行在正确的轨道上。”

到巡航导弹完成设计定型时，全国产化的高精度小惯导系统已相当成熟。为满足部队边研制、边列装的急切要求，实现了研产并举，尤其在“中长期稳定性”这一惯导系统重要技术指标上，边批产边改进，达到世界领先水平。

“刘总思路开阔，对我们确实信任，对改进相当支持，只要认为对的，就认可。”杜祖良感慨道，“还是那句话，相互信任，他知道我们不会糊弄他。”

有一次向部队交付产品，接装备的同志对杜祖良说：“杜总你还真胆大，这么大的批量，你真敢可丁可卯，一套备份也不多带。以前其他厂家交付那么多产品，我还从来没见过。”

“家里确实没有了。”杜祖良无可奈何地说，“开足马力生产，按时限要求交付，多一套也没有。”

接装备的同志半真半假地回应道：“那我就测测，如果有一台指标超差一点，我可就这一整批不给你钱。”

上试验台一测，合格率100%。连声的惊叹，最响亮的一个词是“奇迹！”

再说光电技术研究所，由于前期发生了一些问题，着急的军方从实际出发，推荐了上海一家实力研究所，要他们介入光电系统级部件的研制。此时，刘永才顶着压力，表现出了对他们极大的信任。

“在条件差不多的时候，还是要优先考虑落在本单位。因为并不全是利益驱动，有时候行政命令还是能起很大作用的。”

总师的信任，是对光电技术研究所全体科研人员极大的鼓励和鞭策，他们也十分刻苦自省，遇到问题从不推诿，而是先从自身找原因，成长很快。

刘永才十分关注巡航导弹在多种环境条件下的使用问题和使用效果。一次，在东南沿海某地开展有总体、导航、雷达等各系统参加的大型综合性试验，刘永才指定此前还没有大型试验组织经验的光电技术研究所抓总。

一个分系统单位，第一次牵头组织大型外场试验，需要多方协调，确实难度很大。但试验队克服重重困难，在历时几个月的试验过程中，闷头苦干，联合试验终于取得成功。

研究所孙主任扬起脸说：“在没有国外资料可借鉴的情况下，我们搞成了，也得到了三院和军方对我们的认可。”

巡航导弹工程成就了当初的一批精华，严峻考验面前，也筛选下了更多一批年轻人。导航技术研究所最初组建研究室时候的三十几个人，现在只剩下了 8 个人，后来被称为研究所的八大金刚，而今大都在总师的岗位上。将近二十年过去，今天俯视，他们的人生经历、社会处境、命运轨迹已经完全不同。纵观过往，我们可以得出这样的结论：缺乏忠诚度，意志薄弱的人，到哪里都不会有大成就。而心无旁骛，坚持坚守下来的人，不管干什么，都能成为顶梁柱。

一个人要想成就点事业，哪能那么容易？成功只属于耐得住辛苦、忍得了寂寞、最后剩下来的那些“真金”。

4. 恒心造恒“心”

如同导弹“心脏”，要把飞航导弹推送到更深、更广阔的空间领域，铸就更远、更快的利器长剑，依靠的是动力技术研究所提供的动力之源。在巡航导弹研制立项之初，中国还没有一种适于装备导弹、小型廉价的涡扇发动机投入使用。

为巡航导弹打造一颗强悍的动力之心，首先必须有一颗更为强悍的壮志恒心。唯其艰难方显勇毅，唯其笃行始得玉成。小型涡扇发动机的研制过程极其漫长，前后花费十多年的时间，煎熬磨老了推进技术研究所两代科研人员，最终实现设计定型。

涡扇发动机结构，是在涡喷发动机后方，再增加 1 ~ 2 级低压或低速涡轮。这些涡轮带动一定数量的风扇，继续消耗一部分涡喷发动机（核心机）的燃气排气动能，从而进一步降低燃气排出速度，达到提高总功率的效果。为进一步提高热效率，还可提高涡轮前温度，通过适当的涡轮结构和增大风扇直径，使更多的燃气能量经低压涡轮驱动风扇传递到外涵道，迟滞排气速度。这样，热效率和推进效率就取得了平衡，发动机的效率进一步提高。效率高就意味着油耗率低、航程远。涡扇发动机最适合的飞行速度为 400 ~ 1000 千米 / 每小时，因此现在多数飞机都采用涡扇发动机作为动力。对于高亚声速飞行的巡航导弹来说，如果装载同样数量的燃油，装载涡扇发动机能够比装载涡喷发动机，飞行距离提高近一倍。

“导弹研制，动力先行”。发展巡航导弹，需要一种适合弹用的，价格低廉、体积小、重量轻、结构简单的涡扇发动机。

为什么要突出价格低廉?

在 1982 年英国与阿根廷为争夺马尔维纳斯群岛（英国称“福克兰群岛”）进行的海上争端中，阿根廷一架法制超级军旗攻击型战机，在距离英国舰队 20

阵风战机挂载下的飞鱼导弹

千米远的海面上，发射了 2 枚空射型 AM39 飞鱼导弹。其中 1 枚命中英国谢菲尔德号导弹驱逐舰离吃水线仅有 1.8 米高的舰身中部位置，射入电子火控室，弹上剩余燃料引爆战斗部引发大火，该舰在拖行回港过程中因进水过多沉没。

2 枚价格仅几十万美元的反舰导弹，将造价与舰上装备总计近 2 亿美元的一艘新型现代化导弹驱逐舰送入海底，充分体现了导弹之所以备受青睐，并迅猛发展的动因所在。除其机动、隐蔽、高效、安全之外，更能以小博大。

导弹与飞机相比，其成本要低很多，因为导弹是一次性使用的飞行器，部件使用寿命、平均无故障工作时间并不需要那么长。

研究涡扇发动机本是航空部门的技术专属，我国之前将涡喷发动机、涡扇发动机通称为飞机发动机。在动力技术研究所小涡扇发动机研制出来之前，为发展巡航导弹，20 世纪七八十年代，三院曾找到航空部门，提出以委托开发或者联合研制的方式，以求获得一种小型化的廉价弹用涡扇发动机。但航空部门给出的开价，让大家全都傻了眼。他们的要求是 10 年、10 个亿。三院拿不出这么多钱，国家也不会为了一个弹用发动机投入这么多钱，又等上那么长的时间。

没办法，自力更生，还是要靠自己找出路。飞航动力人在一无技术、二无人员、三无条件的荒芜之地，披荆斩棘，前赴后继。

小涡扇发动机的扇叶是极其关键的零部件，很多航空发动机的研制之所以进展缓慢，就是因为小小的扇叶设计不合理，受力不均衡，在与涡扇轴长时间高速联动运转过程中，产生相对叶片的横向断裂。涡轮上镶嵌的密密麻麻的小扇叶，只要有一片在高速旋转的状态下断裂，就会像子弹一样沿抛物线飞出去，破坏其他的扇叶、部件，导致涡轮卡死，或者整个系统完全乱了套。

为了解决这小小扇叶的断裂问题，巡航导弹动力系统副总设计师张振家他们到处收集资料，到处学习请教，几乎什么办法都想过了，什么手段都用过

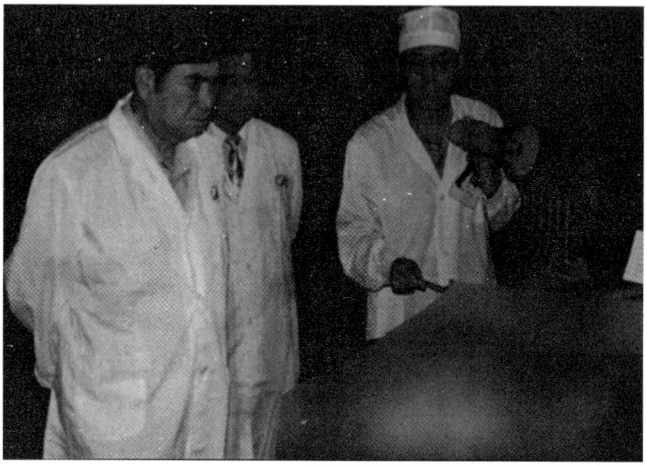

刘永才（右）陪同张万年（左）、夏国洪（中）视察三院

了。每做出一种样机，他们就将它放进高速风洞一遍又一遍地吹风，可小小的叶片依旧顽固地断裂下去。材料太脆了不行，受到震动就断了；材料太软了也不行，转不了多长时间就变形了；叶片底部加阻尼器；渗入特殊材料；修改关联的其他部件；改变受力条件，让疲劳顺着叶片的径向分布……有一段时间，只知道书本上查到的上百种材料哪些不行，却不知到底哪种材料能完全满足要求，只能使用排除法。

样机终于造出来了，进入模样试制阶段，小涡扇发动机各部件几乎全都遇到了技术、材料、工艺等方面不同程度的困难。由于经验不足，很多是以前没有预想到的。

有些材料是国内此前根本就没有的，需要找钢铁研究部门新研制；有些加工技术则是国内从来没有采用过的，要跑遍千山万水；更有太多的工艺手段，是尽人皆知的技术难题。材料、工艺不过关，次品率居高不下，自己测试的时候都提心吊胆，更别说往外拿产品用在导弹上了。

没办法，只能撒开了腿到全国各地四处调研、央求，看哪一家能做，还得肯做。

涡扇发动机主要零部件的生产，是航空部门的强项。尽管发动机样机已经设计出来了，但是要投入批量生产并非轻而易举。80% 的生产量都要靠对外协作加工完成，更有很多类别的特种原材料需要钢铁部门提供。

“那时候航空部门日子不好过，好一点的单位能保证每月按时开出来工资就不错了，因此很欢迎跟我们合作。”张振家说。

经济的推动力有限，肩上担负的责任才是源源不断、无穷的推进动力。在当时相对落后的科研条件下，不管是动力技术研究所还是航空部门的协作厂，所有技术人员都不畏艰难困苦，加班加点。

在小涡扇发动机研制之初，刘永才就根据这种发动机的特点，督促动力技术研究所：“不能简单地一个部件、一个部件地去设计、制造，而要先从原理上把它仔细吃透，否则只知其然，不知其所以然。”

刘永才会同张振家等人，一起研究制定技术总方案、确定技术指标、不时商讨具体技术措施。在他兼任巡航导弹行政指挥不长的期间内，最大程度地从经费上对动力技术研究所试车台、试验厂房、机加车间等基础设施建设条件予以保证。

试制开始时，张振家向三院上报发动机攻关研制计划，提出为达到定型要求，需要用 30 台数量的发动机做试验和产品验证。刘永才看到计划之后，把张振家找了去，寻问为什么需要这么多台发动机进行试验？

张振家说，少于这些数量，我们弄不出定型产品。

刘永才考虑了一下说，不可能有那么多的钱让你们试验那么多的发动机，况且时间也不允许一点一点地做试验。

张振家半开玩笑地说，发动机不是一个部件，而是一个大系统，一出来就肯定得是个能用的产品，不能一个阶段一个阶段地往外拿，当初研制涡喷发动机搞了 50 台才设计定型，搞涡扇发动机 30 台根本就不多。张振家是 1964 年哈军工毕业生，在学校里学的就是冲压发动机。这个专业的教研室主任就是以后三院的技术副院长，被称为“航天四老”之一的梁守槃。梁守槃带出来的弟子，也是个性极强，坚持原则。两个校友碰到一起顶上了牛，在这个数量问题上争来争去，互不相让。

后来还是好脾气的刘永才让了步，经过进一步的思索和论证，就按照 30 台的计划报了上去。

一向学者风范十足、行事沉稳有余的刘永才，当时很罕见地激动了。从这件小事上可以看出来，那时候他身上承受的压力该有多大。

“当初，我和刘总可能都把难度想简单了。”张振家说完，长久不语。

以后的事实证明，张振家提出生产一定数量的发动机用于试验，确实不多。以后的事实也证明了，刘永才以及两总系统对小型涡扇发动机的研发支持投入，大大超过了原先计划中的台数。

“我觉得刘总还是听我的，尊重我，支持我的。”现已华发满头、眼神仍然犀利的张振家在提到与刘永才多年合作过程时坦言，“作为总师，他在那个位置上，解决了很多问题，有些是别人无法替代的。”

时间紧，任务重，大家四处奔走寻找能够配套生产这些部件的航空部门厂家。在刘永才等两总领导的大力支持下，张振家底气十足：“我就是用国家队，民营企业我不用。”

刘永才十分首肯张振家为动力技术研究所确定的企业发展战略思路，即“两头在内，中间在外”。就是抓住自主设计和总装生产这一产品线的起点和终点，将需要大量基础设施投入、劳动密集的零部件加工生产等中间环节外协出去，将研究所的主要精力放在技术开发、产品研制、全机品质提升上去。后来进一步引申为核心技术的“关键在手”，增强自身科技进步驱动力。

几年之后，通过大量研究性验证试验，小涡扇发动机的生产和装配工艺得到了固化，产品质量渐渐稳定。

然而在整个巡航导弹研制过程中，最让刘永才放心不下的，还是导弹与小涡扇发动机的推阻问题。

巡航导弹研制期间，不少科研人员出于科学态度，坚持认为这种小涡扇发动机推力不够，不能将巡航导弹送上天。搞总体出身的刘永才心里也长时间有这种担忧。

他多次与动力技术研究所和总体设计部两家一起研究化解推阻矛盾的措施，时时关心建模计算、半实物仿真的进展情况，运用自己长期的经验积累和技术判断，一直坚定不移地支持小涡扇发动机一步一个脚印地往前走，一个难关一个难关地往前闯。

在地面试车台上进行了大量的实物、半实物模拟仿真试验，取得阶段性成果之后，小涡扇发动机进入更为艰苦的带飞试验阶段。

发动机带飞试验就是把试验用的发动机，装在一发动力试验弹上，挂在一架老式的轰五轰炸机机翼下面，让飞机带着它飞，完成各个考核项目。

寒来暑往，带飞试验不知做了多少次、多少遍。亦冷亦热的带飞试验让推进技术研究所试验队的每一个人至今难以忘怀。

每年哈尔滨冬季最冷的季节都是巡航导弹动力系统带飞试验开始的时间。哈尔滨白天平均气温都在零下二三十度，试验队员们裹着军大衣，带着棉帽子和口罩，只露出两只眼睛，但在冰天雪地空旷的机场上，来自西伯利亚的凛冽北风，还是瞬间就吹透了人们的全身，很多人冻得鼻涕流过了“河”，生出一双双冰花凝结，长长的美丽睫毛。

偏偏选在最冷的季节集中进行大量的发动机带飞试验，就是要通过试验去验证小涡扇发动机在低温环境下的一次性启动性能。

为防止那一架老旧的轰五轰炸机部件被冻坏，在温度特别低的日子里，晚上飞机要停在机库内，但试验机场没有飞机牵引车，每天只能靠人推飞机入库、出库。空重十几吨的飞机要 30 人左右推，这“吉尼斯”舞台上的表演节目，却成了试验队每天必须做的工作。不了解情况的机场辅助人员，常用惊讶的眼神长久注视着这么一大群人，蚂蚁搬食似的在清晨和傍晚的大雪地中，一步一滑地簇拥着飞机艰难前行。

每次试验前，都需要给发动机加注润滑油。用注射器针管，一管一管，小心地往油箱里推，几升的容积往往要大伙轮流完成：弓着腰，屏住呼吸，小心翼翼地在油箱旁操作，有时候没推几分钟，裸露在外的双手就冻僵了，实在冻得慌，就绕着飞机跑几圈取暖。于是，每次试验前，都可以看到飞机寒光闪烁的机翼底下，有人弯着腰直跺脚，还有的人绕着飞机跑，有人因此冻伤了耳朵、手指。

要是遇到临时有故障就更麻烦了。一次，天降鹅毛大雪，试验队在没过脚面的茫茫大雪中推飞机，飞机缓缓向前移动，好不容易推到跑道，起飞前再次测试，发动机却突然出现了异常，一时无法排除，只好把飞机再推回到几百米远的机库里。拆下发动机，取下点火器，简单处理完故障后，再装上发动机、点火器，一步一步地重又推回到空寂无人的机场。雪花漫舞的跑道上，推飞机的人群中有女同志，还有年近六旬的老所长张振家，没有人抱怨，没有人叫苦，更没有人退缩不前，人人各司其职，尽心尽力。大家都知道，艰难时刻同伴间相互理解，相互帮助，才能按计划完成巡航导弹研制任务。

一天，一位设计师忽然接到张振家从试验场直接给他打来的电话，声音气愤，语调严厉。设计师的设计与试验结果相比，错得一塌糊涂，领导勒令必须马上到试验现场来！

简直是晴天霹雳。试验前，在研究所里已经进行了大量的试验验证，课题组所有的心血都在这里面，怎么可能出现这么大的失误？设计师郁闷得举着电话听筒几乎就要哭出来。乘最早的一班飞机赶往哈尔滨，最快赶到试验机场，正赶上试验队都在食堂吃饭。性格耿直的张振家当着所有人的面，直接把试验结果扔到设计师面前，劈头盖脸道："你看看，这叫什么结果！"

去了就是要解决问题的，一向沉稳的设计师还是不相信大家熬了这么长时间的产品最终会是这样，顾不得被大家看得直发烫的脸面，默默地开始与测试人员逐条梳理，确认测试方法。经过一个昼夜的紧张工作，终于在第二天凌晨找到了原因：原来在此前装配工艺并不完善的情况下，工人将测试管路接错了，导致测试结果一团糟。问题找到了，调整管路，试验继续……测试厂房里零下二十几度的低温环境，即使穿着军大衣不到半小时也被冻透了，但大家心里却越来越热，因为发动机表现得越来越稳定。

这次紧急排故之所以值得记上一笔，是因为当时研究所在经费十分紧张的情况下，特例给这位普通的设计员买了头等舱机票。要知道，当时的所领导出差都是坐火车的。任务之急迫、责任之重大，可谓泰山盖顶。

严冬时节的北国冰城，户外积雪几个月不化。试验队员们望着满眼银装素裹，不是感觉到美丽妖娆，而是心急如焚。雪稍一停下，就借来大铁锹、小扫把，男女老少齐出动，沿着宽阔的跑道分成大帮小拨，一块一块地敲冰铲雪。可往往是今天刚清理出一段，过了一夜就又冻上了。经过协调，机场管理部门亮出

成功后的喜悦

了他们的绝活。

他们把一台旧的涡喷飞机发动机装在一辆大卡车后面，汽车拖着点着火的发动机，从跑道头起一路开过去。发动机后面喷出的炽烈火焰，吹得坚冰凝雪顿时如同飞絮扬沙，眨眼工夫就在一望无际的银白中开出一条宽阔干爽的跑道。

“不怕千招会，就怕一招鲜”，大家心里暗自感叹，咱们的小涡扇发动机弄出来，也是绝招在手，咱们的巡航导弹干出来，更要扬眉吐气。

动力、导航、发控、制导……各分系统北上冰城、南下湛江、东至义乌、西出嘉峪关，巡航导弹研制队伍转战全国，甚至追逐台风下的高海况进行雷达性能测试，前后共进行飞行试验几百架次，为巡航导弹研制采集到最可靠的第一手资料，积累了宝贵的数据和经验。

在完成最后一次带飞试验任务之前，大家知道这架老旧的轰五轰炸机，也即将随着巡航导弹的傲然腾飞，完成它的最后一次使命。飞机降落后，试验队员们手拉着手围了上去，抚摸着温热的机体和冰凉的机头玻璃窗恋恋不舍。大家经过商量，找到曹建国、刘永才等三院领导，表达的意思很简单：这么多年过去了，这架飞机早已成为试验队中的一员，让我们把它带回家去吧。

以后，在云岗北山森林公园的草坪上，就有了一架退役的轰五轰炸机。它和那些同伴的故事，将长久留在巡航导弹研制历史上。

5. 聚力协同

1999 年 5 月 8 日，民进党八届二次“全代会”通过“台湾前途决议”，再次声称“台湾是一主权独立国家”。在 2000 年 3 月的“总统”选举中，陈水扁以微弱多数侥幸上台，积极从政治、经济、思想文化等各层面，全方位推行以脱中国化为核心的渐进式台独，意图使台湾逐步朝“台湾国”方向发展，一时猖獗至极。

军委、总部和军兵种首长听取刘永才（前）介绍巡航导弹研制进展情况

不采取措施加以有力遏制，将会有加剧之势。从民族大义与国家根本利益出发，中央政府军事斗争准备明显加快。

中国航天科工集团公司对巡航导弹研制工作始终极为重视。在集团公司副总经理兼三院院长高红卫强有力的领导组织下，以曹建国、刘永才为代表的巡航导弹行政、技术两条指挥线紧密配合，总体、发动机、导航、发控等经过细化了的多个分系统研制工作并行开展。

以前，三院的产品只是战机、军舰等全武器作战平台上的一个火力单元，因而“重弹上、轻地面”的状况由来已久，地面设备一直处于是一种配套装备的配套设备的边缘从属地位。这种由于客观因素引起主观认识上的误区，在刘永才主持的型号上得到了改变。在研制攻关阶段，他就将地面设备列入其中，这是从未有过的局面。

地面设备研究所汪副总设计师说：“刘总对我们一直很重视！我们也没有辜负他对我们的期望。”

当时，陆基机动倾斜发射系统在国内可谓一张白纸，车载的多联装倾斜发射、适配器发射以前从没有搞过，起初连到哪里去寻找一种合适的载车都不很明确。地面设备研究所曾想到过进口的路子，但导弹系统有一个很大的特点，即试验阶段用了哪些主要部件，一旦定型之后就不能轻易更改。而那么大装备数量的导弹机动发射车底盘，总不能让别人掐着脖子吧。

研究人员在全国范围内广泛调研，经过多方选型，终于确定了一种尚未完全国产化的，地对地战术弹道导弹用的发射车作为基本型底盘。但此中有一个很大的顾虑，如果这种车国内不能按计划研制出来，将会大大拖延整个导弹武器系统的研制进度。

刘永才对地面设备研究所所长陈登高等领导提出的“引进、消化、吸收、再创新，地面系统分两步走，尽快形成战斗力”的发展思路，很是理解和支持。

发射时助推器燃气流对车的冲击震动、烧蚀，对整个动力循环系统的影响以前从未遇到过，更没有研究过的技术问题。而且随着车辆国产化程度的提高，许多质量细节问题也暴露出来。有一次，在北京北部山区进行跑车试验，盘山公路上，车辆刹车突然失灵，几十吨重，庞大的车体失去控制，要不是撞到了收费站，几乎要翻下深涧。

刘永才对地面设备研究所的信任始终如一，坚定了科研人员义无反顾、分两步走的决心和勇气。

跟以往型号不同，巡航导弹是一套完整独立的武器作战平台。除地面发射系统之外，导弹在平时值班，以及发射准备过程中，还涉及到准备、测试、加注、快速转载、运输等设备，需要众多新开发的系统给予支持。刘永才敏锐地意识到，三院只有导弹总装厂，而没有地面设备的总装集成厂是不行的。

于是，他多次在不同的会议上呼吁：“只有一个光杆弹，你是打不出去的。”

刘永才一直有个思路，在型号发展驱动下，就像导弹总装厂一样，要将三院地面设备的总体集成化专业机构建立并扶持起来。同样，作为火控、指挥控制系统总体集成，与总体设计部技术总体配套，要把计算机技术研究所扶持起来。

试验开始阶段，刚从大西北试验场回到研究所继续组织攻关试验的陈登高，猛然间接到刘永才从千里之外打来的电话。听到刘永才沉沉的声音，陈登高一愣，第一个反应就是不可能，绝对不可能！

那一个初夏季节，经过长时间的准备，弹体各部分测试完毕，马上就要装箱进行飞行试验，而导弹与发射箱结合却出现了任何人都不会想到的低级问题。更令人不安的是，这一次还是首发飞行试验！如果从试验场撤回来，对国家寄予巡航导弹的期望、军种对三院的信心、对型号今后发展都十分不利。这一次载入型号研制历史、震动三院的质量事件，令所有人都感到压力巨大！

“刘总在电话里当然很着急了。”多年之后，陈登高谈起往事，依然心有余悸。他立刻组织专业人员，带上必要的设备、图纸资料，紧急赶赴试验场。从“鹰击六号”开始就和刘永才在一起工作的陈登高，对刘永才的为人处事自然很是了解。在家里已经做了那么多的试验，陈登高自感大方面心里还是有底的。路上，他一再冷静分析，渐渐内心坦然。到了试验场，有人想起来，距离试验基地不远，有一个国家级的大型钢铁企业，开车半天功夫就能到，他们那里应该有重型金属切削设备，把发射箱拉过去，上床子倒个角应该不是难事。发射箱很快拉回来了，下面的精加工工作就交给了陈登高他们……“刘总确实总是很能理解人，我们出了问题从来都不是一棒子打死，而是和大家一起想办法找原因，解决问题。”

后来查出造成这次事件的主要原因是，为赶进度，总体与分系统状态更改协调不到位，加上配套的外协厂家拖延了产品交付进度，试验队进场后才提供安装上弹，因而进场前对接试验时，产品状态不真实，问题没有及时暴露。

在试验场，每当出现问题，大家听到刘永才说：“出了问题不怕，关键是要我们立刻想办法，考虑如何妥善地去解决”，就会镇定许多。

后来，在发射系统正式产品研制出来、正式进场飞行试验前，就近在北京的一个部队训练场，由三院人员自己操作，进行多轮次的导弹发射性试验，就是用以验证导弹与发射系统之间的协调性。

这是三院型号研制程序中具有开创性的一次试验，上上下下都极为重视。按新的管理程序要求，刘永才审定了很多技术文件，组织参加了多轮评审，并邀请军方领导莅临现场观摩。成功的密集性试验，极大地增强了来自各方面的信心、赢得了信任。

等到全武器系统实现设计定型，地面设备群组已经发展成为地面技术支援系统里的重要一环。由早期的独立单元设计，进入到集成一体化，实现了导弹的自动装填，实现了准备过程的程序控制；在发射控制、指挥控制、车辆控制等方面均达到较高技术水平；车辆的自动化、信息化程度，更是走在我军现有装备的前列。

陈登高感叹：“刘总很妥善地处理了国产化与引进、分系统与总体之间的关系，保证了地面设备与整个武器系统研制同步进行。”

任务规划分系统是巡航导弹武器系统的重要组成分系统之一。

飞航导弹攻击的目标大都处于不断移动中，因此，导弹发射前要根据计算公式，计算射击诸元，以确定自控段的飞行距离以及飞行轨迹，确保导弹到达目标实时位置时，恰好在雷达预先捕捉到的目标位置的前置点上。随着飞航导弹射程的增加，飞行途中的环境更为复杂，不仅要飞越山川河流，还要绕开高楼大厦，更要避开拦截火力，这就需要进行攻击计划、航迹规划。通用计算机技术的飞速发展，使大量计算、快速计算成为可能，这就变成了任务规划系统。

作战部队在接到指挥系统下达的作战任务和对敌打击目标的毁伤意图之后，根据基础数据以及实时战场环境态势，为巡航导弹的具体战术使用，进行攻击计划和飞行航迹规划，并将规划成果配发到作战单元，完成作战任务。任务规划分系统的主要作战使命是：最大限度地保证每一发导弹到达并且命中目标的概率最大，途中自毁以及被敌火力拦截摧毁的概率最小。

我军导弹武器装备的任务规划分系统是从巡航导弹开始的，经过多年发展，现已成为了一个专业，经过军民融合，已有了专门的半官方学会组织。

我们今天看到大型仓储设施里的自走式搬运机器人、方兴未艾的自动驾驶汽车，其实都是任务规划系统的现实民用版，都是由固定和移动两部分组成的。自走机器人在仓库中沿着哪种路径移动，途中避开哪些障碍物，最后到达指定货架，要事先经过固定设备的规划计算，再植入到可移动的执行单元里，进而完整实现规划意图，跟导弹上的任务规划系统并没有什么太大的区别。只是导弹上进行任务规划所需要的输入数据，更敏感一些罢了。

导弹上的任务规划分系统与总体设计、指挥控制、导航控制都有一定的关系。从20世纪七八十年代中期开始，总体设计部跟踪国外平行技术，对任务规划分系统进行了大量的、卓有成效的研究。从同一时期开始，三院下属研制射击指挥仪的计算机技术研究所里一位叫程景昭的资深研究员，也开始了任务规划分系统的相关理论研究。射击指挥仪其实就是遂行导弹攻击参数计算、装定的设备，类属于指挥控制。以程景昭为主要学科带头人，计算机技术研究所在同期的所培研究生课题中，重点对地形匹配技术进行了理论和工程实践探讨，完成了一些具有开创性的基础工作。

计算机技术研究所赵主任设计师说："作为一个系统的大总师，刘总对任务规划分系统的每一个方面都很关注，甚至具体到某些详细的技术细节都可以跟主管的分系统副总师，还有我们这些主任设计师站在一个平台上进行讨论。在大的发展趋势把握上，他有时候比我们都要高，并不仅仅限于统揽大局。"

有一次，刘永才到计算机技术研究所听取研制情况汇报。会上，程景昭介绍了导弹航迹规划的一种曲线算法。过程中，大家注意到刘永才眉头微皱，似乎陷入沉思。等老研究员程景昭讲完了，大家都静静地等待刘总发表意见。过了好大一会儿，刘永才才合上人们都熟悉的，写得密密麻麻的纸页竖折三分之二的笔记本，缓缓地说："你们做的曲线算法我听明白了，是分段的、开放式的。虽然我不知道你们具体是怎么实现的，但是我认为，在两个相互衔接的算法匹配段之间，曲线应该是收敛的，这样才能保证曲线是连续的。"

1960年从清华大学毕业的程景昭，对任务规划分系统潜心研究多年，理论功底亦是相当扎实深厚。听刘永才就技术问题当场表示出不同看法，学究型的老研究员就有些微微变了脸色。

会议结束，吃完午饭，刘永才照例到各个研究室现场查看。转了一圈，回到办公大楼，已是快下班时间，不料看见程景昭站在会议室外面的走廊上，手里拿着一卷资料……原来程景昭散会回去又想了一番，认为刘永才说的果然是对的，要是曲线一直开放下去的话，那怎么来修正呢？又进行了一些简单的计算验证，老研究员便一直站在走廊上，等刘永才回来。近前来第一句话就开诚简明地说："刘总，我们确实是做错了。"

地面设备研究所汪副总师说："刘总在各个层面都想到了，而且想的比较多，比较细，我们只能想得比他还要细致，还要严谨。"

老专家们严谨的工作作风，给当年还是年轻人的主任设计师、主管设计师们以深刻的教益。这是"巡航文化"的一部分，潜移默化，师徒相传。

在任务规划分系统的分工合作问题上，刘永才还是本着各取所长的原则。实事求是地确定，总体设计部负责系统级全面统筹，并承担弹上部分的具体研发；地面部分主要由擅长通用计算技术的计算机技术研究所来做。当巡航导弹关键论证攻关阶段完成，总体部已经能够拿出一套接近实用的系统级方案，计算机技术研究所做的 3D 系统也获得了军方认可。

刘永才在不同场合多次强调：总体部最根本的

责任是抓总协调，作为龙头，要调动大家的积极性，引领整个团队共同往前走。

从大系统的全局出发，曾经是总体设计部副主任的刘永才，对总体设计工作有个一以惯之的指导思想：为了进行指标的可行性验证，总体部门将某些关键技术作为预先研究课题，不仅是可行的，而且是必要的。随着研制任务更加深入，进入到工程研制阶段后，总体部门就应更多地担负起指导、牵引的责任，带动专业所发挥各自的专业技术优势、局部系统优势和行业资源优势，由他们具体负责实现。

其实，作为一位重点对技术负责的总师，刘永才很多情况下可以不发表意见，将分歧交由行政指挥裁决也未尝不可，但这有悖于他“国家利益高于一切，一切以完成国家任务为重”的职业理念。

刘永才说：“工作中处理问题，做决策的时候，一定要把自己撇开，从型号的全局、大局出发考虑，否则就容易患得患失，难以决策。”

刘永才多次讲到：“从全局角度看，将分系统与总体关系理顺了，总体部就能更好地发挥总体的龙头作用，这实际是对总体部最大的支持。”

今天，当年巡航导弹研制队伍中各分系统总师、主任设计师谈起刘永才，都有个共同的、最简单却是最具品格分量的评价——实事求是。

巡航导弹进入到工程研制阶段，军方很快成立了驻导弹总装厂、导航技术研究所、发射设备研究所等军事代表室。此时，除陆军之外，人民军队各军兵种在三院都有了军事代表室，这表明三院已经从建院之初比较单一的海防导弹研究院，发展成为覆盖海空天全区域的高技术、现代化导弹武器系统研发机构。

体系化、一体化成为三院今后的发展方向。刘永才卸任巡航导弹总设计师之后，将在这一更广阔领域的规划建设方面发挥重要作用。

刘永才说：“军种引入了一种先进的、严格的管理模式，对三院的型号研制推动不小。”

昝工艺师也对军种军代表的工作作风和严格要求，赞叹有加。

那时候三院的型号不算多，导弹总装厂工艺部门统共也没有几个人。昝工艺师刚接手巡航导弹工艺时，觉得这个型号很难，一段时间之后他明白了，原来是军种军代表要求十分严格。不仅当时年轻的工艺师对这种“严”很不理解，就是其他部门的人员也很不适应，供监双方经常发生分歧。

军种在型号管理上的要求，以前很多型号都没有。比如：军检项目要求首件鉴定、工艺评审要有军代表参加，总装过程他们也要签字，在什么阶段应该出什么报告，报告写到什么程度，都有明确要求和详细规定。用型号队伍的普遍说法，就是严上加“严”。

“但是每次回过头来想一想，有些甚至是过了很长一段时间之后才明白，他们的‘严’确实是有道理的。实际上他们严的时候，往往就是你的技术上有毛病，管理上有问题的时候。”昝工艺师说。

跟军代表讨论问题，不是吹毛求疵，鸡蛋里挑骨头，绝大多数情况下都是纯技术方面的交流、协商。军种驻三院型号办就导弹在技术阵地测试时，弹地连接电缆太多这一具体问题，专门向电气系统设计部门提出要求，建议从设计着手，统筹考虑弹地连接电缆的必要性和多路信号传输的可行性问题，要求减少接地电缆数量，并给出了符合战时实际情况的具体数量。

以后，这个“严”在别的型号上也进一步推广开来。各军种之间相互借鉴，补充完善，在研制生产保障体系中，根据各自的使用要求、战场环境又分别加入了自己以往的一些特色，因此这种“严”就变得“越来越严”。

军方的严格要求在三院型号发展中的作用和影响是潜移默化，积极而深远的。三院的科研生产技术水平和管理水平，亦随之在主观和客观两方面得以迅速提升。

刘永才一再强调，只要精心组织，协调、管理到位，就能收到良好的效果。

为解决型号研制中的重大技术难题，三院机关组织军方及有关单位针对巡航导弹有关内容多次开展集中办公，共同协调重大关键问题。

针对关键技术，各分系统、各专业分别成立了技术攻关组，集中攻关。对于技术复杂、涉及单位多、跨专业、协调工作量大的技术难题，两总领导决定在已有的型号专业组基础上，成立“集中办公协同攻关组”，统一指挥、统一计划、统一协调，尽快攻克这些技术难题。集中办公协同攻关主要采取封闭、开放两种形式。

封闭式就是将参与集中办公的人员在一段时间内，全部集中在同一办公地点，办公条件以及相应的后勤保障由院机关统一协调解决；开放式就是参与集中办公的人员只是短期、阶段性集中，是一个“集中—分散—集中”的交替过程。集中时主要讨论、交流相关技术问题，协调后续工作项目，明确计划安排。集中结束后，人员返回各自单位，完成各自承担的既定工作，达到节点后再次集中，协调考核，直到任务完成。

集中办公这种形式，极大地提高了工作效率，为后续工作的顺利开展奠定了坚实的基础。

6. 软件工程

巡航导弹大量使用数字控制、信息处理、单片机和单板机等软技术，软件数量大大增加，软件代码无处不在。现代武器系统数字化程度高，软件广泛镶嵌在各个系统之中。以前，设计师的意图主要通过硬件实现，在巡航导弹上，系统复杂的控制规律和控制逻辑，主要通过软件实现，软件成为大系统的神经中枢，一串串代码给冷森森的钢铁注入了生命，软件功能直接影响到系统成败。

系统模型、计算方法、补偿方法这些软部件，可不是光凭加工中心这些晃眼的机器设备就能造出来的。比如惯导系统，可以笼统地分为三大类技术：用于数据采集、处理、计算的微电子电路和计算机技术；平台台体和陀螺、加速度计等传感器设计制造的机械加工、装配技术；另一大块就是算法了。同样，在涡扇发动机中，大量测试、监测、控制功能也主要依赖于软件实现。

软件核心算法，是一个国家科学技术发展水平的重要标志，是核心国力的重要组成部分。

张振家、杜祖良和他们手下的一帮人都是学控制、仪表、机电的，虽说基础原理、计算公式教科书上都有，可是纯书本上的算法，在中国还没有一种成熟产品曾经验证过，因而在发动机、惯导、任务规划、制导控制、发射控制等分系统，确切地说在整个武器系统中最不好把控、也是最让人担心的还是软系统部分。

刘永才很早就提出新一代导弹武器系统要实现数字化，意识到软件的正确性、可靠性，以及将软缺陷降到最低程度，已成为决定巡航导弹能否完成研制，进而满足技战术指标的关键问题之一。在巡航导弹论证阶段，他编写的《系统工程规划纲要》中明确地将“信息管理”纳入“型号管理”之中，并指出在“产品保证”里应包含“软件产品保证”。

当时，三院的软件基本上处于程序员自己进行逻辑设计、自己写代码、自己测试，整个软件生产全过程自始至终由一人包办的状态，被大家称为自编、自导、自演的“三自一包”。刘永才提出要保证软件质量，进行第三方测试，型号两总支持经费，购买测试工具，建立测试环境。程序人员听说自己包办的软件要拿给第三方进行测试，不少人心里有抵触情绪，一方面怕查出错误脸上无光，另一方面怕自己的算法外泄，还有人担心软件既已成型，很多定义都忘记了，再修改起来过于麻烦。其实，这些就是之前对软件管理不够，现在正要解决的问题。两总下令，强制实施，一轮下来，检测出许多问题，程序人员尝到了甜头，后来还主动要求测试。

数字化控制技术在武器系统中的普遍应用，软件的质量和可靠性问题日益突出，引发了中国航天工业总公司对软件工程化的关注和重视。20 世纪 90 年代中期中国航天工业总公司下发实施航天型号软件工程化管理要求，当年批准挂牌成立了航天业内几家软件评测中心和检测站，可并不包括三院在内。无疑，那时三院的软件工程化水平相对比较落后。

而这一时期，包括巡航导弹在内的几种新型导弹武器系统都在争取型号立项阶段，如果软件过不了关，所有的先期付出都将白费。同期，另有一种潜射型号导弹正处在定型阶段，按照中国航天工业总公司软件工程化管理要求，型号所有的地面、艇上、弹上软件都要拿到外单位去评测，这就意味着要将自己整个的技术细节和接口关系全部暴露在别人面前，不少科研人员感到心里很不是滋味。

由此，三院领导充分认识到，推动软件开发水平和条件建设，三院自己建立针对飞航导弹的软件测评体系已是当务之急，“抓软件测试，促软件工程化”，软件检测站技改项目紧急启动。三院向中国航天工业总公司打报告，陈述建立检测站的必要性，其依托的主要背景就是刘永才领导下，尚处于预先研究阶段的巡航导弹项目。期间，刘永才非常重视，经常跟筹备组一起开会讨论如何撰写报告，要增加哪些项目，院长王建民还多次到中国航天工业总公司进行协调。

在王建民、许祖凯、刘永才、杨宝奎等院领导、总师的推动下，三院在由原来的通讯站、简单的计算站基础上发展起来的计算技术研究所内成立了软件检测站筹备组，申请在三院定点建站。但过程不太顺利，他们共向中国航天工业总公司提交了 3 次申请，才被批准作为航天软件评测中心的分中心，接受航天软件评测中心的技术指导。

这是三院计算所自成立以来的第一个大型技改项目。软件检测站成立之初的情况可谓一穷二白——既没钱，也没有专门的技术人员，更没独立搞过像样的软件评测项目。

没有专业人员好办，请进来，走出去，可以组织派人进修学习。计算所一期抽调了 10 名技术人员，组建独立的检测部门，一方面请专家、教授讲课，讲软件测试技术、工具及其技术背景；另一方面派人出去参观、培训，参加会议，到软件测试进行得比较早和比较好的单位，以及型号研制单位上门请教。

最大的问题是没有钱。飞航导弹软件大都属于实时嵌入式软件，技术特点是系统规模大、结构复杂、算法繁琐、数据处理通道多、接口种类多、数据交换频繁，市场上的通用软件测试工具普遍不适用于这些复杂的嵌入式软件，有些测试还必须要用工具软件，因而建立测试平台必然要有较大的经费投入。

此时，三院还处在要劲爬坡阶段。国家投入的专项投资、技改费用大部分还没有下来，而为了争取项目，大量的相关科研工作已经逐次铺开，很多地方都需要花钱。建立软件检测站需要购买专用的测试工具软件，还有当时尚属昂贵的硬件设备。成立之初，筹备组在给三院的技改请示上说，目前所有检测项目都在微机上进行，所以急需1台网络服务器，如有可能再申请添置1台工作站。

第一批紧急启动的软件检测站技改经费投入，除了计算所自筹的4万多元钱之外，其余全部费用来自刘永才主管的巡航导弹项目。

计算所张副总师说："没有刘总的支持，这些钱拿不出来。"

初步的测试环境建立起来，制定了第一版管理文件，检测站投入试运行。

最先进行的是潜射导弹软件测试试点。不测不知道，一测吓一跳，不仅项目组，就连很多程序员都心惊肉跳。接近定型的型号，且不说导航与发控两个分系统之间的接口问题很多，还轻易就查出了不少代码中的语法错误。教训深刻，受益匪浅，从此软件测试人员、程序员对软件测试的重要性达成共识。

在两总系统的推动下，检测站制定了飞航导弹武器系统软件工程化管理办法，对软件研制流程、软件文档编制、编程语言格式约定、软件测试等进行了规定，并组织程序员集中进行学习宣贯。刘永才亲自审阅了这些程序文件，针对巡航导弹上软件多、外协软件不好把控的突出特点，提出了更高要求，组织修订了产品保证大纲，对其中软件开发、测试等过程进行了严格约束。

在巡航导弹首批全状态弹研制时，为保证软件质量，集中开展了“软件代码走查”工作。

软件代码走查就是组织软件编程人员、软件对应的专业技术人员、软件测试人员和相关软件专家集中在一起，针对软件技术状态受控、逻辑设计正确、接口通信协调、任务调度无误、异常处理可靠（包括任务书要求、与外界接口的要求等）等五个方面进行全面复查。型号主管软件的副总师和相关技术人员，每天集中在三院招待所，对着大屏幕上一堆堆密密麻麻，似乎永无终止的软件代码挑错质疑。检查不是以语法错误、逻辑错误为目标，而是查你到底有没有设计不到位、中间状态考虑不周全的情况，叫你一个个模块，甚至一条条语句地给我讲。站在台上的程序员有时被审得焦头烂额，自称“上法庭”，哪还顾得上自己那点所谓的技术“诀窍”，恨不得竹筒倒豆，立刻就给交待得明明白白。程序员们的既有狭隘观念从此得以根本扭转。

只要一有时间，刘永才就会跑到代码走查现场坐镇监督，对于重要的系统级软件，还自己出面组织评审。

搞总体出身的刘永才懂软件吗？懂！

赵主任设计师说：“刘总对软件的理解，常常切中要害。”

有一年在北京沙河专门组织讨论软件的可靠性，除了工程设计人员，还从外面请来了一些行业专家。会议进行到第二天，一位年轻的程序员站起来提出，软件的可靠性跟硬件的可靠性是不一样的。硬件的技术状态是一个固定值，能够给可靠性分配一个 MTBF 指标，可软件就不是这么回事。譬如说某一个元器件失效了，将导致整个系统失效，如果说设计是正确的，那么维修手段应该是用同样型号的器件替换掉原来失效的器件，在这个过程中，整个系统的状态其实并没有发生改变，但是软件就不一样了。软件不会说我写的一条语句会失效，只要软件出现问题，就一定是设计上出现了错误，如果把 IF A = B，改成 IF A ≠ B，语句一变，整个系统的技术状态就完全发生变化了。

晚上吃饭，刘永才在饭桌上找到这位年轻的程序员说，你提的这个问题很对。

原来整个系统是给软件分配 MTBF 指标的，自打那次会议之后，就再也不给软件分配 MTBF 指标了。

现在已经是主任设计师，当年年轻的程序员感慨："会场上刘总一下就明白我的意思了，说明他对软件不仅重视，而且有比较深入的了解。"

代码走查没日没夜地连轴转，一两个月时间过去了，谁也没想到结果却是问题越查越多，越查两总系统心里越没底。物质、意识、能量三者之间的关系在一个个软件代码中紧紧连成一体，系统性突出表现出来。刘永才指出，制度是根本，还是我们的软件工程体系不够完善，现有的程序文件还远远不能支撑如此庞大复杂的整套系统。

软件检测站在刘永才的要求下，首次提出软件策划的概念，并对有关文件进行了大规模的补充加强，三院的软件工程体系由此趋向完备，检测站技术水平也随之快速提高，为进一步升级成为评测中心打下坚实的基础。

巡航导弹上的软件多，编程语言也比较新，经过代码走查，暴露出软件编程上的一些问题。根据刘永才"抓典型问题"的思路，检测站提炼共性突出问题案例，归纳软件设计细则，形成了飞航导弹软件典型案例分析及设计参考，在研制队伍中进行培训、宣贯，进一步在院内软件开发和测试人员中普及推广。

以前在三院，各个分系统之间的接口谁都不重视，都觉得自己没问题，总体也没有足够的手段和精力把这部分管起来，就形成了接口"三不管"的状态。现在有了统一测评的软件专门机构，刘永才指示，对系统接口全面清理，对接口可靠性进行全面测试，对各个分系统和关系软件之间要详细分析。转了一圈下来，自然发现了很多问题，出了很厚一摞子文件，之后就是升级到全院推广。

当时不少软件没有版本号，到靶场才发现软件拿错的情况时有发生，据此情况，评测站制定了软件配置管理细则。

软件测试策划，也是在巡航导弹上首推的。策划强调中期评估，规定按时间或者阶段进行软件测试。进场前，由总师主持，软件副总师具体负责全面清理各种接口、逻辑问题，协调软件测试、开发的各项要求。中期评估完成之后，总师再对存在的问题统一予以协调解决。

此后进行的多次飞行试验，巡航导弹再没有出现因纯软件问题而造成的失败。

国家《军用软件产品定型管理办法（试用版）》颁布之后，巡航导弹总计近百万行的软件代码，一次顺利通过军方联合组织的定型测试总结评审。这不仅在三院是第一个，而且也是全军范围内首次通过评审定型的大型软件系统。

"有风险共同承担，有余量共同相让。"是巡航精神之一。

以前，三院计算所的主要业务是通信、网络，属于服务性质的单位。自从有了软件评测职能之后，计算所实现了由服务向科研转化，得以跻身型号研制流程中。因为所有型号软件，在这里过不了关是不行的。

2005年，三院检测站通过了中国航天科工集团资格审查，正式更名为“中国航天科工集团飞航软件评测中心”。2006年6月，评测中心通过总装军用软件测评实验室资质认可，后续又取得探月工程软件独立测试资质，进入空军定点评测机构目录。

计算所张副总师说：“没有刘总的关心，我们评测中心就没法建立，没有当初紧急技改项目的支持，我们不可能作为巡航工程的一个配套项目得到发展。”

今天应该说，巡航导弹对于三院最大的意义，是留下了一整套新一代导弹武器装备的研制管理方法。巡航导弹项目管理上的很多第一次，经过整理形成制度，大都上升成为三院的程序文件，成为飞航导弹科研管理体系中占比很大的一部分了。

这累加起来足够堆满几屋子的纸页里面，浸透了刘永才和他的同事们的心血。失败泪水与成功欢笑的背后，是他们对事业的忠诚。飞航导弹将满满注入这种取之不竭的高能燃料，一直高飞下去！

在巡航导弹研制的紧张时期，三院就加快研制工作提出多项强化措施，要求下属各部门上下左右一盘棋，在最短时期内完成多种系统初样生产和部分试验，打好攻坚战。就巡航导弹研制中大量新技术在研发、试验并不完全充分的情况下便迅速投入工程实际应用的现实状况，两总系统责成从管理和技术两方面，对短线项目进行细化，明确责任单位；制定计划，理顺管理关系，充实完善下属各单位的两总系统；严肃行政纪律，制定两师系统条例；对生产关系不顺的地方进行调整，研制工作施行交叉管理，加强技改，规范型号经费使用。

面对严峻形势，刘永才从型号研制需要出发，力主组建面向型号、高效可靠的信息网络系统。在技改经费还没下来之前，从型号经费里拿出有限的一部分费用，先期紧急启动，在院内组建起一个小局域网。刘永才为什么比别人都要着急呢，因为他管的单位多，所以更要提高效率。

筹建型号调度网络一期工程，三院的办公信息化建设由此展开。

以前组织调度靠一个单位一个单位地打电话，信息交换不均衡；技术人员签一张图纸，常常要跑几个来回；还有的时候领导说文件要修改，但是下面理解不清。根据刘永才的设想，计算所先利用内部电话线架设了一个局域网，搭起了一个小的计划调度系统，在此基础上开发软件，建立起相应的电子邮件系统、办公事务处理系统、情报查询系统。

这个小小的局域网，成为三院网络中心最早的雏形。点击一下，白屏黑字，各单位同时收到，都明白了；文件发出去，可以坐等审查结果回来。此外，刘永才还身体力行，大力推广 PPT 文档，很多时候还亲自教制作方法。

张副总师说："没有刘总力推，整个三院的信息化不会起来得这么快。"

办公信息化堪称刘永才的得意之作，为三院信息化发展奠定了良好的基础。

如今，软件、信息化都已成为中国航天科工集团的热点和亮点。

2016 年 10 月，中国航天科工集团公司董事长高红卫在央视访谈节目中表述："中国的航天人，从航天事业开创那一天开始，一直在做着开创性的工作。航天人有这种基因，有这种血脉，我们不甘于落后于世界，不甘于被人家落下来，无论在导弹领域还是工业制造领域。所以在航天科工或者是其他类似的企业里边出现工业互联网类似的创新，我想都不应该意外。"

7. 国家团队

1987 年，刘永才在主笔撰写的《中国飞航导弹武器发展战略研究》一文中，将发展巡航导弹"能够促进我国整体科学技术的发展"作为一项重要意义提出，这在以后巡航导弹研制过程中得到了多次验证。

巡航导弹作为多门类应用学科交融一体的精华产物，既是系统化、信息化、网络化的综合载体，又是包括微电子、机械、光学、化工、材料、计算机技术、制造工艺和制造手段，甚至涵盖信息技术、故障分析与诊断、统筹管理等软科学在内的一次高新技术大集成，是对一个国家工业基础实力能否顶得上、经济发展水平能否扛得住、现代化总体水平能否达得到的一次集中性检验。

动员几百家科研机构，几十所大专院校参与其中，此前的中国飞航导弹研制历史上，还很少有一种武器系统要求集成这么多的基础产业、高新技术，背后需要有如此强大的国力作为支撑。

确切地说，研制巡航导弹是一项跨世纪大协作的举国工程。

小涡扇发动机尾喷管研制需要一种合金薄板，这种材料在当时属于稀有贵重材料，物资部门多方联系仍不能满足供应要求。研制车间主任想尽办法，动用了一切可用的关系，最终得到一张中国有色金属总公司国防工业办公室开具的批条，立即派相关采购人员赶赴陕西某厂求援。

进入该厂销售办公室，采购员堆起笑脸，说明来意。一听又是计划外求援，销售人员手一指满屋子的人说，他们都是有计划合同的，现在还不能保证供应，你还是早点回家吧，别白白耽误时间。没有别的办法，采购员只能从包里拿出批条递了上去。销售人员见罢，立刻向厂领导报告，并找了单间给予特别接待。当得知所需材料为国防工业急需时，厂领导马上提笔签批，立即从计划内材料中给予足额调拨。

采购员千恩万谢地出门，销售人员表示，为国防现代化，为军方急需的作战武器早日拿出来，他们义不容辞，今后若有困难还可再来，一定保证优先供应。

材料虽然搞到了，但是零件成型又成了问题。这种记忆性合金，要使用特殊热成型工艺，效率低、成本高不说，下一步的组件加工也是很大的难题。设计、工艺人员联合一处，反复论证，认为可以用不锈钢替代合金试一试。试验、考核，大家欣喜地看到产品完全满足要求。它不仅简化了工艺，降低了成本，还大大提高了制造效率。

巡航导弹研制时间异常紧张，研制与生产同步展开，设计人员都是多面手，很多时候需要长期驻守在外协厂，无论冬夏。当时航空部门的生产厂也不那么景气，航天产品要求质量高，规格严，要想及时拿回外协产品，三院的设计人员跑生产组织，协调工艺工序，客串成了人家厂里的临时调度。每天早早等在人家的车间门口，比正式职工上班都早，常被笑称为“称职的编外人员”。

为了制造小涡扇发动机上的部件，全国各工业部门之间不仅大力协同，而且有条件的行业，还给自己下属的实力厂增加投入，进行一定规模的设备更新改造，主动为小涡扇发动机的生产创造条件，这样厂家配套服务的积极性就很高。航空部门的一家发动机研制生产单位更为小涡扇和涡喷发动机生产专门投入，成立生产中心，建设了两条生产线，并责成一位副总经理专管生产和质量，协调与动力技术研究所的关系。

张振家今天慨叹：“现在航空部门的活比较多了，日子也好过多了，干咱们这个又麻烦，还要归零，恐怕今后再给多少钱，人家也不那么愿意干了。”

惯导系统样机出来后，进入工程试制阶段。经过调研协调，由三院出面，把国内能够联系上的顶尖的电子技术研究机构请过来，在雁栖湖开会。为了抢时间，将外围能交出去的部分全带到会场上，弄了个长条桌子，在上面铺了一块布。导航技术研究所副所长张绍武冲着那些大大小小、形状不一的部件画了个圈，对面前的各位“大腕”一指说：“你们挑吧，能干的就拿去，拿走得越多越好。”

在相对还算是简单点的几块电源板前，关注的人最多。仨一群，俩一伙，大家各自聚拢，小范围讨论。一个跟导航技术研究所合作多年的，航天系统内有名的电子研究所说，电源板他们可以干，但是要给投入一定额度的试生产费用。

报价出来，把张绍武和杜祖良都吓了一跳——那么高！别的型号一年的研制经费全加起来，也没有这么些钱呐。

此时，巡航导弹还没有正式立项，经费都是预先拨付，虽然拨付源源不断在下，但相当一部分还是要靠研究所自己筹集。话一出口，两边就都白了脸，都知道没法再谈下去。晚上，有人敲张绍武房间的门，进来的是原先不熟，一家地方半导体研究所的领导，他犹犹豫豫地给电源板报了个价格，说只要那个研究所出价的一半。张绍武一听赶紧说："拿走，拿走。"

这就是导航技术研究所与这家半导体研究所的第一次交道。之后大家才知道，这家地方半导体研究所以前从来没有干过这种电源，当时没活干，单位半死不活的，连发工资都成问题，领导只能为职工们出来冒险找饭吃。

"以后问题出了很多，动不动就被叫到北京'归零'，把他们折腾得可不轻。"杜祖良说，"当初我们给的那么点钱，恐怕连改来改去报废元器件的成本都不够。"

硬着头皮往上顶，那是被逼无奈。可是"国家利益高于一切""职工们还要吃饭"，当时谁又不是硬着头皮，不顾一切地往上顶呢！

到了 2012 年中国航天科工集团与地方人民政府实现战略合作，与导航技术研究所合作多年的"半导体研究所"更名为"航天半导体研究所"，成为了导航技术研究所控股的一个下属公司，翻开了发展史上的新篇章。

几个回合过去，能交出去协作的部分总算是全交出去了，但平台整体框架上的事情还多着呢。协调、调试，大家天天往外跑，回来后没白没黑地干活。随着对惯导技术的理解逐渐升华到新的高度，对于小惯导平台的认知也有了突破。

例如有些关键件，不仅外形要完全一样，体积要完全一样，重量还要完全一样。有些外协厂家就很不理解说，我按设计图原样给你做出来，你管我重量是不是一样干啥？没时间跟你解释，而且也一下解释不清，只有报废，重新来过。

一个地处艰苦山区的三线厂，导弹的战斗部就交给他们研究设计，进而负责生产。按照以往类似合作项目的经费盘子，刘永才与这家厂领导洽谈协商，就研制经费与后续落实生产费用达成一致，双方都挺满意，可没想到，合同报经军方审核，军方说给这么点钱，哪里能够，怎么能够保证质量。于是，又对合同金额重新进行了调整，大幅度加强了投入。最后这一个课题经费，比那个厂家以前接到过的任何一个项目还要多出不少，因此积极性很高，研制进度令人欣喜。很快，这家三线厂就完成了主装药的安定性研究和主装炸药的选定；完成了导弹战斗部结构优化及产品图样的设计，并进行了多次有关项目的联合试验，还主动根据型号的进一步研制需求，对试验设施进行了进一步改造。最终按照合同，顺利通过设计评审。

刘永才还利用自己国家重点型号总师岗位的有利位置，亲自帮助配套协作单位争取国家技改项目支持。

他到云南的一家配套单位考察，看到这家在国内比较出名的光学设备生产厂，为巡航导弹零部件配套生产能力依然不足，就向厂家所属行业呼吁要给予战略支持，解决厂里的技术和生产保障条件。不遗余力地呼吁，果然争取到一部分国家经费投入，增加了设备，提升了品质控制能力。以后这个工厂再没有出现供货能力不足和较大的质量问题。

对于外协单位，刘永才一直有个观点："喝水不忘打井人，不能说咱们今天成功了，就把老朋友们给抛到脑后了。三院下面有些单位有时候做得有不当之处，我也会经常提醒他们。"

坐落于长江边上的一所高等院校，从20世纪七八十年代起，校里老师就带着一帮研究生、本科生开展与巡航导弹相关的技术研究工作。老师们并没有得到什么科研经费支持，但仍孜孜不倦地做项目，一心一意地搞属前沿领域的专业探索。刘永才到学校，看到老师和学生跟研究所的科研人员一样，加班加点，探求攻破理论难题，很受感动。

到巡航导弹关键技术攻关阶段，老师们更加努力，无条件地跟总体设计部、导引技术研究所开展起联合攻关。为了高质量完成科研项目，大学附属研究所贷款购置新设备，所长带头不要奖金；为了完成某一攻关课题，夜以继日，连续奋战三百多天。就此，三院党委书记许祖凯说："咱们不能让老实人吃亏呀。"三院除积极组织攻关经费及时到位外，还从紧急技措经费中赠送了他们一台堪称昂贵的图形工作站，并将其列入技术改造计划的配套单位，同时给参与攻关的师生们适当奖励。

长期合作的关系一直保持下来。在航天部和三院的支持下，这所大学的研究所还专门挂上了航天的牌子，在非军工领域的科研机构里，也是第一个挂航天牌子的。姚绍福、王建民、刘永才等三院领导还特地赶过去参加揭牌仪式。

同样，在巡航导弹研制期间，不少大学都无私给予了技术上的极大帮助，他们是这支国家队的重要组成部分。

除了科研机构、工厂、高校，巡航导弹国家队还有一个最重要的组成部分，没有这支团队在身后鼎力支持，理解付出，巡航导弹研制成功不知还要经过多少历程。

巡航导弹在定型飞行试验中取得发发命中的优异战果，国家急需新型武器即将装备部队，全体试验队员们满怀自豪，坐火车从靶场返回北京。当火车驶入北京界，各单位试验队员们接到通知，全体提前在丰台火车站下车。夜幕降临，列车徐徐驶入丰台火车站，站台上灯光昏暗，透过车窗可以看到“热烈欢迎试验队凯旋”的标语和挥舞着的花束。列车刚停稳，打开车门的那一瞬间，各车厢门口立刻挤满了高扬的手臂，会心的笑脸。集团公司和三院领导早已在站台等候多时了，欢声笑语和相机的快门声连成一片。

让试验队员们意想不到的惊喜还在后面。三院把每名队员的家属请到站台上，合影时将他们安排到最前面和最中间的位置。那一天，领导、队员、家属，每个人的眼圈都湿润了。

十多年的攻关，十多年的艰辛，每一位科研人员身后，是一个个抛家舍业的感人故事。为了巡航导弹，为了心中那一抹靓丽的弹痕，他们有的更改了婚期，有的放弃了出国的机会，有的因为得不到恋人的理解而分手，而更多的在亲情这坚强后盾的支撑下走到了成功的时刻！

刘永才的女儿刘彦回忆说："我爸基本上不管我，再说也没时间管，他总是在思考，跟我们没话。晚上去办公室，跟那帮年轻人在一起倒是有说有笑，看不出像个领导，大家都喜欢他。"

处于"放羊"状态的刘彦、刘枫两个孩子，考中学、考大学都是自己去跑的。有时候拿不准主意，就只好回来拉上妈妈一起往城里跑。按现在的说法，宋毅是一个"路痴"，下了339路公共汽车，就分不清东南西北了，全靠孩子领着。其实两个从小在北京小三线长大的孩子，对北京城的道路也不熟，母女俩常常是一边走，一边打听道，倒了几趟公共汽车之后，才发现完全不对了。

壮国威、扬军威的巡航导弹，无愧于国家工程！

刘永才

刘永才院士传记

Academician Liu Yongcai's Biography

第五章 傲气云霄

飞行试验阶段，航天三院及下属试验队克服重重困难，卧薪尝胆，呕心沥血，终于不负使命，中国长剑横空出世。

“我还没有在哪次试验前感觉到特别紧张，一心想的都是当前要做的工作。所有该做的工作都做到了，该检查的检查了，已尽我所能，问心无愧。”

巡航导弹进场展开首次飞行试验的时间一天天、一时时迫近。解放军总装备部要求，部队要提前介入，按期完成试验，总量不超，任务一天不可推迟。

国家利益高于一切，真正是军令如山！各研制节点如同一道道红线，整个研制队伍早已不分昼夜，不舍分秒。按照各阶段实行交叉综合、研定结合的准战时状态管理原则，巡航导弹研制队伍全员进入全状态、封闭式设计阶段。按统一部署，刘永才也已经先期几次赶赴西北试验基地，为巡航导弹首次进场进行协调准备。

1. 试验场7个月

如今若问：那段时间，你们在研制、质量、进度、军令多重重压之下是怎么过来的？当年研制队伍中的很多人都这么回答：没日没夜地干，时间早乱了，就是跟着上面刘总他们定下的计划往前赶。简单一句话就是干活，干活！

再问刘永才、周大民、张振家、杜祖良这些巡航导弹的主要研制功臣们，临战前的那些日子是怎么熬过来的？他们几乎都在沉思良久之后，不约而同简简单单地一语带过：就是想着怎么完成进度，自己负责的那一块千万别出事，旁的根本没时间想。

回顾进场前 180 天，恍若隔世。

这一天清晨，几枚崭新的，很多职工还从未见过的新型细长导弹，被从总装车间大门内缓缓推来。透过外围有荷枪实弹武警战士拉起来的，禁止无关人员进入的警戒线，有人从远处认出来，簇拥在推弹车边的一群人中，有一个穿着灰短袖 T 恤、灰裤子，高个宽身板，腰背微驼的中年人。

刘永才在！那就说明，凝聚着两代半三院人心血的巡航导弹，终于要登程接受洗礼了。

几发导弹依次缓缓前行。不时抬手拢一拢被大风吹起的长发，刘永才的面色与往日一样平静，只是左手不时抚在导弹洁白、冰凉的弹体上。他走着走着，不知什么原因，又绕到车的另一边，换另一只手抚在上面。二十多年前，西北大漠深处，仅剩下的最后一发鹰击导弹六号单发投放试验弹，也是在这样一群神情肃穆的人的缓缓簇拥下，被推进机场，吊挂在轰六甲巨大的开口弹舱内。人群中也有个高个宽身板的人，不过他那时要年轻许多，腰杆挺拔。

导弹被布套钢索托住，在吊车提升下缓缓探进特种运输车箱。刘永才不知什么时候，已站到另一辆并排停放的老式绿皮客车敞开的车门处，孤零零一个人，从高处一动不动地注视着脚下发生的一切，眼镜上的深色夹片遮住了眸子。

多年后有人问刘永才，他当时是不是很有些激动，又有些惴惴不安？

“没有。”刘永才想了想说，“我不过就是在完成一项工作，导弹进场是工作的一部分嘛。”

但他这回答确乎很难令人相信。因为在这段长达一个多小时的影像资料里，在大多数镜头中他都是一个人孤零零地站着，微驼的身躯偶尔移动，显得有些迟缓，也少与人交谈。

不长的军用特别专列上，装载着简易液压装弹车、发射箱、丰田越野车、考斯特面包车、各种实验仪器的包装箱，还有被苫布遮盖得严严实实的梯形发控设备……临近傍晚时分，专列披挂着夕阳的余晖驶出厂区。不同以往的是加速很快，还没有驶过人行交叉道口，激荡的气流就已经鼓动得铁轨两边茂密的老榆树，枝干飘摇，欲折欲摧了。

休寻折戟忆当年！恐怕没人会想到，此去再战西北，可谓前路迢迢，归期漫漫。

眼前的西北大漠，苍茫戈壁依旧，胡杨青山依旧，却景是人非。当年那个整天围着轰炸机跑前跑后的年轻设计员，而今已是行政、技术指挥一肩挑，上百人试验队的主心骨了。

几天安顿，紧接下来的一道必要程序，也是惯例，全体试验队员在刘永才、沈维伟、于崇虎的率领下，拜谒东风烈士墓园，为中国国防科技事业奠基人聂荣臻元帅墓敬献花篮。

聂帅半生念念不忘中国国防科技事业，念念不忘海峡两岸统一。遗言有云："现在行将归去，临别依依，好像有许多话还言犹未尽。总之，我衷心希望全党同志在以江泽民同志为核心的党中央领导下，同心协力群策群力，为建设繁荣昌盛的社会主义祖国而共同奋斗！同时也希望全军同志在中央军委的领导下，进一步巩固国防，保卫和平。我希望海峡两岸尽快统一。我希望全国科技工作者牢记科技兴国的重任，努力攀登世界高科技的崇山峻岭，为国争光，为人类进步多做贡献。”

1992 年 5 月 14 日聂帅西去，一部分骨灰被护送到西北戈壁滩上的中国人民解放军某试验训练基地，安放在这儿曾折戟沉沙的大漠之中，以示他对全国科技工作者的厚爱和对我国国防科技事业发展所寄予的殷切期望。在元帅高耸的墓碑上，镌刻着江泽民亲题手书：聂荣臻同志永远和我们在一起。

试验基地按照一如既往的“宇航级”管理理念，精细布置，严格要求。为使担任一岗操作的试验基地部队官兵能快速熟练掌握各种操作，试验队开展了多项任务合练，使很多从预先研究岗位转来、缺乏试验场经验的年轻队员们不能很快适应，常常感到他们过于严格，有时甚至觉得较真得难以接受。

按基地任务指挥部要求，基地部队官兵是一岗、研制部门人员是二岗。就此刘永才向试验队提出要求：在试验基地统一领导下，协调、记录、分析、处理技术问题，做到“二岗的岗位，一岗的责任”；做到“观察、监督、把关”，即认真观察部队人员的操作，监督是否正确，主动担负起对全过程进行技术把关的责任。

刘永才摄影作品 —— 航天城

大家思索了很久，慢慢想通了：尽管人家严格要求，但试验到底能不能成功，最终起决定作用的还在我们自己，说实话，责任全在我们二岗身上。

理念发生了转变，以后就变成自觉遵守的规则。从此之后不管何种型号、何种规模、大大小小的试验，在神情紧张的军服操作手身边，一定有个寸步不离地跟着，神情比他还要严肃的民服二岗。

“进场前还是太急了，准备工作没有做充分。”当年的三院型号办张副主任至今深有感慨。

刘永才对试验不利的原因归纳为：“试验出现问题，技术新、进度紧是客观因素。但主观上技术、管理不到位才是根本原因。”

经过反思，两总队伍提出，对研制过程中出现的质量问题，一定要严格按照“双五条”标准进行

曹建国、刘永才（左二）在试验现场

技术归零和管理归零，解决故障决不能仅仅止步于其本身，必须一究到底。

天苍苍，野茫茫，青冥如盖笼罩四野。清晨，西北大漠深处黄沙无垠，碧空如洗，发射阵地上劲风凛冽。装载在发射箱中的巡航导弹，像一柄蓄势待发的长剑，斜向直指远方。整流罩尖上那一方保护空速管，同时象征吉祥的红绸帕已经取下，我们的巡航导弹就像待嫁的姑娘，将要揭开她嫣红的盖头。

“一号遥测站准备完毕”“二号遥测站准备完毕”“一小时准备”……试验队员们按规定顺序撤离发射现场，中国第一型巡航导弹首发在即！

在女人当男人用的试验队里，呼呼啦啦一路小跑钻进掩体的许多女队员与男队员一起，在急切和兴奋中倒计数着时间。“30 分钟准备”“10 分钟准备”。站在他们中间的许国兴再次在心里回想，自己所负责的电气部分，所有插头是不是都插紧了，各个舱口是不是都做了最后处理，现场环境还有哪些地方存在疏漏。

几天前，心细的刘永才忽然打电话把这个多年的老同事找了过去，说看见发射现场远远地有栋建筑物上插着一根避雷针，让他核查一遍是不是在规定的安全范围之外。许国兴说他也注意到了那根避雷针，经多次确认，远超过规定距离。

“每次试验只要老许在现场，很多人心里就有了底。”刘永才说。

身着一身作训服的刘永才在距离发射架百余米的半地下掩体内，不时与身边的将军们交谈着，可每个人的眼睛却一直没离开墨绿色的发射架。与同是一身迷彩作训服的别的试验队员们不同，刘永才的军帽上不知什么时候多了一枚崭新的帽徽。

职业生涯与国防科技息息相关，他本身就是个不在编制之内的“军人”，对人民军队自有一份与众不同的独特感情。此后，这枚象征人民军队无往不胜的八一军徽，就一直在试验场上与刘永才相伴不离。

试验前紧张测试

进入1分钟准备时间，每个人都默不作声，翘首期盼。地面设备研究所的试验队员们抑制不住内心的紧张和激动，全都暗自攥紧了拳头。第一次发射，第一步考验到的就是他们的发射箱，要是导弹钻不出去，那就麻烦了。

汪副总师说："每次按按钮之前，我们都是全力以赴、专心致志在工作。"

动力技术研究所和导航技术研究所的人呢？导弹飞出去，弹翼展开之后，才轮到他们展现手艺呢，那才是真正提心吊胆的开始。

"到了那时候，每个人就只顾上关心自己做的那部分别出事。"忆往昔，杜祖良连连苦笑。

而刘永才呢，还是那句话，不管哪一部分出事都与他有关。

"我还没有在哪次试验前感觉到特别紧张，一心想的都是当前要做的工作。所有该做的工作都做到了，该检查的检查了，已尽我所能。”

这就是大将风度，这种境界一般人可比不了。

弹上电源已经接通，惯导系统匀速转动，发动机注进燃油，直通发控设备的发射盒亮起绿灯，发射按钮按下……这时候，再说什么都已经晚了！

片刻之后只听到“乓”的一声，似乎是从地底下钻出来的闷响，巡航导弹尖利的弹头缓缓伸出舱口，进而如同一个崭新生命脱离母体一般，喷着一束耀眼的火焰，瞬间全身冲流出舱。助推器炽烈的火球迸发出刺眼的白光，推举着洁白的弹体，像一根引火烧天的巨蜡……

“导弹飞出去了，我们几个从掩体里刚钻出来，还没说两句话，身后就传来爆炸声音，我没回头就知道坏了……”许国兴重重地说。

远方的大漠深处，升腾起一股笔直向上的蘑菇云，浓烟蔽日，黯淡了半边天际。那不可能是别的，只能是注满燃油的导弹弹体发生了爆炸。

指挥所里，大家内心五味杂陈，都凝望着刘永才，谁也不敢大声说话，场面一片悲凉。回到试验队驻地，一直沉默不语的刘永才终于开口了，表情依然平静，可声音却十分低沉：“出问题不可怕，关键是找到原因，妥善解决问题，查吧！”

所有人都清楚，不管因为谁，因为啥，出了任何一点问题，要说责任，上级第一个就得找到刘永才头上。别人都可以急，都可以指责别人，只有刘永才不能急。尤其在关键时候，他这个试验队里的最高领导，哪怕表现出一点急躁情绪，大家心里就更慌乱了。

“那一段时间，刘总可真不容易！”多年过去，很多人依然唏嘘感慨。

“回想过去难忘的日子，能使我们清醒。记得我们曾经犯下的错误，能使我们倍加努力。往事至今历历在目，失败的苦痛刻骨铭心。”①

几次失利，风雨交加，刘永才在试验基地天天给大家开会，商量解决措施，提出基于预想和回想的“双想”。就是每天往后面想想自己的工作还有哪些不足，往前想想还有哪些需要改进的地方，同时也想想身边的人、相关的部件还存在哪些技术缺陷，还存在哪些隐患。

型号总指挥加总设计师的这种“双想”指示，开始时候确实还很能不折不扣地贯彻执行下去。各专业组每天晚上集中在一起，给自己的工作挖技术隐患，找改进的余地。但随着时间一天天过去，有些人就开始疲惫了，进而糊弄了事。因此不管是在当时还是事后，对“双想”的微词一直存在着。

对此，昝工艺师有他自己的一套看法。他说“双想”本身没错，你要是深入地去想了，积极地去行动了，按照当时的情况，肯定会挖出很多隐患来。“你认真想了，想到了，跟我一说，我一下意识到，赶紧处理了，这就没事了。我觉得‘双想’的重要意义就在于此。如果就是为了想而想，那肯定是白白地浪费时间。这是一个责任心的问题。”

刘永才的博士研究生，在巡航导弹成功定型之

① 《研制中的那些事》，三院内网。

后才加入飞航导弹行列中的史博士，慢声细语地讲述了深刻印象的一件往事。

明天早上就要进行飞行试验，头天晚上，年轻的史博士躺在招待所床上，把将要进行的试验内容在脑子里再次预想。当导弹飞行航迹在脑子里拟合出一条线路，清晰勾勒出来时，史博士猛然想起了一个问题。她越想越觉得心里没底，越想越睡不着觉，越睡不着觉就越往下深入地想，越想还就觉得越悬，终于忍不住爬起来，上楼敲响了刘永才的房门，此时已是子夜零点过后。

刘永才披衣而起，听她简短地描述：这次规划的飞行试验在接近目标阶段，导弹有一个动作，是自己以前从没有遇到过的，非常担心系统实现不了，偏离预定靶标。

刘永才静静地听完，首先安慰她，这种航迹在几年前确实试验过，应该还是有把握的，不过导弹目前的技术状态已经过多次改进，肯定有所改变，对于如此庞大的一个系统来说，是否会对她所担忧的那一部分试验内容产生影响，出现预想后果，自己也不可能在三两句间便作出判断，只能用证据说话。刘永才立即派人打电话，把试验队有关人员从床上叫起来，召集大家紧急开会。说明缘由，他首先要求大家，谁也不要贸然下导弹“能行”还是“不能行”的笼统结论，每个环节都要找出以前的数据，把改进部分的相关信息提出来，对比现在的技术状态，由他主持统一判定。

几年前的数据、各阶段的改进信息不可能总带在身上，更不会保留在试验场。深夜 1 点多钟，电话打回北京，又有好几个总体部的同事被从家里叫到办公室，相互间电话沟通，在线辅助决策。二三个小时过去了，各个环节数据齐全，刘永才这才下了结论：风险可控，试验照常进行。此时，天色微茫，第一批进入发射阵地的人已经早早起来，聚集在楼下大厅里整装待发了。他们哪里知道，刘永才带人熬了半宿，一小时之后将坐镇在发射阵地上……试验果然进行得十分顺利。

再说巡航导弹飞行试验最初阶段。首发飞行试验之后，接下去的飞行试验也不顺利，试验进程遇到挫折。可不想在这极度困难的时候，总师刘永才又出事了。

时间过得飞快，再有2天就是元旦了。试验基地与试验队、使用部队领导商量，一起到分布在基地周边的几个遥测站点，慰问数月驻守在风沙霜雪中以站为家的官兵们。荒芜大漠，最好的交通工具除了又环保又经济的骆驼，就算是“沙漠王”越野车了。三院之前随专列运去了一辆，可那天偏偏不巧，越野车司机正闹病。按刘永才的做人风格，既然是慰问就一定要真心诚意，而且还一定要赶在元旦之前。这时候有一个小车司机便自告奋勇跳上驾驶座，拉上刘永才几个人，跟在基地和部队车后面，一个站点一个站点，一路攒行下去。

北京的司机开高速是内行，到了沙漠里就像是“旱鸭子”，而人家基地的小战士长期在黄沙滚滚的戈壁上开，自然是驾轻就熟。那天下午，两个站点转完了，返程时前面忽然现出一个下坡转弯。基地的车开得飞快当然平安无事，而刘永才他们的车开得飞快却不行。沙漠王在松软的沙土路上摆了尾，陡然失控，先一个右侧翻，弹回来再接一个左侧翻，车才终于倒在地上不动了，坐在副驾驶位置上的刘永才重重地撞在了坚硬的方向盘上。等大家爬上车帮，打开前门把刘永才拉出来的时候，他感觉到右肩丝丝作痛，稳定心神自己一摸，不想锁骨位置竟然出现了一个“台阶”。

大漠中没有手机信号，几个人只能可怜巴巴地坐在冰冷的砂砾上，等待前车发现，回头救援……

第二天，三院大院里一下就哄动了，刘总在西北出车祸了！

很多不了解真实情况的职工大惊失色，以为关键时刻损兵折将了呢。其实除了几处不可避免的擦伤之外，刘永才最重的伤情是右侧锁骨骨折加两根肋骨骨折。

探询的电话一个接一个打到型号办，在表现出巡航导弹在大家心目中重中之重位置的同时，从另一个侧面也反映出，作为三院高层领导，刘永才在大伙眼睛里的形象确实很不错，来之不易。

被送进基地医院，刘永才问医生，能不能给自己接骨头？医生坦言相告，能倒是能，可是他们的技术肯定没有北京高。接上之后，恐怕骨头茬不能对得严丝合缝，长好以后也许外表看上去，不是很美观……

刘永才马上就给自己做主了，说那就在你们这儿接吧，我这么大岁数了，还管以后好不好看干啥。

但在乌云压顶的困难时期，对于一个年过五旬的人来说，尤其还身担重任、肩负重托，却不能等闲视之。三院马上表示要给那个莽撞的司机处分，刘永才知道了急忙打电话回去，给人家说好话。确实，他也不是故意要把刘总的锁骨弄折的嘛。

接下去就有前面说过的，刘枫陪着妈妈到基地看爸爸，说："我是陪我妈妈来的……" 那一段。

多年之后，有一次，刘永才和当年一起搞巡航导弹的同事们聚会。他自矜地说，每次发射试验，自己都在发射阵地现场。话音未落，不料搞地面设备的汪副总师站起来说："刘总，不对，我才是每次试验都在发射阵地，你比我少了一次。" 刘永才听了一愣，仔细回忆之后恍然大悟，噢，那一发试验弹飞行试验，自己确实没在发射阵地上。

汪副总师说："2 小时准备、1 小时准备，每次刘总都要到发射现场，每个号位、关键设备情况，他都要详详细细问个遍。告诉大家要注意保暖呀，鼓励鼓励呀，然后再去发射阵地指挥所。就差那一次。"

那次聚会后来就发展成了诉苦会。一位导航技术研究所的副总师声音哽咽：那时候在试验场，每天脖子上都像架着一把刀，好像随时都会砍下来。

“刘总把我们都给弄哭了。”汪副总师现在说起来，尽可以口气轻松，“他说他那时候给我们的压力确实太大了，也没想到我们给自己的压力也都那么大！”

与刘永才一样，每次试验前，总装的一位主管首长也都会亲临现场坐镇指挥。每当看到这位大家熟悉的老将军又来到发射阵地，试验队员们在感到压力与责任的同时，心里更是热乎乎的。

巡航导弹，国之重器。在那一段困难的日子里，参与型号研制的每个人，无论科研人员还是军种官兵，他们担负的压力都好比一发千钧。

屋漏偏风连阴雨。刘永才胳膊上吊着绷带，无可奈何只能待在指挥控制大厅看大屏幕，遥控指挥，可偏偏这时试验又出事了，真是命途多舛！

多年之后，回忆起这一发弹的飞行试验，刘永才仍感到一丝遗憾：“这是试验早期阶段打得最好的一发弹。要是没有出现那个转弯问题，导弹应该能够顺利飞完全程，预期可以圆满成功。”

导弹发射之后一切正常，姿态平稳地飞过了第一个转弯点，很快到了第二个转弯点上。大家的笑容还没完全绽放，就发现有毛病了，导弹没有转弯，而是往一个方向不管不顾地直直飞过去……航向失控，按理说应该启动地面遥控自毁程序，但是在前方发射阵地指挥所里的老将军马上摆手：让它飞，让它飞，我倒要看看，它究竟能飞多远，多获得些试验数据。

导弹一直向北方飞去，遥测信号显示已经迫近国境线。刘永才赶紧给老将军打电话，出国境飞到人家那里，就是国际上的大事了。

地面自毁指令发出，不料导弹却没有反应，依然自顾自稳地往前飞，因为其早已飞出了控制范围……搜索车队跟随导弹飞过的路径，一路追上去，追着追着，就接近了边境线。路上遇到一个牧民，搜索队员连忙问他有否看到一架“小飞机”，牧民立刻叫起来，说：“看到了，刚才它就擦着我的脑瓜顶飞过去了！”他抬手往远处一指，很肯定地说，就在那儿。

搜索队员趋车没追多远，果然看到了一架洁白的“小飞机”——我们的巡航导弹，正耷拉着翅膀，侧歪在两座高地之间的一个隐蔽低洼处，身上冒着淡淡的青烟。

这个地点离边境线只差2.7千米。因为偏离航迹，弹上自主启动了自毁指令，导弹坠地。

失利原因是总体设计部与导航研究所的数据更新周期不协调，超过了转弯指令判据，没有发出转弯指令。

这次试验是飞行试验初期可算作比较完美的一次试验。虽然验证了大家在之前很长一段时间里极为担心的导弹推阻问题，证明推阻匹配，还有余量，但毕竟试验不圆满。

巡航导弹后续研制过程中的一段时间，试验转战到渤海岸边。试验队住的招待所是三院一个老旧的培训中心，时值年终岁末，外面海风嚎叫，屋内寒气逼人，穿大衣在屋里都冷得直跺脚。大家每天早晨迎着凛冽的寒风，伴随着海岸线上刺眼的朝阳，整队坐车到几十千米之外的技术阵地进行测试、准备。中午在厂房里随便吃点外面送来的盒饭，晚上等天都黑透了，大家才可以拖着疲惫的身躯，回到四处透风的招待所。

路上往返两个多小时，每天都少不了殷殷可亲的刘永才。有时候集体加班吃不上饭，他也跟大家

刘永才在指挥大厅

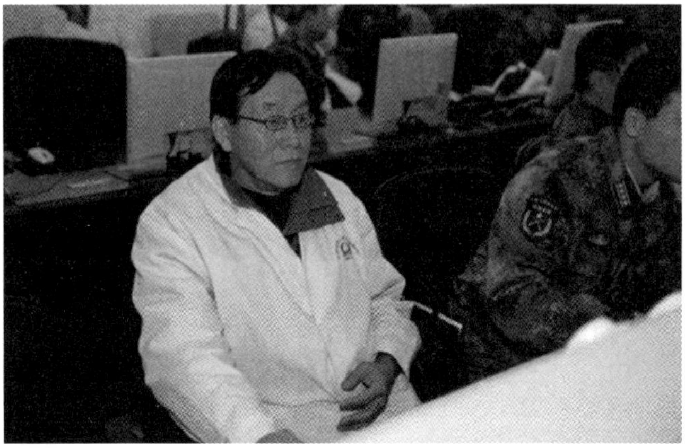

一起到路边的饭馆简单吃点饺子。“翠花饺子”的名号，一时间小半个三院都知道。

“我们的总师每次都在现场坐镇！”每当看到刘永才出现在试验现场，大家心里就全有了依靠。

巡航导弹定型后，一次批抽检试验，发射按钮按下，却没见导弹拖着耀眼的尾焰急蹿出舱。

“导弹卡壳了！”人们大声惊叫起来。

这是巡航导弹在某试验基地该使用部队进行的第一次试验，操作人员都是新人。因而官兵们和三院都感到事关重大，也都清楚导弹首射就卡了壳，一定要有人为此承担责任。

电池已经激活，发射控制程序进行到哪一步不知道，后面将要发生的更是谁也说不清楚，有人说指示灯亮了，有人说指示灯没亮，还有人说指示灯闪了一下又灭了，现场哗然。甚至有人担心卡在发射箱里的弹体内，火工品众多，如若点燃助推器里的高能燃烧剂，将弹体内加注满满的燃油引爆，不只是发射场地，连同周边建筑物，瞬间就会变成一片火海。试验将演变成一场罕见的大事故！

以前打了那么多发弹，从来没出现过这种情况！航天部门的一位领导急得当即将打火机一下往地上摔个粉碎。

部队和三院领导现场紧急决策，发射程序继续往下走，还是立即终止发射，把导弹拉回技术阵地去找原因。

不少人建议，继续走程序，强行发射。因为试验已经做了那么多次，只要已经定型的导弹打出去，飞行顺利就是成功。

刘永才说：“我的意见是情况不清楚，就终止吧。情况不明，决心大，是要犯错误的。不管怎样，弹还在我们手里，就一切好办。”

撤回到技术阵地，大家依旧慌乱，对于故障原因，都想急切作出自己的设想分析，按耐不住，各从自己的技术角度出发，你一言我一语，渐渐开始相互指责，偌大的会议室里人声吵杂，还有些喋喋不休。

过了一会儿，在现场紧急处置完毕的刘永才走进来，所有人的目光不约而同齐刷刷地全朝向总师。只见刘永才步履平稳，面色一如往日地平静，大家的声音不觉就低下去一大半。

刘永才沉稳地拉过一把椅子坐下，还是用平时那种慢条斯理的语气对大家说：“虽然导弹没发射出去，但还在我们手里，局面依然是可控的，这一点请大家一定放心。”此言一出，表明危局排除，全场情绪立刻稳定下来，大家长长地舒了一口气。刘永才接着说：“大家全看到了，问题是客观存在的，回避不了的。既然问题暴露出来了，各个专业之间就要紧密配合，发现问题解决问题，而不要相互指责。每个人都要从自身角度出发，多检查还有没有其他疏漏，自己所负责的部分还存在哪些隐患？要用平和的心态，积极的心态，想办法去解决问题。”

刘永才临危不乱、统领全局的大家风范，很快感染了大家。态势随即发生扭转，众人讨论的出发点亦随之转移到对自身负责部分的检查上来。

“这个决定正确怎么样，错误怎么样，我从来没想过。咱们只是抛去一切干扰因素，研究这个问题是怎么回事，问题的根本原因是什么，根据原因再采取什么样的措施。怎么样对工作，对国家的大局有利，咱们就怎么进行决策。”

无私无畏，当把个人利益抛在一旁时，就没有什么可担心害怕的了。刘永才从来没想打成怎么样，不成怎么样，如果将试验结果跟自己挂起钩来，患得患失，就会影响决策。

刘永才院士的助手小刘对后面发生的仍然记忆犹新。在刘总主持下，初步故障定位很快找到了，但还需要实际验证。刘永才等人立刻飞回北京，下了飞机直接乘车赶赴天津，此时已是傍晚。那一天场面很大，总装、军种、中国航天科工集团公司的领导都来了，会议室里上上下下聚集有四五十人。

故障定位很快清楚，是发动机上的一个器件更改，而由于技术判断失误，与之对应的地面火控软件没有随之更改造成的。

开会前凝重的一张张面孔，到了吃饭时就都变得有说有笑了，这时已是深夜。

“我的原则是实事求是，不能推诿责任。”

后来，基地领导对刘永才非常敬重，坦言他们当时的压力非常大。

再说西北飞行试验出现较多质量问题后，试验场整天的工作就是归零，归零，归零！

航天机电集团副总经理兼三院院长高红卫多次强调：认真贯彻执行“双五条”，加强发动机技术攻关，认真落实目标责任制。同时宣布加大考核奖惩力度，保证质量和可靠性。

如果不能按照“双五条”标准写出通过军方审查，让试验基地满意的归零报告，下一步就不能继续进行。汇报会、部署会、分组讨论会，在靶场每天晚上都有例会。技术报告、归零报告先要在试验队内部讨论通过，再报给军方。这一支从预研转过来的年轻队伍，此前还很少人写过归零报告，先写什么，后写什么，甚至连写起码的报告格式都不知道。

细心的刘永才经常教年轻人，不能为写报告而写报告，报告上不能生搬照套条款。比如说“措施有效”这一条，这是一种结论性条款，不能作为归零报告上的一条来写：“我们拿出来的改进办法，正规的写法应该叫解决措施。而措施是否有效，要通过充分的试验进行验证，还要经过评审，最终才能由专家确定你采取的措施是否有效。”

型号处张处长说：“刘总找来所有的管理制度，和以前别的研究院试验队写过的归零报告，带着我们一条一条地分析，一条一条地琢磨，整理出格式，细化出要点，再给大家发下去。大家这才慢慢学会正规的报告应该怎么写。"

针对高新技术武器研制特点，刘永才带领大家一起，将科工委领导会同两总系统，专门针对初期飞行试验出现问题制定的《研制管理若干要求》逐条进行分析归纳，随后再加以细致的解释说明，形成《准则》。这本《准则》凝聚了他多年的经验，耗费了巨大心血。

《准则》对"技术状态的更改要执行'充分论证、各方认可、有益无害、试验验证、审批完备、落实到位'的原则"一条，给出的具体解释说明是：从几个问题反映技术状态更改控制还存在漏洞。如：某型号制导软件在基地做了更改，增加剔除野点判据未经验证和评测，而造成将采到的数据视为野点而剔除；开盖电机极性接反是因为厂家未将技术协议的更改内容反映到图纸上等。

在技术状态更改控制原"五条"（论证充分、协调认可、试验验证、审批完备、归档到位）的基础上，刘永才补充强调了"有益无害"和"落实到位"：前五条关心的是更改的正确与否，第六条关心的是更改的到位与否。更改的提出方，负责检查验证更改的到位情况，更改检查要列入工作计划。对于复杂的工程，应当建立专门的技术状态控制组织，将技术状态控制纳入科学规范的管理渠道。

《准则》对"要严格执行设计规范。规范要有可操作性和可检查性，在制定规范时，要同时制定规范的落实和检查措施"一条，给出的具体解释说明是：很多单位在反映问题时提出已制定很多规范，但仍出问题，关键是规范的执行情况在规范中未制定检查要求和检查办法。要从两方面来完善这项工作：一是在制定规范时，提出明确的检查要求，何时检查、检查什么、怎么检查；二是在设计和操作完成时要规定是否按规范的要求进行了检查，作为设计批准和产品检验的一个必要环节。

对"所有的电缆、接插件、操作按钮，都要有防止误操作设计和安全性设计，确保不插错、不用错、用不错”一条，给出的具体解释说明是：预防为主，消除隐患是质量安全工作的方针，从设计的源头就要贯彻这一方针，在设计规范中要明确提出有防止误操作的设计。

细细揣摩每条解释说明段落，从字里行间我们能看到《矛盾论》《实践论》的影子，更能品味出刘永才特有的书面表达方式，娓娓道来而又紧密结合实际，言简意赅却又一语中的。后来这本被简称为“试验场 56 条”的小册子，几乎成为每个型号、每个试验队员人手一册的必备工具。

除了巡航导弹，当时三院在研的其他型号，也同时出现了这样或者那样的问题，归根到底还是管理不到位。别的试验队将巡航导弹研制队伍的人调过去，看到这份经过补充细化的准则，一致认可，认为以后遵照这个要求，逐条严格执行下去，可以说试验没有打不成的。

张处长说：以后的实践证明，如果完全遵照 56 条并其中的说明执行，就一定会少走弯路、少付出代价，而代价往往铭心刻骨。

在一次操作过程中，一台发控设备的操作键盘出现了按键粘滞连击问题。既然出现了问题，那就得归零。可这种通用组件，是随工业控制计算机一起从

刘永才在质量工作会议上

市面上买回来的，总不能跑到计算机生产厂家，再追溯到键盘生产企业，让他们也给你写归零报告吧。那也不行，发控技术研究所提出解决措施：以后将通用计算机键盘也列入考核项目。

归零已经到了大家认为真正严苛的程度，哪能一时半会儿就完成所有的归零？但你不完成归零，试验基地就不让你打；不打，试验任务完不成，就不能回家；不回家就得继续归零。如此形成了一个封闭的圆圈，把最多时有 200 多人的试验队，困在西北大漠之中了。

自年中进场以来，在试验基地已经度过了大半年。试验队住在偏僻的技术阵地附近的招待所，区域周围除了一个只有两间房的小卖部之外，别的生活服务设施完全可以“归零”。招待所离基地司令部所在地还有很远的距离，没有固定交通工具，大家要想理个发、买管牙膏，很多时候只能走过去。开会、写报告、吃喝拉撒全在招待所，出了大门，马路对面就是测试厂房。进出厂房的工作时间、节假日正常的休息时间、饭前饭后一段空隙，周围一小块地方已经转得一草一木几乎了如指掌。实在没地方可去，大家就开始往远一点的地方转，那里有一座不高的小山峁，渐渐的，山上每块石头的位置，也都在不经意间刻在心里了，比电子地图还准。

在茫茫的戈壁滩上，除了这些带着不同使命来到这里的试验队员而外，四下望去很难见到有生命的痕迹。这里的生活实在是枯燥而乏味，远离城市、远离亲人，没过两天，这些来自闹市的人们就已经失去了对胡杨堰湖的好奇感。每天除了紧张工作，试验队员就是参加试验队唯一的娱乐活动——散步。有一次吃完晚饭，大家结伴在周边散步，走出驻地很远，发现一只苍蝇沿路跟随着他们。虽然大家时而加快脚步，时而蹲下躲避，终究不能将其摆脱。最后有人苦笑一句：“在这里难得见到一个活物，它爱跟着就跟着吧，多个同路的也没什么不好。”

而此时，刘永才自己也正被仅剩的五分之二残胃，折腾得不轻。泛酸，尤其到了夜里便丝丝啦啦地疼，痛苦难眠。此时相比当年鹰击六号单发投放试验阶段的生活条件还是有所改善，试验队被允许自己带厨师。厨师领命，一日三餐就给刘永才熬小米粥喝，每天就喝小米粥，连续喝了至少一个半月。大家经常看见刘总弓着腰，手捂在肚子上，说话越来越少，宽阔的身形愈见消瘦，不禁全为他的身体提心吊胆。

试验队很多人至今还记得，家里来人出差，除了必要的仪器、器件、零件之外，手上还常常多出一个小包裹，就知道是给刘永才带的胃药。

期间，三院电招刘永才回京参加试验结果分析咨询会，此时的他已是面色憔悴，身心极度疲惫，他对传达会议通知的小张处长缓缓地说："我这一去，恐怕不知道再能不能回来了。"

这话里也许还有别的意思。张处长赶紧安慰他道："没事，刘总，我陪您去，一路上有我照顾，保证没问题。"

蹲在试验场 7 个月的试验队终于回到北京，回到久别的云岗，与日思夜想的家人团聚。这一天已是腊月二十八了。

对于这支搞巡航的基干队伍来讲，此段人生经历终身难忘。是刘永才、周大民、孙华、张振家这些老专家们，把老航天的传统精神传给了当时队伍里的年轻人。这些年轻人干的第一个型号就是巡航导弹，职业生涯中接触的第一个大总师就是刘永才。刘永才近乎迂腐的公平公正、严谨务实，把任何事情都看成是自己的责任，而不是推给别人的担当精神，将让他们成为总师、主任设计师之后，再传承给他们下面更多的年轻人。

发控系统刘副总师说："这么多年接触下来，刘总工作作风真是特别严谨、特别务实。"

任务规划系统赵主任设计师说："实际上刘总最开始那几年对我们的影响，

已经决定了我们一生的走向。从他身上，我们学会了今后怎么对待航天事业，怎么投身飞航事业！”

2. 一次成功

严峻的国际、国内形势，重大的历史责任，已经把刘永才和整个型号研制队伍，连同整个三院一起，逼到了一个退无可退的绝境上。两总系统带头喊出：“低着头，弯着腰，夹紧尾巴，踏踏实实做人，认认真真做事”的悲怆口号！

在由各部厂所领导参加的质量会议上，高红卫说：

“能够进入到航天型号研制队伍的同志应该说都是精英，大家都很善于学习和考试。很多人从学校里学到了一个规则，考 80 ~ 90 分容易，但考 100 分很难。从普通意义上来说，这些并不妨碍我们扮演‘优秀学生’的角色。但这种概念如果带到武器装备和航天工程产品的研制生产过程中来，问题可就严重了。我给大家用简单的四则运算分析一下其中的缘故。

“武器系统和航天工程产品通常是一些复杂的大系统，从方案论证、总体设计、分系统设计、产品设计，到工艺设计、制造过程、检验过程、试验过程，再到总装、总成、总调、地面联试、验收、交装、技术阵地测试、飞行试验，至少要经历 16 个主要工作环节。以每个环节仅经过一个人来计算，实际上远远不止，假设每个环节工作质量的符合度为 0.99，那么最终成果的质量符合度将只有 0.85；假设每个环节工作质量的符合度为 0.95，那么最终成果的质量符合度将只有 0.44，多么可怕的结果！假设其中 15 个环节工作质量的符合度为 0.99，另一个环节工作质量的符合度为 0.9，那么最终成果的质量符合度将只有 0.77；假设其中 14 个环节工作质量的符合度为 0.99，另两个环节工作质量的符合度为 0.9，那么最终成果的质量符合度将只有 0.7，这些都是不可接受的结果。

“这意味着，当武器系统的可靠性指标一定时，系统越复杂，工作环节越多，对于每个工作环节工作质量的要求就越高。用通俗的话来讲，全部达到 90 分不行，全部达到 99 分也不行；多数人 100 分不行，少数人 100 分更不行，必须力争人人 100 分。决不能用对待学习和考试这种个体活动的低标准来替代复杂大系统产品团体性合作的高标准——航天系统工程工作者必须共同达到的工作质量标准。”

同样，高红卫对在座的领导们提出要求：院里的指示也必须 100% 传达下去，并且要 100% 得到贯彻执行。我今天说的话在你这儿领会传达了 99%，到了研究所再领会传达了 99%，层层都是百分之 99%，最后传达到在最基层干活的科研人员和工人那里，恐怕剩下 80% 就不错了。你们脑袋里要是还有“小概率事件”的观念，层层小概率，到了真正出产品的时候，那就成了大隐患。

清理、整顿、复查，质量清查工作在整个三院全面铺开。

经过前期飞行试验出现较多质量问题的反思，对型号飞行试验的各个重要环节和成败两方面经验进行分析思索，刘永才提出“飞行试验一次成功技术保障分析”方法，并撰写《确保飞行试验“一次成功”技术保障分析》一文，详细介绍了分析方法和实施要点，并举实例予以详细解说。

军方领导视察三院

全文分为5个部分：问题提出、确保飞行试验“一次成功”技术保障分析方法、确保飞行试验“一次成功”技术保障分析实施、FMECA/FTA/FRACAS可靠性技术的关系、分析实例。

“一次成功”技术保障分析是以“成功”为对象，按照系统工作流程的关键环节、影响因素、控制因素，运用分析的方法，为分析设计、改进设计，确保飞行试验“一次成功”提供科学依据。与3F可靠性技术二者相辅相成，分别从正（成功）反（故障）两个思路进行分析，达到同样的目的。

刘永才指出“一次成功”就是“一次到位、避免反复”，主要思路是：将“飞行试验成功”作为“顶事件”，围绕这个“顶事件”，总体及各分系统对导弹武器系统的设计、生产、地面试验，直至导弹发射、飞行的全过程中的每一个流程、每一个环节、每一个分系统、每一个产品中，制约产品正常工作的“影响因素”及“控制因素”进行深入细致的分析。对分析中发现的薄弱环节，提出并采取有针对性的措施，有重点地进行试验验证，以确保飞行试验过程中，导弹武器系统的每一个流程、每一个环节、每一个分系统、每一个产品都工作正常、可靠，以达到确保飞行试验“一次成功”的目的。

充分的试验验证：试验验证的充分、有效，是确保飞行试验成功的重要基础。巡航导弹各系统及其设备在研制期间开展了大量的验证试验，两总系统对试验项目、试验时机、试验条件等环节进行了精心策划、统筹考虑，总体及各分系统对武器系统战技指标、技术要求进行了认真分析，本着最大限度地模拟导弹武器系统的真实工作环境和使用环境的原则，科学、合理地设计试验项目，组织开展了大量的系统级验证试验。有些试验项目是结合实际使用环境开展的，如：武器系统自然环境低温试验、大风试验、高温高湿试验、高温日照试验、武器系统公路机动性能试验、全弹及各分系统/设备级可靠性试验、导弹自动化测试设备和发射系统维修性验证试验、动力系统与制导系统试验、引战系统毁伤效应试验等。通过充分的地面及空中带飞试验，提前暴露和解决了技术问题，使武器系统不断得以“强壮”，有力地确保了飞行试验的成功。

将“天地一致性”进一步深化，提出进行试验真实性、覆盖性分析，深入开展地面试验和带飞试验的真实性、覆盖性分析，是开展充分有效试验验证的前提。为确保试验的真实、有效、充分，提出开展试验真实性、覆盖性（即天地一致性）分析工作。对导弹进入技术阵地准备、转入发射阵地、发射系统进入发射流程、导弹发射、导弹飞行直至命中目标的全过程进行分析。通过分析，两总系统对导弹工作的各个环节是否通过了试验验证、试验是否充分、条件是否真实、状态是否到位等方面做到了心中有数。对试验未能覆盖的环节，设计师系统高度重视，以现有试验数据展开深入的风险性分析，采取了有针对性的规避措施。此项工作后续贯穿于型号研制全过程，对确保飞行试验成功起到了重要作用。

“一次成功技术保障分析”方法的成功运用，有力地保障了型号研制质量，使两总系统对型号研制中技术保障能力、存在的薄弱环节以及技术风险等，真正做到心中有数。通过针对薄弱环节采取措施、规避风险，确保了飞行试验的“一次成功”，减少了研制过程中的反复，缩短了研制周期，节省了大量的时间及研制经费。

“一次成功技术保障分析”方法，针对发动机问题，刘永才反复强调，对巡航导弹发动机进行深入分析。在一次院领导碰头会议上，刘永才再次责成三院科研部与动力技术研究所，制定出对小涡扇发动机进行分析的工作方案。

对全武器系统的地面试验、带飞试验、发射试验等所有试验项目，相对于导弹飞行试验的试验真实性和覆盖性进行分析。分析结果表明，试验真实性和覆盖性基本符合要求，但受当时试验条件的制约，有5个方面还不能在地面试验中得以验证。对这些无法覆盖的部分，型号队伍从理论上进行了详细的分析计算，对飞行试验的影响及风险性进行了分析，做到风险可控。

在开展的“一次成功技术保障分析”过程中，按发射、飞行两个阶段分析、统计，共理出46个关键环节、427个影响因素、1028个控制因素。其中，发射阶段18个环节、118个影响因素、317个控制因素；飞行阶段28个环节、309个影响因素、711个控制因素。按设计、生产、试验及靶场技术阵地、发射阵地准备等研制过程进行保障分析，找出了20个薄弱环节并分别采取了相应措施，消除了研制工作及产品质量上存在的隐患。

通过“一次成功技术保障分析”，使飞行试验产品不带任何问题进场，进场后开箱合格率首次达到了100%；转阶段首发弹飞行试验取得了圆满成功，一举扭转了型号研制的被动局面，极大地鼓舞了士气。飞行试验的一次次圆满成功，有力地证明了“一次成功技术保障分析”方法对于确保飞行试验成功是行之有效的。

根据巡航导弹这一型号战技指标高、系统复杂、大量采用新技术等突出特点，使整个武器系统的可靠性工作提升到前所未有的突出位置。

据此，刘永才将巡航导弹可靠性工作细化为4个方面：可靠性管理；可靠性设计与分析；可靠性试验；指标分阶段控制，逐步增长。要求彻底改变以往

高红卫（前右）、曹建国（前左二）、刘永才（二排右二）、史新兴（三排左二）与军方领导坐镇指挥

型号研制与可靠性工作“两张皮”的现象，严格按照“GJB450 装备研制与生产的可靠性通用大纲”开展型号可靠性工作。

在可靠性管理中，刘永才要求，首先要建立起一个适用的、完备的可靠性工作系统，成立专家组。这个系统要制定可靠性工作计划，明确阶段工作目标，并逐步建立完善可靠性信息收集系统。

建立可靠性工作系统，成立专家组。邀请航天、航空工业领域内的多名可靠性知名专家组成专家组，专业涵盖可靠性设计、试验、评估、管理和元器件失效分析等多个专业。在型号管理上，明确一名副总设计师主管型号的可靠性工作，在承担总体、分系统、设备研制的各级单位，也要分别明确可靠性管理、技术负责人及其职务。还要与国内高校、使用部队一起组成联合课题组进行攻关，共同研究飞行可靠性评估方法。在方法中要规定各类设备的变母体和不变母体的评估方法、系统综合方法及环境系数确定方法。

制定可靠性工作计划，明确阶段工作目标。依据导弹武器系统可靠性大纲，制定《阶段可靠性工作计划》，明确工作目标。每年都需要进行多轮次的协调和计划评审，制定年度型号可靠性工作计划。在具体实施过程中，要狠抓计划的检查与落实。

建立可靠性信息收集渠道。由型号总体单位提出武器系统可靠性、维修性数据收集要求，开发建立相对应的“导弹武器系统可靠性、维修性数据管理信息系统”网络版软件，实现可靠性数据的归类、汇总和共享。在这样一种分布式数据采集与分析系统中采集到的可靠性、维修性数据，将用以完善和改进设计、工艺，用于整个系统的可靠性、维修性评估，并着眼于为后续型号的可靠性设计与分析提供依据。

在可靠性设计与分析中，刘永才要求进行可靠性设计、可靠性分配的预计与 FMEA 分析，进行可靠性试验。可靠性试验应该包括：环境应力筛选(ESS)、可靠性增长摸底、全弹可靠性增长摸底。

对于提升整个系统可靠性的途径，刘永才认为不能一蹴而就，应该“指标分阶段控制，实现逐步增长”。针对型号的可靠性指标，对导弹可靠性指标进行分阶段控制，动态管理，逐步实施增长，分阶段开展可靠性评估工作。

以前在三院内部虽然建立有可靠性的研究部门，但是一直处于边缘化的尴尬境地。设计师们搞自己的工程实际，可靠性人员研究他们自己的那一套抽象理论，双方互不通气，可靠性不能很好地与具体型号相结合，实践与理论之间存在脱节现象，这就形成了俗称的所谓“两张皮”现象。而且也正是因为如此，可靠性这种纯理论性研究工作往往得不到重视，研究人员的积极性一直不高。

给予经费支持、项目支撑，经过刘永才的大力推动，三院的可靠性研究工作逐步介入到具体型号研制的各个环节中去。几次试验下来，设计师们尝到了事半功倍的甜头，可靠性研究人员找到了理论研究的着力点，两方面相辅相成，融合发展，慢慢就打开了三院可靠性工作的新局面。经过多年的分步实施，积累进步，可靠性工作已经成为三院发展整体规划中一个不可或缺的重要组成部分，导弹武器系统的可靠性水平达到了前所未有的新高度。刘永才与可靠性专业人员一起将长期开展可靠性工作的体会与经验总结为：观念转变是前提；领导重视是关键；设计分析是源头；充分试验是手段；管理落实是基础；经费保障是条件。

“巡航导弹研制一直是跟着刘总制定的总体思路走的，我们只不过是具体实现而已。”今天，当研制队伍里的许多人谈起刘永才时，都会这么说。

3. 一根金属丝

要说北京乃至中国历史记录上的 2003 年，排在首位的重大自然事件，一定是非典。其转运规模之大、风险之大、持续时间之长，史无前例。

在非典肆虐的六七十天中，北京人到外地，几乎被视作瘟神，而此时也正是巡航导弹型号研制、生产最紧要的关键时刻。工作不接待、住店不开门、路上道道关卡要登记，但是三院人没法不出去。在空空荡荡的火车上，在乘客寥寥的航班上，在各个外协厂紧闭的大门口，几乎都有三院人疲惫、焦虑的身形出现。

交接产品，不能进市区，更不能进厂区，就在电话里商定某一个高速公路出入口，两边人各自把东西放在野地空旷处，隔空喊话简要相互交代几句，心里揣着惴惴，赶忙匆匆反向而去；开协调会，就在办公楼后面的空场中围坐一圈，同事之间相互保持 3 米以上的安全距离，该谁发言就走到圈子中间，要画图呢，也是把本子放在圆圈中间，谁要看，一个个排队过去；幼儿园停班、学校停课、到处请不到人，只能把孩子独自锁在家里，转身抹抹眼泪，义无反顾又一头扎进巡航导弹的计算机上、测试台旁、机床前面……北京是重灾区，某研究所为了配合研制任务，连夜从西安开车进京，大路不准走，只能绕小路，终于到达云岗却没有旅馆肯接待，只得白天处理完产品再披风尘连夜返回，到家还要接受为期二周的隔离。

三院许多人至今仍对非典时期院网上的一张照片印象深刻：于世元副院长到总装厂检查工作，厂房内所有人的口罩都在耳朵上挂着，猫着腰在设备前专心致志地忙碌，没有一个人真正将口罩罩在鼻口上。

非寻常时期执行非寻常任务的国防专列，向西北一路逶迤前行。不想出了北京，还越发感受到疫情态势的严酷。每停靠一个站点，车外必有一队长白衣大口罩，防护严密的人，身背喷雾器将整趟专列团团围住，喷药消毒。煞有介事循环上演的一幕，令隔窗外望的试验队员们全感到不寒而栗。

可一想起临出发前军种领导站台列队相送、同事间的殷殷叮咛、亲人别离时的悲壮决绝，在大家心中激昂出一种神圣的使命感——一定不负重托，打好三院的“争气弹”、壮国威的“强军弹”。

为了巡航导弹，为了中国人能在世界上挺直腰杆，三院人已将个人生死置之度外。

再次进入试验基地，照例要隔离 15 天，熟悉的招待所楼前水泥路上早画出警戒线，圈起了绳子。禁闭解除，每个人好似老虎出了笼子，嗷嗷叫着冲向各自的岗位。久违的奢侈，他们已然无法消受。

导弹封舱检查前，总装厂一位资深女检验员在对照表格逐项复查时发现，有一根电缆插头上的接地引线不见了。

检验员赶紧报上去，大家一听全慌了。这根金属丝是裸线，如果搭到电气接线、芯片引脚上出现短路，结果将难以预料。

刘永才得到消息，马上从厂房边的会议室里跑出来，跟大家一起围着导弹一圈一圈地转，共同分析那根如头发丝粗细，不到2厘米长的接地裸线，到底落在弹舱内的哪个部位，会引发哪种后果。

仔仔细细搜寻了2天，还是不见踪迹。第三天，刘永才做出决定：拆，现场弹上能拆的都拆下来，翻箱倒柜地找。

一声令下，昝工艺师他们可忙乎开了。蹬着凳子，连头带肩膀伸到黑黢黢的弹舱里，小心翼翼拧下每一颗螺钉，记录下原来的位置，一个个编上号，更加仔细地断开各部分电缆插头，慢慢拉出精密部件，再十二分小心地捧出来，放到舱外定置的相应位置上。

“别着急，别着急……”开始时，刘永才一再叮嘱。

可发射窗口时间迫近，哪能不着急啊，但确实还急不得。如果急切间手一抖，将小螺帽掉进去，或拔插电缆受了伤，那可真就是鸡飞蛋打了。

用吸尘器吸，用强光手电看异常金属反射，拿胶布1厘米1厘米地往外沾……能清的都清了，能拆的都拆了，能想的办法都想了，可还是捕捉不到那根小小的金属丝。一个多星期过去，弹舱内凡是目力所及范围，全都干干净净，几乎连点灰尘都清出去了。

昝工艺师说：“试验前的刘总忙着呢，但一有空肯定过来。他后来就不说话了，只是站在边上陪着我们。”

最后，刘永才决定，紧急从家里调内窥镜，把探头伸到隔筋缝里、发动机腔体内、电路板空隙间，一点一点地搜。与此同时，各分系统人员也时刻准备着，一旦内窥镜探到了那根金属丝，就算把发动机、惯导系统、油箱全拆碎了也在所不惜……又是几天过去了，那根金属丝仿佛成了传说中的幽灵。

指挥部紧急开会，商讨对策，无奈之下作出决定，采取一切可能采取的措施：封闭各舱段、部件之间的一切空隙；断绝所有不需要勾连的通道；凡关键部位全蒙上网布；裸露的金属部位都贴上绝缘胶布；可疑的电缆接头点胶加固……

为了让大家轻装上阵，总指挥曹建国将试验队员们聚拢在一起，给大家讲了一个典故。他说，从前东北有个财主，要招赶马车的车老板，很多人都来求职。财主面试的时候问，你们以前都出过事故吗？大家纷纷说没有。财主发现只有一人低头不语，就点那个人说话。那人说，他以前曾经翻过一次车，时间、事故原因、过程等，都描述得清清楚楚，最后还总结了以后如何防止翻车。财主听了一指说：好，就你了，没犯过错的我不要。

最后的封舱工作正在进行。全程按照刘永才大力推行、严格要求的表格化管理要求进行。

表格化管理手段在封舱工作阶段体现得尤为突出——靠近发热部分的电缆固定到安全位置、经过金属锐边的线路贴布保护、舱体之间的联通部分贴上网布、所有插头检查、全部保险丝检查。各个舱口封闭，口盖上紧螺丝，点胶；弹体补漆；尾翼空隙封严；裸露在外的螺钉表面给予平整处理；光测反射布检查……同时，操作确认、工艺确认、设计确认、总体确认、检验确认、军代表确认……封舱完毕，导弹吊上装弹车顺利进入发射箱。之后，该地面设备研究所的人上手了，逐条连接外部电缆，仍是对照表格逐项打钩、签字认可。

大部分时间，刘永才仍是一语不发地从旁注视着，嘴角紧绷，神色淡然。

两天前赶到试验场坐镇指挥的高红卫鼓励大家：解放思想，放下包袱，提出疑问，把工作做透，更要坚定信心。

重大试验进行之时，领导们的镇定自若，就是全体试验队员们心中最坚实的依仗——一定要确保我们全新状态的巡航导弹傲气云霄！

4. 长剑落虹

西北高原仲夏季节特有的明净天空上，勾勒着丝丝微云，青草油油，清风飒飒，远山映衬下的戈壁荒漠，显得更加高远辽阔。上午 7 时整，进入射前 1 小时准备时间，巨大轮子的发射车液压支杆放下，舱盖打开，品字形排列的三座发射箱遥遥指天。20 分钟后，地面开始向弹供电，参数装订完成，惯导、发动机进入预定程序，各种测量设备严阵以待。

头顶晶亮八一军徽，一身迷彩作训服的刘永才，站在距离发射车几十米开外，双手掐腰，静静地注视着整装待发的导弹，弯弯的嘴角向下撇得更低了。

我们很难相信，像他后来自己所说的，此刻心如止水。发射前 10 分钟准备，全体人员撤离；5 分钟准备，1 分钟准备，倒计时开始！随着一声“点火”口令，号手重重按下点火按钮……四周万籁俱寂，似乎时间已经停滞，可实际上还只刚过去 1 秒，只听“乓”，犹如憋闷了很久之后发出的一声短叹，在巨大的推力作用下，巡航导弹银白的弹体恰似长剑出鞘，猛然急切出舱，中国第一型巡航导弹首次以全状态直刺苍穹……尾翼展开，助推器分离，远远地，只见半空中，导弹尾部喷出一股显而易见的黑烟，片刻转为清亮，涡扇发动机快速启动成功，推动长剑扶摇而去。过了第一个转弯点，过了第二个转弯点……空中飞行正常、信号跟踪正常、遥测信号正常、准确掠过第一个任务点、又一个任务点——我们的巡航弹飞呀，飞呀！

许久过去，长期压抑，凝固的气氛犹如春暖河开，坚冰化作涓涓细流。有人开始憧憬，我们的巡航导弹到底能飞多远。有人说能飞这么远，有人说能飞那么远，有人打断说，你们判断得都不对，导弹越飞越轻，能飞得更加壮美。

是啊，人就是这样，若干分钟前还为前 10 秒凝眉，现在已经开始展望未来了。永远追求，永远创新，就是人类永不止歇一路前行的根本动力所在。

而在千里之外，北京的指挥大厅里，张振家和杜祖良这一对难兄难弟，依旧老老实实闷头坐着。考验他们的时候这才刚刚开始……

试验场，发射阵地上，执行完现场发射任务的每个人脸上，都像贴了一层薄薄的奕奕亮彩。大家低声交流着，亟不可待跳上车，赶往观测大厅。车门关闭，车轮徐徐转动，扭头回望留在原地，孤零零的发射车，仿佛怅然若失。

几年，十几年的千辛万苦，千山万水，千难万险，难道就这么结束了？满车寂静之中，忽听两声嘤嘤的抽泣，有个地面设备研究所年轻的女设计师最先忍不住了，却不知，更多人的泪水早已在眼圈里打转。

在现场执行撤收任务的小汪他们，听到从指挥控制大厅传来的飞行实况播报，简直不敢确信，我们的导弹还在飞？还在飞！

航天科工集团的一位领导在外地出差下了飞机，第一时间了解试验情况，是的，我们的导弹还在飞……

成功的消息传来，北京指挥大厅里，杜祖良说，所有人都泪眼汪汪。

试验队里所有人的烟都抽完了。

小卖部里所有的酒都卖光了。

庆功宴上所有人的嗓子都喊哑了。

感谢科技情报研究所的摄影师，为我们记录下这所有人开怀绽颜，倾心狂

巡航导弹全状态首发成功

喜，难得的历史瞬间！这里有未来的航天科工集团主要领导、有未来的航空发动机集团主要领导、有未来的工程院院士、有未来的型号总设计师，有将军、检验员、设计员、装配工……欢呼，呐喊，跳跃，怎么喧嚣，嘶吼，甚至仰天狂笑都不为过。

苍天有意，钢铁亦情。我们的巡航导弹最终飞出了一个超出战技指标、低空飞行的最远记录，飞出了一个象征中华民族繁荣昌盛的吉祥数字。

在当天晚上的庆功宴上，刘永才望着多年来与自己一起埋头苦干的战友，流下了激动的泪水："咱们这些年的辛苦没有白费！"说完，便哽咽得接不下去了……

男儿有泪不轻弹，喜极而泣，大喜与大悲本是一回事！

军委首长在北京得到巡航导弹飞行试验取得圆满成功的消息，第一时间打来电话表示祝贺，其中说到：我现在毫不怀疑，我们的巡航导弹能很快形成战斗力！

据说那一天，中央军委主席江泽民听到我国巡航导弹试验成功的消息，从沙发上站起来，连声说了三个"好！"

……

一发飞行试验，圆满成功！

又一发飞行试验，圆满成功！

首批全状态飞行试验，全部圆满成功！

盛夏时节，军委首长率众多解放军高级将领前往某海军试验基地指挥控制中心，观摩指导巡航导弹飞行试验发射任务。

那一天，细心的小张挨个数了一遍将军们肩上的金星，加起来之后大吃一惊，竟有 52 颗，真真正正可谓将星云集。今天最亮眼的那颗星，还要属我们的巡航导弹，飞行试验又获圆满成功！

5. 百炼成钢

为保障型号研制，加强研制条件建设，提升核心创新能力，原国防科工委于巡航导弹研制阶段，先后批复三院多个研制保障条件工程可行性研究报告，大量投入，使整个三院的科研生产硬实力、软实力得到跨越式提升，达到崭新高度。

真空电子束焊机、车削加工中心、精密镗床、数控龙门铣床等一批关键加工设备，解决了弹体、雷达、惯导控制系统、发动机系统等关键零部件的加工

2016年，三院成立55周年升旗仪式

工艺难题；大量金属材料理化分析条件、软件评测条件、电子元器件检测条件、计量检测条件的配备，确保了型号研制质量与可靠性，使三院技术基础能力进一步提升。

总装厂房、仿真实验室、环境实验室、导航实验室、惯导系统综合加工厂房、综合试验场、铁路运输站台等建筑项目和水、暖、电配套条件的建成，改善了科研生产工作环境，为云岗航天城建设奠定了坚实基础。

巡航导弹工程的完成，全面改善了我国飞航导弹的研究设计、试验验证、加工制造、技术基础和基础设施配套条件，全面提升了型号研制能力、自主创新能力和综合竞争力，确保后续一系列飞航导弹武器系统研制工作顺利进行，为三院型号科研生产实现快速、持续、协调发展，奠定了雄厚的物质基础。

经过十多年的艰苦研制，推进技术研究所攻克了不可胜数的技术瓶颈，发动机整机性能优化、气动稳定性、进发匹配、空中快速起动等多项技术成果填补了国内空白。完全由中国制造的小涡扇发动机，为我国巡航导弹以及后续类似弹种提供了坚实可靠的动力之源。

以前在国内惯性导航技术领域堪称“大腕”的一家船舶导航研究所所长，在参观导航技术研究所具备年产大批量惯导系统能力生产线的时候，对陪同人员感叹：“要不是亲眼所见，任谁说我都不能相信，你们竟然在短时期内，飞速跨越发展到如此水平。”

至此，刘永才在巡航导弹立项之初拟定的《系统工程规划纲要》中预期的四个目标：“按国家和军方要求拿出合格的武器系统装备部队；把三院的研制、生产、保障条件建设起来；培养一支高水平，新风貌的专业技术队伍；探索出一个新型号的研制管理体系”，到工程完成时，已全部圆满实现。

百炼成钢！曾经人称小小的航天三院，已经从初期单一的海防导弹研究院，涅槃成为覆盖陆海空天全区域的，高技术、现代化导弹武器系统研发基地。

刘永才

刘永才院士传记

Academician Liu Yongcai's Biography

第六章

空天无限

在更广阔的领域，刘永才关注现代化武器装备发展，将目光投送到未来的全方位作战体系筹谋之中。

霹雳神剑，横空出世，刺破苍穹；
磨励数载，酸甜苦辣，遍历其中。
威振四海，耀我中华，一代枭雄；
捍卫边疆，统一大业，必建奇功！
——《长剑颂》刘永才

巡航导弹总师刘永才

巡航导弹研制，为中国飞航导弹事业培养造就出一支千锤百炼、百折不挠的基干队伍。今天，“参加过外形动力阶段试验”“在靶场守过7个月”“参加过巡航导弹归零”，在三院已经成为高素质飞航人的一张职业“名片”，成为新一代飞航人钦佩与羡慕的典范。

巡航导弹完成设计定型，刘永才自然从总设计师岗位上圆满卸任。但对于心爱的型号，他的相关工作仍在继续。为了更好地发挥武器效能，刘永才牵头统筹规划巡航导弹综合保障体系，并实际参与组织建设。他多次去部队实际了解使用情况，亲自给指战员们上课、讲解。

型号批抽检的飞行试验场上，时常可以看到刘永才两手掐腰，神态自若的模样，“原来他就是刘永才啊，巡航导弹的总设计师。”部队官兵们内心充满了钦佩。

1. 效能设计

以往导弹武器型号研制与定型，均是依性能，如射程、飞行速度、飞行高度、命中概率等进行评价。刘永才认为：用定型阶段“几发几中”这种简单的概率统计，去衡量一种复杂武器系统的优劣并不完整，因为缺少了对“武器实战对抗特性”这一重要因素的考量。

那么对于导弹武器系统的设计该如何评价？刘永才提出面向效能的武器系统设计评价理念。

他指出，现代战争的核心是对抗，手段是突防。如果考虑到对抗因素，一个70%命中概率的导弹，最终能有30%突防成功，毁伤目标就很不错了，因而评价一个武器系统的优劣主要要看它的效能。

他进一步认为，要从武器实战的角度去衡量武器系统的作战效能问题，要考虑复杂战场环境下，突破敌方威胁的突防性能。真正考评一种武器系统是不是有存在价值，衡量它设计得好不好，要放在一种实战对抗的作战环境条件下去检验。这种设计一定要满足在对抗条件下、实战条件下达到它最优效果的要求。同样，系统本身的升级换代，也要在面向实战的战场环境中去验证是否必须、是否好用、是否管用。多年来，他所培养的硕士、博士研究生都是围绕作战效能这一方向，以致后来在总体部创建了一个工程组，形成了一个新的总体专业方向。

基于新型评价理念，刘永才强调围绕效能开展设计。以前，一种武器的作战效果是简单的，可衡量的。比如说第一次世界大战时期，衡量一种火炮的效果就是看它的射程远不远、射击精度高不高、投掷弹药的质量大小。而在现代战争条件下，导弹这种造价昂贵、使用复杂的高技术兵器，它的目标是看不见的，使用效果也并不全是直观可见的，往往也不是立即就能够展现出来的，这就需要另外的物质给予它硬态和软态的支撑。

新支撑使得美国战术战斧新型巡航导弹，具有了许多以前战斧导弹所没有的能力。包括空中待机、飞行中重新瞄准、向发射平台报告导弹的飞行状态和攻击情况等。战术战斧在离发射平台 460 千米处空中待机，使导弹能较好地攻击转瞬即逝的目标或是时间敏感目标。一旦无人机、E-8 预警飞机或卫星获得了目标信息，发射平台就可将目标信息发送给空中待机的导弹，导弹就可编制好飞行程序，快速飞向目标。双向通信不仅可指令待机的导弹迅速转向攻击时间敏感目标，当导弹在飞向目标途中，发现目标已被别的武器击毁或所定目标有误时，还可向飞行中的导弹提供新的目标数据，令其重新瞄准。双向通信还可向发射平台报告导弹的飞行状态，一旦导弹在飞行中出现故障，不能完成任务，发射平台可再次发射导弹。在导弹撞击目标前，还能将红外摄像机所摄的景象发送给发射平台，从而为攻击效果评估提供依据。这套支撑系统十分庞大，价值与复杂程度往往超过了导弹本身。

2. 体系筹谋

对于一个毕生从事国防现代化建设事业，专注于高新武器装备发展研究的人来说，而今的刘永才自然而然地将目光投向更加深邃、更加高远的陆、海、空、天、网、电多维一体的信息化战争环境之中。

经过对未来战争中飞航导弹应处于一种什么样的层次态势，在全武器平台构架中应当占有何种地位，今后的导弹武器系统发展方向是什么等问题进行深入思索之后，刘永才关注到“体系”这一概念，以极大的心力投入到体系研究之中，将面向现代信息化战争的陆、海、空、天、网电多维一体的体系对抗、体系设计、体系研制、体系评价等课题，纳入自己的研究范围。

体系也被称之为由系统组成的巨系统。尽管由系统组成的，更高层次系统所带来的新现象、新问题已经得到普遍承认和重视，但是在体系研究领域，对于体系的概念，至今仍没有一个被普遍接受的明确定义。据初步统计，国内外对体系概念的定义至今不下 40 种。体系简单地可认知为：建立在系统之上的更大系统，是包括系统、组织、自然环境、生态体系等在内的，目前大多数大规模集成体普遍存在的结构形态。

归结到军事领域，体系具有如下特征：体系由多个相对独立的系统构成；

体系中各个系统既不完全独立，又不相互依存，但是它们之间有很强的相互作用与关联；体系中的各个系统协同完成同一目标与使命；体系的分析与优化要从整体上考虑，而不是各个系统的简单叠加。

由于体系在本质上是复杂系统，或被称之为巨系统，能够以不同方式进行关联，实现多种能力的独立系统集合或阵列，其中任意组成部分缺失都会使得整体能力严重退化，因而刘永才强调各系统的集成及相互之间的关联发展。

刘永才认为，以前的系统不管多复杂，更多采用的大都是纵向的“烟囱式”集成方式。随着技术发展，将它纳入体系领域进行研究，其集成方式就会发生改变，系统中单一子系统的工作方式亦会随之发生变化，成为一种并行工作、协同工作的交联式结构。如果将体系与信息化结合起来，以前遂行单一功能的部件，就有望在体系当中，发展成为一套重要组成部分。例如用以识别目标的导引头会由一个部件，提升成为体系中的一个信息前端搜集处理中枢。

据俄罗斯消息灵通人士称，花岗岩超声速反舰导弹的制导系统广泛采用了人工智能技术，具有自动目标识别、分类和选择能力。花岗岩在武器系统的计算机中建立了对方各类舰船目标的完整数据库，弹上计算机贮存着多种现代战船的目标特性数据。

编队飞行中的花岗岩
反舰导弹假想图

控制系统采用先进的人工智能技术，可先对目标进行自动敌我识别，然后对目标进行分类，自主决定采用齐射攻击或是领弹攻击等战术方式。在齐射攻击中，花岗岩能自主决定攻击编队中哪个目标，并自主实施最佳战术机动攻击该目标。一旦舰队中的主要目标被摧毁，剩下的导弹将继续判断、寻的攻击编队中别的舰艇。在领弹攻击中，一次性发射的多发导弹中有1枚“指挥弹”，它在高空飞行，把目标数据通过弹间数据链传输给低空飞行的其他导弹，以保持低空导弹的隐蔽性。一旦“指挥弹”被击落，马上会有1发导弹升高负责继续“指挥”。进入敌方视界后，弹群才散开，各自开启导引头进行末端攻击。使用领弹攻击法可以实现超视距攻击，在攻击中也可以使用领弹传回的信息，组织后续波次或其他战力的攻击。

刘永才敏锐把握到这一体系化技术集成的发展趋势，提出使用协同的技术、设计的技术、测试的技术等多种技术手段，实现技术集成、装备集成、作战集成。将分系统整合在一起，构成一个大的武器系统体系平台。

刘永才进一步归纳到，体系不仅是一个物理上的装备集成，更多是纳入“人”这一因素的高端集成系统。比如说在作战体系、装备体系中，要将指挥员作为一个重要要素更紧密地结合进来。这样导弹与导弹之间、人和导弹之间的交互模式，便在很大程度上发生了改变，产生越来越紧密的依赖性融合效果。“人在回路中”的回路大控制，将给未来战争带来显而易见的新变化。

刘永才总结体系在军事领域具有以下特性：体系是相互关联起来实现指定能力的独立系统集合或阵列，提供的能力远大于这些系统的能力之和，其中任意组成部分缺失都会使得整体能力严重退化；体系是系统的联接，在系统联接的体系中允许系统间进行相互协同与协作，如信息化战场上的主战装备系统、C4ISR 系统、保障装备系统等共同形成了信息化武器装备体系。这一定义的应用背景是：现代武器系统通过集成，以获取战场对抗的信息优势、决策优势与行动优势。

刘永才与他带领之下的科研团队经过研究进一步认为，体系不是单纯系统的集成，它具备五种特征：一是组成系统独立运作；二是组成系统独立维护管理；三是组成系统的区域分布性；四是具备“涌现”行为；五是不断演化发展。这些特征的应用背景是军事领域复杂体系的发展规划。

同时，体系是分布环境中异构系统组成网络的集成。体系中这些异构系统表现出独立运作、独立管理和区域分布等特征。在系统和系统间交互被单

刘永才（后排右四）与航天科工集团主要领导在装备订货合同签字仪式上

独考虑的情况下，体系的涌现与演化行为不太明显。这一定义应用背景是国家交通系统、军事体系和空间探索。

体系的组成不同于一般系统内部的紧耦合结构，它是一种系统间的交互存在，而不是简单重叠，具备如下特性：能够提供单一系统集成所不具备的更多或更强的功能能力；其组成系统是能够独立运作的单元，能够在体系所生存的环境中发挥其自身的职能。

体系是复杂的、有目的的整体，其组成成员是复杂的、独立的，并且具备较高的协同能力，这种协同使得体系组成不同的配置，进而形成不同的体系。体系的复杂特征在很大程度上影响其行为，使得体系问题难于理解和解决，具备涌现行为，边界模糊或者不确定。

基于体系，刘永才对总体设计部门今后的主要工作和发展方向进行了构想谋划。他指出：未来导弹研究机构迫切需要升级到体系层面，否则导弹就永远只是一个单独的火力单元，在一个大的作战体系之中占有的比重将会越来越低。导弹研究机构要不断通过产业升级、技术升级、思维模式升级占领行业制高点，占据产业链最上层的有利位置，从而实现产品效益与效能的最优化组合。他提示总体部需进行战略谋划，顶层思索，利用战略思维构筑前沿态势。

在这种前沿性构想的基础上，刘永才促成在三院建立起一个新的作战效能、体系专业，并大力推动组建战略研究部门，开展体系对抗研究。同时，他也力所能及地通过培养硕士、博士研究生和博士后，以开展相关研究。

多维一体的体系对抗是信息化战争的主要特征。刘永才提出，体系是大的控制理论之中的一个分支，体系是一种控制——控制你自己的体系去削弱对方的体系、制衡对手的体系。这就需要我们自己的体系更快、更高效地形成一种强有力的对抗优势。

他认为，未来信息化战场上，作战双方的对抗不再是双方主战武器在火力和机动力方面的较量，而是多种武器装备在情报、通信、信息处理及后勤保障配合下的综合作战能力的较量。未来信息化战场上的体系对抗，需要战场态势感知、信息传输、处理决策、指挥控制、软硬杀伤攻防对抗、信息与技术支援保障和打击效果评估的作战全链条的闭环支撑。武器装备的发展，将体现多维一体、慑战一体、攻防一体、软硬一体、战保一体、侦控打评一体等特征。

3. 柔能克刚

2011 年的利比亚战争，可以说是体系对抗作战应用的范例。将空间侦察能力与陆、海、空作战逐步并完全结合，打破传统军队按海、陆、空地域划分的概念，形成体系作战方式，已成为联军在军事行动中取胜的法宝。

这也切实凸显出新军事变革的重要特点：软层面的体系作战和对抗成为信息化战场的基本特征。

对抗与反对抗，刘永才将这种矛与盾之间相互依存、相互制衡的结构，分解成为物质流、信息流、能量流组成一个对抗链的概念加以描述和探讨。这种对抗链以前是单线程的。而现代导弹则引入了越来越多的信息量，必须在系统框架下加以模糊控制，以实现更精确的描述。这种系统是由网络、信息、通信、预测等多种能量流构成的，导弹在飞行过程中，要随时感知和接收这种能量的变化。能量增加，对抗效能增强，就能更好地实现整体作战效能。而这些可见和不可见的能量物质，需要不断加以维护和更新。

美军各类顶层设计文件提出了许多创新性战争和作战理论，如网络中心战、信息行动、凝聚式联合作战、非对称作战、快速决定性作战、基于效果作战等。其中网络中心战理论最为重要，被称作近 200 年来军事领域最重要的变革，是

“风暴阴影”斯卡普巡航导弹作战概念示意图

美军信息化长远建设的总体指导理论。

网络中心战概念最初于1997年美国海军提出。21世纪初的阿富汗战争和伊拉克战争，标志着美军的作战模式开始从以平台为中心转变为以网络为中心，成为新军事变革过程中的一次重要飞跃。在网络中心战中，美军“发现→定位→跟踪→瞄准→打击→评估”整个打击链的通过时间大大缩短，基本实现“发现即摧毁”。

体系对抗的核心是软硬杀伤武器的攻防对抗，信息对抗已成为信息化战争的重要组成部分。随着以信息技术为核心的高新技术的快速发展应用，军工技术和军事装备发生了革命性变化。这改变了传统的军事理念，使军事理论、作战思想和军队建制亦随之发生了一场革命。

2010年，美国提出了“空海一体战”理论，以应对敌对国家发展介入、反介入区域拒止能力对美国构成的威胁。空海一体战作为一个攻防兼备的概念，不仅要求空军和海军密切配合，以主动进攻的方式击败对手，还包括针对对手的进攻能力突出主动防御，强调利用各种措施摧毁敌方飞机、舰船和导弹，以减少对手攻击所带来的损失。2015年1月又更名为“全球公域介入与机动联合”。

鉴于攻防对抗领域从原有的陆、海、空三个领域拓展到陆、海、空、天、网电五大领域，攻防体系的应用范围进一步扩大。有形的武器装备将与无形的网络电磁技术联合，构筑起空海一体战攻防体系的基石。进一步研究表明，美国的军事转型已进入到新阶段，美军跨军种体系对抗的联合作战模式将逐步实现。

伊拉克战争与海湾战争相比，美军使用军用卫星的能力提高了75%，国防信息系统网通信带宽提高了10倍，作战指挥中心数据交换能力提高了100倍，充分显现了高度的信息优势。美军广泛使用航天侦察卫星、航空侦察机、地面侦察等各种手段，构成了空间、空中、地面全方位的信息网络，牢牢地控制住"制信息权"，以保证空中打击和地面军事行动顺利进行。美军空、天、地三位一体的信息网络不仅占据战场信息优势，也开辟了现代战争的先例，引起了世界各国军事家们的关注。

无论是信息战、一体战、围绕效能的武器设计与评价体系，都需要选择最佳的实现与运作手段，而这种选择的效果，也要放在体系化的构架下去思考和决策。

刘永才现在的思维更加宏观，境界更加高远。政治、经济、外交、军事、文化、网络等所有这些，在他的头脑中，都是未来战争中联系在一起，缺一不可的制胜因素，应在国家层面统筹协同，统一行动。

一辈子研究导弹的刘永才并不赞成使用武器。他经常说，武器使用的最高境界就是不用而达到最终目的。

兵法有云：不战而屈人之兵，善之善者也。

刘永才

刘永才院士传记

Academician Liu Yongcai's Biography

第七章

中国制造

刘永才长期关注中国制造，长期推动信息化制造技术发展，倡导工业化、信息化的“两化融合”，一直走在时代的前列。

“信息技术无所不在，信息化有起点无终点。我活到老，信息化就要推到老！”

2016年10月，央视记者走进导弹总装厂，对话中国航天科工集团公司董事长、党组书记高红卫，解读互联网、云计算、智能制造。

高红卫说：“当互联网只是一个概念的时候，人们所看到的只是技术；当技术实现作为产品的时候，人们看到的是工具；当工具被广泛使用的时候，人们看到的是生活方式和工作方式。当互联网成为一种工作方式、生活方式的时候，那么互联网就代表了这个时代。所以在这个互联网时代，我们用互联网来造导弹。”

1. 数字化制造

1979年4月间，刘永才在他撰写的《鹰击六号（S）单发运载投放试验工作总结》中，对导弹设计、生产过程中存在的一系列管理问题、质量问题、加工工艺问题，给予总结归纳，进而提出了自己的看法。

他总结道：总装生产中，各系统或成件间不协调，发生冲突，这类问题计有 20 项，占 40.8%。分析其原因，主要是与我们在设计工作中，对跨系统的协调工作不重视、不明确；由于弹上成件准备不够充分，致使生产周期拉得比较长，经常干干停停，为了等下一道工序，常常停滞多次，这样的生产方式，必然影响到生产质量；在靶场技术阵地检测时，就发现弹舱内杂物、灰尘比较多，最为严重的是，生产中没按文件技术要求，进行阻尼陀螺的极性检查，造成第二发弹的试验失败。

设计与生产脱节的检讨、失败的教训、成功的总结，使得学总体、干总体出身的刘永才对信息化的认识走在同时代人的前列。但只有这些还不够，刘永才一直对计算机技术、数字化制造技术十分感兴趣，而且善于学习，能够很快接受新观念、新理念，敏锐把握住信息技术的发展趋势，主动把信息技术与工程实践应用结合起来。

当然，所有这一切的结合，来源于他对飞航导弹这一职业的热爱，来自于长期身处一线的科研生产实践。

刘永才从总体设计部副主任调任三院科技委常委时，就对信息化研制技术倍加关注。此后，刘永才兼任了航天三院信息化总工程师，更是不遗余力地推动信息化研制技术在导弹设计、生产领域中的推广应用。进入三院科技委，担任型号总师，在一定程度上居于总揽全局的有利位置，这使得他将改变不协调的设计与生产链条设想变为可能。

运用与世界同步的科技和管理手段，寻找到一条行之有效的途径，打通设计与生产之间的瓶颈，使之上下贯通，前后贯通，实现互通互联，这条途径就是工程信息化。

型号研制初期，为便于协调，提高效率，倡导在院内的研制单位建立起二十几个网络节点，实现信息互联互通，这是三院目前高速局域网的雏形。但要实现工程信息化，只靠技术推动还远远不够，还需要一个平台，需要有具体项目为支撑。

2.3DM

20 世纪 90 年代中期，刘永才主管的某型号立项，同时又得到一个总装备部部署下来、申请重大先进制造项目课题的机会。刘永才与三院信息化部门经过研究探讨，提出了一整套基于 CAD/CAM 构架的工程实现思路，他本人则作为项目主要承担者，到总装备部进行课题申报答辩。

根据飞航式导弹科研生产未来发展需要，刘永才提出构想，要在高速信息网络支持下，建立起一套基于计算机应用技术、数据库技术、虚拟产品开发技术、系统集成技术等，居于当代先进设计制造手段基础之上的多功能信息集成系统。

这套集成系统将设计、制造与管理融为一体，由集成框架、支撑软件、应用系统以及计算机、机械加工设备等软硬部件构成。系统研究目标确定为，以飞航导弹为主要对象，实现以三院总体设计部、导弹总装厂为主体的设计、制造一体化，满足导弹弹体舱段一体化设计制造需要。系统建成后，基本实现可用本系统进行弹体结构设计制造，使弹体研制周期大幅度缩短，产品一次交验合格率大幅度提高。

课题顺利通过立项审批，并且争取到一定规模的经费支持。在三院内部被称为“3DM 工程”，意即：三院的 CAD/CAM 工程。

信心倍增的刘永才与三院的信息化人员一起努力，导弹总装厂也全力配合，很快便在厂内专门改建组建了一个数字化制造模样车间。那时候计算机还没有连网，为把总体部结构设计与总装厂加工生产连成一线，专门申请了一条电话通信专线。利用这条专线和当时较为底层的计算机通讯技术，不仅实现了长距离的设计、生产互联，而且所有制造设备之间也能够进行相互间的数据传输。

为减少中间环节，降低生产成本，刘永才一再强调，设计人员在设计过程中要面向制造。他要求总体部设计人员在设计阶段，就对舱段采用 CAD 造型，在计算机上预先采用三维模拟工装进行铸造过程模拟、机加过程模拟、工艺模拟。

几年之后，大家惊讶地看到，以前趴在图板上画图，骑自行车送图纸，打电话催进度，不合适时再把图贴回到图板上改来改去的舱段设计生产，完全变成了另一番不同的景象：经过模拟制造过程，设计好了的三维图纸通过电话专线，传送到自动化数控生产车间，直接分配到数控加工设备。工人只需要给机床加电，便能调入预先编制好的数控加工程序，丝杠带动刀具自主前进后退，没见一个铅笔道，没出一个次品，一趟不用跑，一个模样件很快就制造出来了。

局部打通了设计到生产的过程。大家又做了一台有单向信号控制的无轨小车，力求使生产过程也实现自动化。通过预先工序设定、线路设定，这台无人值守的小车在洁净的车间内自己走走停停，投料、送料、装载组件、运输成件。

这一座当时国内不多、具备柔性工厂主要特征的信息化制造系统，在今天看来，仍然放散出令人叹服的魅力。

“在 20 世纪八九十年代，刘总就带领我们做这个，当时是很先进的，跟他总是居于超前位置的理念分不开。”三院信息化杨副总师深有感慨地说，“做课题的时候，刘总跟我们一个数据、一个数据地测试，数据准不准，测出的结果

刘永才（左排二）听取信息化工作汇报

对不对，他心里都有数。”

项目实施过程中，刘永才敏锐地意识到，为满足未来战争快速响应要求，三院今后一段时期承担的型号研制任务将十分繁重。以在研多个型号为代表的新一代飞航导弹，对设计与制造质量、可靠性及研制周期都提出了极高要求，与多品种、变批量生产需求相比，传统的研制手段和工艺途径已不能满足型号研制需求。采用先进的 CAD/CAM 一体化技术，无疑是实现新一代飞航导弹高可靠、高质量、低成本、短周期交付部队的一条最有效途径。

例如在某型导弹油箱设计中，针对燃油重心控制问题，设计人员采用了多舱平衡供油技术，并利用燃油质心计算软件进行优化设计，这是在国内导弹研制中属首次采用的先进技术。为避免油箱中燃料晃动，要将油箱分成几个相对密封的小舱，将大容器分割成小容器，达到控制燃油晃动的目的。由于弹翼安装的缘故，几个密封的小舱中间还要分成上下两部分，小舱之间通过导管相连，按顺序依次供油。以往对导弹燃油箱质心研究只是在设计时进行初步估算，等导弹生产出来之后，再实际测量空、满油两种状态的质心，而导弹在实际飞行中的质心变化则无法准确进行计算。采用信息化设计制造一体手段之后，对辅助设计软件进行了二次开发，利用油箱模型抽取出燃油模型，利用弹道文件的导弹攻角、侧滑角、过载等输入数据，对燃油模型进行精确计算调整，便可以准确计算得出导弹在飞行过程中任意时刻的燃油质心。

为了解决油箱大平板变形控制问题，从油箱最前端的零件到油箱最后端的箱底零件，每个零件都由二次开发软件进行设计计算，保证在内压载荷作用下，平面壁板部位变形控制在允许范围之内。

刘永才一直关注工程的实际效果。他常说，要务实，不能搞完了，课题通过鉴定，演示演示之后就算完了，要坚持不懈地搞下去。

在黄瑞松、刘永才主导下，三院大力推行新的制造手段与三维造型设计相结合的工程理念，课题研究成果很快推广到多个型号上。除了导弹总装厂之外，刘永才还将动力技术研究所与导航技术研究所的发动机与惯导系统，一并纳入一体化实现范畴。

痴迷于新技术的刘永才，总是能很好地把握先进技术的发展趋势和发展方向，对信息化的推动可谓不遗余力。国家给各个部厂所每年的技改投入经费有限，刘永才主动从他主管项目的技改经费里拨出一笔专款，给负责信息化工作的人员、重点设计人员每人添置一台当时堪称昂贵的小型工作站，为动力技术

刘永才（右）与黄瑞松（左）
在信息化工作会议上

研究所、导航技术研究所信息化部门增添必要的硬件设备。

基于刘永才以信息化带动工业化，以信息化改造传统产业的指导思想，研究人员对型号从设计到制造整个研制流程进行了分析，确定了打通研制主线需要攻克的一些技术难点。这些未雨绸缪大量扎实细致的准备工作，为以后将要来临的大发展、大跨越时期，飞航导弹设计上台阶、工艺上水平、实现型号研制全过程数字化，奠定了坚实的基础。

按刘永才提出的“型号牵引、技术推动、应用导向、注重实效、有限目标、突出重点、整体规划、分步实施”原则，被称为“飞航导弹关键零部件设计制造一体化系统”工程（简称3DM工程），在研究及建设过程中，边建边用，稳步推进。

3DM工程以具体型号应用为背景，经过10年研究建设，打通了由总体设计部到总装厂的型号研制主线，提高了三院的研制生产能力；缩短了型号研制周期；提高了产品质量和工作质量；降低了型号研制成本；在工程建设中，带动解决了一批技术关键；组建了基于计算机技术的“网络数据库”结构体系；建成了总体部、总装厂CAD/CAM一体化系统；为弹体结构件设计、制造提供了并行协同的工作环境；制定了一系列设计标准和规范，建立了资源库和标准件库。

3DM 工程成为三院信息化建设的一部分重要内容。

随着进程推进，刘永才更加重视计算机智能分析问题，致力于推动全三维深度应用。三院第一个较为完整、能够用 3D 模型组装起来的型号，就是由他负责的。

以前由于种种原因，有不少型号不愿意触碰更多的新的制造理念。采用计算机辅助技术和设计、制造、管理信息集成，改变了设计人员传统的设计制造手段和研制模式，摆脱了传统研制过程中条块分割、信息孤岛式的管理束缚，代之以效益为驱动的现代化技术、生产、管理模式，进而改变了设计人员和管理人员的传统观念。

杨副总师说，刘总总是支持把自己负责的型号拿出来作为实现支撑，带领我们的工程信息化往前走。

2000 年前后，航天机电集团公司在总经理夏国洪倡导下，推广 CIMS 工程，亦即计算机集成制造系统，大力推广学习美国波音公司的先进制造理念和管理方式。三院成立了黄瑞松和刘永才牵头的并行工程领导小组，探索通过并行工作方式解决研制进度、研制质量过程中遇到的瓶颈和难题，真正实现设计

王建民（后排中）、刘永才（后排右）在车间

生产一体化。刘永才作为CIMS总师，在3DM工程的基础上，继续推动三院的工程信息化发展。夏国洪到三院见到全三维构造的发动机模型，赞不绝口。导航技术研究所结构设计部门多年来人员没有增加，但可承接的任务量比之前早翻了几番。

3DM工程为三院信息化建设和型号研制技术的现代化创造了条件，积累了经验。2003年三院荣获中国航天科工集团公司信息化工作唯一的特等奖，这与刘永才为3DM工程所付出的巨大心力是密不可分的。

3. 两化融合

2007年刘永才兼任三院信息化总师。干型号出身，视点高、视野开阔、卓有丰富工程研制经验的刘永才主管信息化之后，三院的信息化工作局面就与之前有了很大不同。

上任之初，刘永才就提出“两化融合”的关键性理念，即将信息化与工业化深度融合。他提出，工程信息化不能简单照搬IT那一套去干，要更紧密地贴近工程研制实际，在更广阔的层面、更深的层次上为科研、生产实际应用服务。“对三院这种以产品研发为核心的工业制造部门来说，信息化与型号工程更紧密地结合起来，就能达到一个新的高度。”

基于产品的特殊性，三院对工艺问题一直十分重视，时任院长高红卫曾经反复提出，工艺工作在型号研制中处于突出的重要地位，很多看似简单但又十分关键问题的出现，就是由于操作的规范性、严肃性不强，检验、试验和操作规程不完备，或是有规程不执行，工艺会签走过场等工艺原因造成的。要明确责任、严格要求，全院上下要对工艺工作和工艺人员提高认识、适当定位，形成重视工艺工作的氛围，重视 CIMS 工程建设。

曹建国也一再强调，多个在研型号技术新、难度大、时间紧、周期短、外协工作量大，要重视工艺工作，降低成本，缩短周期。

就此，刘永才提出，工程信息化一定要致力于整体提升研制生产过程中各个环节的工艺水平。

针对有些厂所合一单位生产与设计一体矛盾比较突出、设计与工艺之间存在不协调的老大难问题，刘永才加强了 CIMS 工程的深度推广应用努力，强调 CIMS 是全面提高工艺水平的一条有效途径。他向信息化部门提出建模的要求，指出先要任务建模、数据建模，然后才能真正实现工程信息化。

在信息化工作中，刘永才同样强调系统工程。他说，工程信息化要有比 IT 更系统的大局观，要从总体设计这个源头开始，瞄准业务需求去完成技术实现，要严格按照型号要求去布局筹划。

刘永才设想，三院要建立一个容括各个部厂所在内的，飞航导弹武器整体科研、生产一体化信息系统，形成一个统一的集成化大门户。模型、图纸、审签、加工、工艺等设计实现，都可以在这个全面的、统一的、规范的系统之下来完成，最终实现型号设计、生产所有流程无缝对接，完全融为一体。

基于这种全面构想的基础上，刘永才提出三个数字化的理念：产品本身数字化、产品使用环境数字化、产品实现过程数字化。

产品数字化就是系统本身的数字化设计过程。从元器件、机械零部件、软件、单一系统，一直到全系统，从模拟状态到数字状态，要从原来的二维变成三维，全面实现数字化，建立数字样机模型，包含功能样机、构造样机和性能样机等。

但这还只是第一步，接下来就要实现产品使用环境数字化。科研过程中，大量的时间与成本投入到实物、半实物仿真过程之中，周期长、要求各异、过程往往几经反复。针对这种传统手段，刘永才提出产品使用环境数字化。他说，既然产品模型有了，应该把产品未来使用将要面临的环境，包括自然、力学、电磁和战场等环境数字化，实现产品环境适应性虚拟验证，确保设计正确，节省成本，缩短试验周期。

接下来要实现产品全生命周期过程数字化。要将产品设计、制造、试验、使用及综合保障全生命过程实现数字化。在三个数字化的基础上，最终目的是实现所有产品，乃至整个三院型号工程和企业信息化的目标。

刘永才一再对信息化部门要求：我们现在所做的工作就是“修好路，建好房，达到精装修”，即先把高速网络铺好，把办公环境建好，备好一切需要的软件工具、数据库等，供型号人员使用。

现在看来，刘永才多年前提出的三个数字化工作，已经与中国制造 2025 和互联网 +，以及工业 4.0 很近似了，但他当时还没有预见到智能化制造。但数字化是智能化的基础，没有数字化就不可能实现智能化。

智能制造发展生态是在新一轮产业变革背景下，围绕智能制造形成的共生共赢、跨界融合系统。它包含了智能制造的应用企业以及围绕智能制造的产业链、创新链等相关活动，以及与智能制造的各个利益相关者。

当选为工程院院士之后，刘永才参加了工程院组织的“制造强国发展战略研究”重大咨询项目，也即后来演变为国务院发布的“中国制造 2025”，在全国范围内推动智能制造技术和装备水平的转型升级。由于大量的预先思想储备、技术储备、实践储备，他自然而然跻身于智能制造技术的最高层次。

在对国外发展智能制造进行深入研究的基础上，刘永才与多位工程院院士一起，参加工程院组织的现场调研活动，数次深入到广东、陕西、江苏等制造业发达集中地区进行实地考察，围绕“中国制造 2025”的实施，对国内发展智能制造的发展现状及需求进行调研、把握，提出具有中国特色的、可操作的智能制造发展战略及对策建议，为国家决策提供支撑。依据离散型制造、流程制造、大批量制造等重点领域，解决发展智能制造所需软件；研发数字化、智能化制造装备并形成产业；数字化工厂、智能工厂试点示范及数字化工厂的推广……这些在制造领域建树颇深的院士们，为未来 10 ~ 15 年中国智能制造技术发展重点和技术路线勾画蓝图。

视角全面，视野更加宽阔的刘永才，一直对三院的信息化工作牵挂于心。他一感知到新进展、新信息，自己一有新想法，就立即向信息化部门通报。有时候他实在太忙了，便想起来就说、在走廊里见到了拉住就说。

刘永才关注到智能家居这一新型体系。以前卖电视的只管卖电视，卖手机的只管他的手机，卖空调的只生产空调，而组合在一起，就形成了一种规模巨大的产业系统。手机能够控制电视、控制冰箱，而电视和手机还能够接入互联网，实现基于网络的，在线的多个节点、多种方式、多种层面的实时交互、分时交互。

制造空调的厂家也可以应用其庞大的销售网络、售后服务网络、密集的资本网络，渗透到互联网等智能交互行业。

依据智能制造、智能产业，刘永才对三院数字样机工程有关工作提出了新要求。他说，须按照飞航武器研制、生产、使用全生命周期理念研究产品设计、试验、制造、综合保障等各阶段的信息化应用，根据客观条件分步开展建设工作，提升三院工程信息化应用水平。

根据刘永才的要求，三院初步确立了虚拟样机与实物样机相结合的数字化研制模式，明确了数字化设计分析、试验、制造、保障、管理、工程与管理协同等六个方面数字化研制流程。

结合体系化战争概念的确立，刘永才对信息化又有了进一步的通盘考虑。

在数字化、网络化、信息化的基础上，实现飞航导弹及其武器系统的智能化是必然发展趋势。要在高度信息化的体系对抗作战环境中完成火力打击的作战使命，飞航导弹必须实现导弹武器系统的设计、制造、试验和使用与战场环境下的信息网络深度融合。用信息技术进一步完善飞航导弹武器系统，使导弹武器系统具备高度信息化、智能化能力，使之完全适应未来的信息化战争。

“刘院士的大局观，对顶层设计理念的很好把握，一直牵引我们去工作。”柳总师助理说，“三院的信息化许多都是按照他的想法一步一步地去实现的。”

刘永才对三院信息化建设所作贡献的另一大亮点是，构建了信息化队伍的总体构架。

以前三院的信息化队伍因为没与具体型号任务挂钩，因而在职务晋升、职称评定等方面相对滞后，信息化队伍留不住人，大家的心气一直不很高。

刘永才担任三院信息化总师之后，在促进信息化与型号研制相融合的同时，力主建立并完善组织机构、两总系统、信息化专职队伍。在他和有关领导不遗余力的推动下，信息化队伍得以进入型号管理序列，增设了相应的技术岗位，人员获得了相应的技术职务。此举对稳定信息化队伍，提升工作效果，起到了很大的促进作用。

他说：“信息技术无所不在，信息化有起点无终点。我活到老，信息化就要推到老！”

刘永才

刘永才院士传记

Academician Liu Yongcai's Biography

第八章

且行且歌

刘永才担任多种社会职务，作为工程院院士，他响应航天科工集团公司科技委工作策划，在人才培养、集团发展战略、学科建设等方面，持续发挥着积极作用。

“重点不在宣传我，而是以我的传记为载体，借着这么一个机会宣传巡航导弹研制团队，传播飞航文化。”

刘永才在北京师范大学第二附属中学宣讲航天文化

恐怕当今很难再找出一个人能够像刘永才一样，介绍飞航导弹、传播飞航文化，宣讲现代科技理念，可以覆盖到如此广泛的受众层面。

在刘永才的听众之中，有党和国家最高领导人，有解放军诸军兵种高级将领，更多的是航天系统职工、部队官兵、在校教师、研究生、大学生，还有中学生、小学生。如今已经很难确切统计得出，曾经有多少人听过他来自于科研生产第一线，用丰富的实践经历总结归纳出的深入浅出的讲解。

只要有需求，刘永才总是在百忙之中尽量挤出时间，深入到使用部队官兵中间，向他们传授飞航导弹相关技术知识，使用与保障要点。他也同时掌握了部队需求的第一手材料，丰富了自己的飞航武器运维理论。

在本书编纂过程中，刘永才多次强调："重点不在宣传我，而是以我的传记为载体，借着这么一个机会宣传巡航导弹研制团队，传播飞航文化。"

他还多次走进校园，向学生们宣传航天核心价值观、航天三大精神、航天科工企业文化。

刘永才不仅是飞航技术的传播者，更是飞航文化的书写者，践行者。

1. 爱才有癖

也许是因为名字之中有个"才"字，刘永才爱才有癖。

总体设计部张副主任至今还记得 2000 年刚刚来到总体设计部，跟刘永才读博士之时，导师曾无数次出现在他简陋的宿舍里，帮他安置家用。为了及时跟踪学术动态，他需要上网，但买不起电脑。于是，刘永才就想办法帮他借了一台电脑。当时，云岗地区还没有宽带，如果拨号上网，耗资不菲。刘永才又出面与通信部门协调，让他以低廉的价格开通了宽带网络。

作为刘永才培养的第一个博士，张副主任对刘永才的人师风范深有感触。经常要在试验基地待上几个月的刘永才，总会嘱咐他把论文通过别人带到基地审查，一段时间后，他就会收到经导师细致修改过的论文。

张副主任说："刘总曾多次叮嘱我，我们发出去的文章，是要给很多人作参考的，即使不能提供有价值的信息，至少也不能误导别人。"

作为硕士生、博士生导师，刘永才总是怕误人子弟。

还在总体设计部当副主任期间，主管教育工作的刘永才经常晚上到在读硕士研究生的单身宿舍里，跟他们聊天，看有什么困难能帮着解决。

“那时候我就发现了，有两个年轻人干活不错，遇到问题积极思考，他们是我有意识培养的。”

如今，当年的那两个年轻人，经过巡航导弹全研制过程历练，已成为张总师、胡总师，在重要的技术岗位上任职。

2014 年的一天，一所有多年合作关系的大学校长联系刘永才，说带的几个学生做出的课题，想到北京向他汇报一次。刘永才正好要到该大学所在的那座城市出差，便说，你不用跑，我找你吧。

那天晚上，简单的宾馆房间里临时架上了一台投影仪，四五人就挤坐在床上、椅子上一起演示、研讨。时间不觉已临近午夜，校长怕影响刘永才休息，便悄悄与他商量，可否明天再继续。不过兴味盎然的刘永才哪肯休息，非要一气听完不可。回到北京，刘永才立刻指示人事部门，与那天汇报的一个硕士生联系，问他愿不愿意到三院读博士。此后，这个小伙子一直挂在了刘永才心上，几个月之中他就亲自过问了好几次，可不想这个小伙子毕业后，直接去了一家福利待遇非央企可比的互联网网购公

刘永才（右）为优秀青年科技工作者颁奖

司。一提起这件事，刘永才直到现在还深以为憾。

按照三院安排，每年新分配来一些研究生和本科生，刘永才都要给他们讲一次群体大课，讲航天精神，讲飞航导弹发展历史以及技术发展方向。

一名计算机技术研究所搞任务规划的博士听了刘永才院士讲课之后，激情澎湃，回去后壮着胆给刘院士发邮件，要求调到总体设计部跟他做项目。计算机技术研究所好不容易招到个热爱事业的“潜力股”，当然不肯轻易放人，小伙子更是锲而不舍，继续利用各种机会和方式向刘院士请教。一段时间过去，工作告一段落，研究所肯撒手了。在刘永才的关心下，小伙子得以进入总体设计部，师从他读体系方面的博士后。

2. 身教胜言传

涂副主任至今还记得跟导师刘永才第一次见面时的情景。当时的他还是一个没有完全走出校门的本科生，在他的想法之中，刘永才作为一个重点型号总师，理应气宇轩昂，威严有加。硕士研究生面试那一天，正好赶上型号协调会，会场内外一片军绿，细看，还有几位将军，因而他的心里更有些惴惴。

等会间休息，刘永才与一个高个子、戴眼镜的中年人一起从会场走出来。经人指点，小涂赶忙迎了上去，但不知道两位面色慈祥的长者中，哪位才是他的导师。

那位戴眼镜的中年人往身边一指说："这就是我们的刘总，他干技术可是很厉害的呦，你要跟他好好学。"

刘永才哈哈一笑，一边主动迎上来跟小涂握手，一边说："我身边的那个是咱们三院的王建民院长，我归他管，他才真正叫厉害。"

说笑间气氛一下就打开了，小涂更加坚定了他投报的导师没有错。

史博士与导师见面的第一幕是这样的：照例答过几个问题之后，刘永才问她有没有学过飞行力学？史博士照实回答说没有学过。

刘永才想了想说："不要紧，我这里有几本小册子，你先拿回去科普一下。"说完就站起身去办公室的书架上给她找书，又返身提醒，"我以后可要考你。"

毕业答辩的日子到了，可巧前两天刘永才紧急去了试验场，没法参加。答辩结束不到半小时，史博士就接到了导师刘永才打来的电话，寻问她答辩得怎么样。当听到评委给的都是"优"时，刘永才这才算放了心，接着在电话里一再叮嘱，课题进展到这一步可不能就算是搞完了，以后还要接着搞，更深入一层地搞下去。

时近下午，令史博士没想到的是，手机又接到了一条来自导师的长长的短信，内容还是要她继续深入下去。真可谓千叮咛，万嘱咐！

常说为师之道应该言传身教，对刘永才来说，却是身教更胜于言传。

刘永才常年工作繁忙，很多时间坐镇试验场，他学生的论文或者需发表的文章，不管署不署他这个导师的名字，他都要一篇一篇逐字逐句地仔细看，并给予细致修改。师兄弟们共同的感受是，改得太细致了，不仅限于内容，里面一个字符，甚至一个标点符号，他都给改了。

以身作则，耐心细致。刘永才培养出来的硕士、博士以后在写论文、写技术报告、做科研的时候，就只能投入更加周全的严谨，倾注百倍的心力。他们并不是害怕做不好被导师批评，因为他从来不批评人，而是发自内心地觉得，导师那么忙，年纪又那么大，他自己尚且如此，作为他的学生只能做得更好。

2015 年上半年，刘永才微恙需要住院治疗。临进医院的前一天，刘永才把他的两个学生叫到办公室，听取了关于某一战略领域研究成果的汇报。等这两个学生下一次再被叫去汇报的时候，不想却是在刘永才的家里了。他们向师母宋毅打听之后大吃一惊，原来导师两天前才刚刚出院。

涂副主任说："有导师做出的榜样，我们就没有丝毫理由不努力把课题做好。"

刘永才就是这样的人，从来不愿意麻烦别人，不愿意惊动别人，而对他自己则从没有过丝毫放松和懈怠。三院很多人都知道，刘永才有一个很显著的工作作风，就是尽可能做到亲历亲为。

很多人谈到刘永才的亲历亲为，都拿同类但不同件的事来举例说明。

上级机关常常要求申报研究课题。刘永才每次拿到题目之后，并不是立刻就召集开会，而是简单地说一句"我先想想"，便开始自己伏案准备资料。过了

刘永才给研究生授课

几天，等他的资料准备得差不多了，这才把大家召集在一起。他的第一句话一般是："关于 ×× 课题，我有些想法，先抛出来大家看看对不对。"

每当听完刘永才高屋建瓴、筹划设想的方案之后，参会的人通常会感觉思路豁然开朗，接下去的讨论就简单顺畅许多。大家分头下去，围绕着刘院士的想法去寻找依据，分解细化，补充扩展完善。当汇总报告递交到刘永才手上时，他又像往常那样，逐字逐句批改修订，并亲自做成图文并茂的演示文档。

干了一辈子飞航导弹的刘永才，自己也像他所钟爱的飞航导弹一样，总是一路飞行在满状态的空间与时间上。

3. 行者无疆

除了担任三院的信息化总师之外，刘永才还兼任总装科技委兼职委员，中国宇航学会无人飞行器分会高级顾问，多所知名大学兼职教授、博士生导师。

他曾任中国航天科工集团公司 CIMS（计算机 / 现代集成制造系统）工程副总设计师、中国宇航学会无人飞行器分会飞行试验专业委员会副主任委员、中国宇航学会无人飞行器学会常务理事、中国数学会均匀设计分会理事长、北京宇航学会理事、导弹军用标准化技术委员会委员、总装备部科技委专业组副组长。

在中国航天科技集团公司已经退休在家的宋毅，现在接受了航天科工集团的任务，要求她照顾好刘永才的生活起居，因此每次去试验场，宋毅都会陪伴在刘永才左右，一方面总师的身体健康有专人保障，就是保障了试验顺利进行，另一方面还不用试验队花一分钱，两全其美。

林荫道上、小河边上，时常可以见到晚饭后老两口并肩缓缓散步的温馨画面。

刘永才院士的助手小刘说：“我们这些年轻人在宋阿姨眼里都是孩子，她宁可自己累点，也不让我们受一点委屈，大家都说，宋阿姨有一颗佛心。”

大半辈子一心扑在事业上，对妻子的亏欠现在总想着一定要补偿。从第一

刘永才与宋毅在远望基地

刘永才摄影作品 —— 神舟9号载人飞船发射

刘永才摄影作品 —— 大漠胡杨

线退下来的刘永才只要有机会，就一定要带上宋毅到外面去转一转，看看美景江山。

年轻时就爱好广泛的刘永才还喜欢上了摄影。按照刘彦的说法，老爷子经常挎着个大单反，也不嫌沉得慌，出去走到哪儿照到哪儿。刘永才爱琢磨，去了许多人不容易到的地方，他的摄影（像）作品不仅美，很多还具有纪念意义，多幅发表在工程院

《院士通讯》刊物上。

从 2004 年起，刘永才在中国航天科工集团公司科技委担任常委、顾问等工作，将自己多年在型号研制第一线积累下来的经验和思索，在更高的平台上发挥和释放作用。

刘永才不仅积极，而且主动倡导和参加各种学术交流活动，促进学科融合、学科理论的深化和创新，在冲压发动机研究、惯性技术、MEMS 实用化等领域，持续发挥着纲举目张的引导作用。在航天科工集团科技委办公室王来成等的组织下，科工集团科技委组织起由多个院士牵头的院士工作站，以刘永才为主，在贵州凯星液力传动机械有限公司建立起院士工作站，刘永才多次赴当地讲学、调研，解决实际问题，推动当地省级重点实验室建设。

科技委作为航天科工集团“技术决策的参谋部”，在集团深化改革、重大科技项目论证、技术改造、重大军民两用项目投资决策等各个方面，发挥着重要的作用。归根结底，还是创新。十几年来，刘永才积极参与科工集团科技委组织的创新项目研究，在型号研制任务依然十分繁重的情况下，一直为集团公司、三院的发展出谋划策，并亲自担任创新课题组组长，为集团公司提出了较为系统的研究仿真思路与发展建议，有的课题研究结果对于国防安全和现有武器用于实战具有重要意义。刘永才亲自主持和领导之下的“巡航导弹先进突防技术创新团队”获得了首批国家级创新团队奖（国家科学技术进步奖一等奖），成为我国巡航导弹研制的核心力量。

登高送目更可提纲挈领。具体的型号任务交给年轻人担纲，刘永才正可利用科技委这个平台在武器装备体系、型号质量体系建设、信息化发展、高技术武器综合保障等方面继续深化自己的理论研究。一次成功、零缺陷质量管理、产品与设计标准化、军贸、民用产业发展等都是他一直关注和推动的重点。每当信息和思索积累到一定程度，刘永才就会找到相关的职能部门，主动提出安排个机会与大家一起分享交流。而大家呢，当然是热烈欢迎，踊跃参加。

“今天非常高兴有这么个机会，就 ×× 问题，与大家讨论交流……”

每当听到刘永才这一句谦逊而又经典的开场白，看到他自己搜集材料、全部亲手伏案制作的演示文档出现在白屏上时，会场下面立刻变得鸦雀无声。这并不完全是因为院士的“大家”身份，更重要的是他每次所讲的，包含有最新最广的信息，融合了多年积累下的宝贵经验，建立在有高度的前沿思索之上，因而更加贴近科研生产实践。

“……今天我就说到这儿，不对的地方，请大家批评指正。”

讲座结束，大家常常感叹，刘院士的讲座真是常听常新，受益匪浅。

在刘永才的职业生涯中，失败和成功的经历确实是太多太多了。他常说：“所有失败的经验，不也都是花钱买来的吗？我只要有机会，就一定要跟大家多探讨、多交流。”

忠诚事业，关注民生，是一个院士的使命。在推进相关专业发展的同时，刘永才还在航天科工集团科技委主任曹建国的组织下，与黄瑞松、刘兴洲等 7 名院士一起，就军民融合，推动我国新能源产业发展展开讨论研究。其中针对“地沟油”的再生循环利用，将其转化为生物柴油的一揽子解决方案，受到国家主要领导人的高度重视。

曾经沧海，这些对于刘永才整个职业生涯来说，好似登上高山之巅后自然而然描绘出的一道道靓丽风景。

航天三院在《巡航导弹导弹武器系统研制工作总结》这样写道：

巡航导弹为填补我军远程精确打击武器空白，提升打赢高科技局部战争的能力，确保国家主权和领土完整，促进祖国统一提供了强有力的保障。党中央、国务院、中央军委作出了发展我国巡航导弹的战略决策之后，航天三院在多年技术跟踪和预研成果的基础上，进行了十多项关键技术攻关。被国务院、中央军委正式批复巡航导弹立项，列入国家重点型号，顺利完成设计定型。经过多年研制，已经批量装备部队，形成战斗力。

今天，在刘永才院士办公室深色的桌案前上方，摆放着一发醒目的巡航导弹聚酯模型。凝望它 1:10 比例洁白的弹体，令人感慨万千。

作为新中国自己培养的国防科技人才，在献身国防科技事业的几十年间，刘永才脚踏实地，在型号任务的沉浮中积累，于千辛万苦中，一步一个脚印走过，从始至终置个人的利益与病痛于不顾，自觉地把自己与祖国的需要紧紧连接在一起。他从一名普通的设计员干起，从计算尺上的一个个字符起步，从绘图板上的一根根线条起飞，历经风雷一号、鹰击一号、鹰击六号等空射型飞航式导弹的磨砺，时值壮年，接受了研制中国第一型巡航导弹总设计师的任务。

紧跟着新中国成长，刘永才遵从着国家对高新导弹武器系统的需求，无条件服从上级对个人安排的指令，不孚国家和人民军队的期望，带领一支与他同样脚踏实地、朝气蓬勃的年轻研制团队，攻坚克难，历尽艰辛，最终作为这支团队的杰出代表，跻身国家最高科技殿堂，获得了国家和人民给予的崇高荣誉。

刘永才的故事还有很多很多，关注大国制造，倾心万众创新，在互联网 +

的时代，他今后对国家的贡献还将有更多更多。

最后，我们用不久前对刘永才院士的一段随访，来结束这本与中国飞航导弹发展历程同步的个人传记。

您现在与其他中国工程院院士一起，为实现制造强国战略不断奔走，请您就中国制造和互联网 + 给我们说几句。

中国制造和互联网 + 是制造强国战略的一种延伸。中国制造2025的核心主线就是信息化与工业化的深度融合，主攻方向是把智能制造与两化融为一体。将产品与信息技术相融合，实现从产品设计、试验、制造、营销，到运维保障等全生命过程的信息化，即数字化、网络化、智能化，纳入网络体系中统筹考虑，最终实现我国从制造大国向制造强国的转变。

从 1994 年以来，您多次与江泽民、胡锦涛两届领导集体中的许多党和国家、军队领导人面对面，您当时紧张吗?

由于咱们干的项目对国防建设意义重大，因而受到党中央、国务院、中央军委的重视。在这个过程中没感觉到有什么特别的，这是我的工作。

首长需要了解，我就是介绍情况，是很自然的一件事，从没把个人放在里面。包括到中南海去与李鹏总理面对面汇报，就是让我去汇报咱们干的事嘛，去的时候很坦然，也没有想到照个像，合个影。还是那句话，无私无畏，我干什么就说什么，干到什么程度就汇报到什么程度，这是很一般，很平常的事。打靶的时候有些人很紧张，我就觉得这是一个过程，顺其自然，做决策一定要把个人撇出去，就不会想的太多了。

您干了一辈子的导弹，几乎每天都和精度、射程、杀伤范围这些技战术指标打交道，特别想知道您对“和平”的理解。

武器是杀人的，想要保持和平，没有武器，你和平是保不住的。人类社会在今后的很长时期内，依然还是弱肉强食，美国为什么能称霸世界，就是因为有先进武器，凭武力横行天下。要保持和平，你本身就得强大，要不谁都可以随便欺负你，以前中国百年近代史，还不就是这样。首先你要有，其次你要让人家知道你有，还要让他们知道你有使用它的决心。

是的，和平终究要靠长剑利器来捍卫！

刘永才大事年表

1943 年

1 月 26 日（农历 1942 年 12 月 21 日），出生于吉林省长春市南关区东六条马路。

1948 年　5 岁

父亲病逝。

1949 年　6 岁

就读于长春市长通路小学。

1954 年　11 岁

就读于长春一中。

1955 年　12 岁

就读于长春三中。

1958 年　15 岁

就读于东北师范大学附属中学。

1959 年　16 岁

于长春市（吉林师大附中）经沈克毅、赵宝华介绍加入中国共产主义青年团。

1960 年　17 岁

保送中国人民解放军军事工程学院（哈军工）导弹工程系有翼导弹设计专业学习。

1965 年　22 岁

黑龙江巴彦县四清农村工作队学习锻炼。

12 月，于黑龙江省巴彦县（哈军工农村四清工作队）经王云求、佟宪章介绍加入中国共产党，1966年12月转正。

1966年　23岁

1月，中国人民解放军军事工程学院毕业。

1月，分配至七机部三院三部一室，任设计员。

1967年　24岁

与宋毅结婚，宋毅在长春市体委工作。

开始参与研制风雷一号。

70年代初，参与研制鹰击一号。

1975年　32岁

河南漯河“五七干校”参加劳动。

1976年　33岁

任鹰击六号总体方案论证组组长。

1977年　34岁

参与鹰击六号总体设计。

1979年　36岁

12月于三院三部任工程师。

1981年　38岁

7月，十二指肠球部溃疡，导致消化道大出血，胃大部切除。

1982年　39岁

6月，在山海关机场消化道再次出血，海军直升机空运到北京救治。

1985年　42岁

获航天工业部三院一等功。

任航天工业部三院三部十一室副主任。

1986 年　43 岁

1 月，任中国宇航学会会员。

1987 年　44 岁

2 月，主笔撰写《2000 年中国飞航导弹武器发展战略研究》。

5 月，任高级工程师。

5 月，任研究员。

11 月，获国家科学技术进步奖一等奖。

1988 年　45 岁

6 月，被北京航空航天大学聘为兼职教授。

被国防科工委授予“献身国防科技事业”荣誉证书、证章。

1990 年　47 岁

1 月，任无人飞行器学会飞行试验系统工程专业委员会委员。

1991 年　48 岁

享受国务院颁发的政府特殊津贴。

1992 年　49 岁

任航空航天工业部三院三部副主任。

1993 年　50 岁

7 月，被哈尔滨工业大学聘为兼职教授。

任中国宇航学会特种装备专业委员会委员。

1994 年　51 岁

2 月 5 日，被任命为某新型飞航导弹技术总研究师。

任中国数学会均匀设计分会理事。

任中国宇航学会无人飞行器学会理事。

任全国军事装备可靠性标委会航天组成员。

任中国航天工业总公司导弹总体情报网专刊《战术导弹技术》编委会副主任。

1995 年　52 岁

5 月，被华中理工大学聘为兼职教授。

10 月，被国防科技大学聘为兼职教授。

12 月，被南京航空航天大学聘为兼职教授。

1996 年　53 岁

3 月，获关键技术攻关一等奖，记一等功。

8 月，被评为中国航天工业总公司有突出贡献专家。

任中国航天工业总公司航天可靠性标委会副主任。

1997 年　54 岁

1 月，被评为国家级有突出贡献专家。

1998 年　55 岁

6 月，被评为 1997 ~ 1998 年度中国航天工业总公司京区优秀党员。

任中国航天工业总公司导弹总体情报网专刊《战术导弹技术》编委会主任。

被南京大学聘为兼职教授。

1999 年　56 岁

3 月，被哈尔滨工业大学聘为兼职博士生导师。

4 月，被华中理工大学聘为教授。

6 月，被南京航空航天大学聘为飞行器设计学科博士生联合指导教师。

10 月，赴香港参加均匀设计理论与应用研讨会。

12 月，任中国数学会均匀设计分会副理事长。

2000 年　57 岁

被评为全国劳动模范。

任航天机电集团公司 CIMS 专家组成员。

2002年　59岁

6月，任中国宇航学会无人飞行器学会理事会常务理事。

10月，第四届宇航学会无人飞行器学会飞行试验系统工程专业委员会副主任委员。

2003年　60岁

3月，被清华大学聘为“计算机技术”兼职联合指导教师。

10月，被第二炮兵工程学院聘为“导航、制导与控制”学科兼职研究生导师。

11月，任中国数学会均匀设计分会理事长。

12月，荣获国防科工委武器装备型号研制个人一等功。

2004年　61岁

3月，获中国航天基金奖。

4月，荣获国防科工委国防科技工业质量先进个人。

5月，任中国航天科工集团公司第二届科技委常委。

6月，被华中科技大学聘为兼职博士生导师。

2006年　63岁

3月，被总装电子信息基础部聘为“导弹军用标准化技术委员会”委员。

6月，获国务院国资委党委“中央企业优秀共产党员”称号。

10月，获中国航天事业50年杰出贡献奖、中国航天基金奖特别贡献奖。

12月，被西北工业大学聘为兼职教授。

2007年　64岁

4月，任总装“导弹弹上设备与保障系统专业组”副组长。

5月，获党中央、国务院、中央军委颁发“高技术武器装备发展建设工程重大贡献奖”和金质奖章。

12月，获国防科学技术进步奖特等奖。

2008 年　65 岁

12 月，获国家科学技术进步奖特等奖。

2009 年　66 岁

3 月，被浙江大学聘为兼职教授。

4 月，任国家某重大专项工程专家咨询委员会委员、总体技术专家组组长。

5 月，被聘为国家重大基础研究专家组专家。

8 月，被聘为国家重大基础研究项目专家组组长。

8 月，被评为全国杰出专业技术人才。

10 月 1 日，受邀到天安门观礼台参加国庆 60 周年庆典及阅兵。

11 月，当选为中国工程院院士。

12 月，任中国航天科工集团公司第三届科技委顾问。

2012 年　69 岁

1 月，被聘为总装备部科技委兼职委员。

9 月，任国务院、中央军委军工产品定型委员会（一级定委）专家咨询委委员。

12 月，获国家科学技术进步奖一等奖（国务院颁发的首批国家级技术创新团队奖）。

2014 年　71 岁

4 月，任中国航天科工集团公司第四届科技委顾问。

2015 年　72 岁

9 月 3 日，受邀到天安门观礼台参加纪念中国人民抗日战争暨世界反法西斯战争胜利 70 周年阅兵仪式。

2016 年　73 岁

9 月，获何梁何利基金科学与技术进步奖。

后　记

《刘永才院士传记》撰写工作从2015年7月初搜集资料开始，到10月底完成初稿，又经过1个月的紧张修改，基本完成。

在本书的撰写过程中，我深深感到有三个不容易。

其一，中国第一型巡航导弹的研制确实不容易。以刘永才院士为代表的航天科技工作者们历尽艰辛，攻坚克难，为国防现代化建设，为祖国的和平安全付出了巨大的努力与牺牲。在写作过程中，我时常为当年那些可歌可泣的事迹所感动，几次忍不住潸然泪下。

其二，编委会确实不容易。他们为了传承航天文化，弘扬航天精神，殚精竭虑，进行了大量耐心细致的工作。编写组为作者提供创作条件，收集翔实材料，并不厌其烦地多次审阅文稿，指点错愕。特别感谢刘永才院士的助手刘志强先生，自始至终为本书的创作修改付出了难以尽述的心血。

确切地说，这本传记是集体创作的成果。

其三，作为院士传记的作者也不容易。院士都是“大家”，作为一名普通作者而言，很难在对大量素材进行仓促整理、归纳提炼之后，达到传主和读者都能满意的精神高度与思想境界。虽然尽力而为，但还是力不从心。

由于种种条件的约束，我作为其中一员，对中国飞航导弹波澜壮阔的发展历程，对巡航导弹的研制过程，只能尽可能多地给予全面展现和描述。

留待有朝一日，定将其中的缺憾补充记叙！

锦缠头·春晓

瘦尽灯花，
又是乍暖春晓。
漫回首 鹰击犹啸。
寻歌祭雨评青少。
落键嘀嗒，
苍染行人浩。

不眠宵几经，
痴情哭笑。
写潇潇 狂飙盈袖，
踏青山为问倚天道，
弹花深处，
莫道君行早。

方效
2015 年 11 月 30 日